KB220370

윤리와
인문학으로

만나는
불교사상

윤리와
인문학으로

만나는
불교사상

초판 1쇄 인쇄 | 2022년 7월 25일
초판 2쇄 발행 | 2023년 4월 13일

지은이 | 김영래, 신희정, 이철훈
윤문 | 박영동
감수 | 원철
발행인 | 정지현
편집인 | 박주혜

대표 | 남배현
본부장 | 모지희
편집 | 손소전 주성원
경영지원 | 김지현

펴낸곳 | 모과나무
주소 | 서울시 종로구 삼봉로 81 두산위브파빌리온 1308호
전화 | 02-720-6107
팩스 | 02-733-6708
이메일 | jogyebooks@naver.com
등록 | 2006년 12월 18일 (제2009-000166호)

구입문의 | 불교전문서점 향전(www.jbbook.co.kr) 02-2031-2070

ISBN 979-11-87280-50-7(03220)

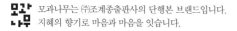

모과나무는 ㈜조계종출판사의 단행본 브랜드입니다.
지혜의 향기로 마음과 마음을 잇습니다.

윤리와
인문학으로

만나는
불교사상

저자 | 김영래, 신희정, 이철훈

윤문 | 박영동

감수 | 원철

모과나무

우리에게 불교는 무엇일까? 현재 불교는 기독교, 이슬람교와 같이 한국인을 비롯한 세계인들이 많이 믿는 종교 가운데 하나이다. 종교로서 불교는 사찰을 중심으로 교조인 석가모니 붓다의 탄생일을 기념하고 각종 불교의 의식들을 운영한다. 또한 붓다의 가르침을 믿고 따르며 생활 속에서 이를 신념화한다. 우리는 이들을 불교도 또는 불교 신자라고 부른다. 그러나 이 책의 저자들은 불교가 종교의 테두리를 넘어선 삶의 지혜를 풍부하게 간직하고 있다고 보기 때문에, 불교인 뿐만 아니라 이웃 종교인과 특정한 제도 종교를 갖지 않은 사람들도 불교를 이해할 수 있는 더 넓은 창을 이 책을 통해서 열어 보이려고 노력했다. 그 창은 '윤리' '인문학' '사상'과 같은 개념의 렌즈로 바라본 불교이다. 열반, 깨달음, 부처, 보살 등과 같은 용어는 석가모니 붓다의 처음 의도와는 달리 우리가 일상에서 마주하는 현실적인 고통의 문제로부터 멀어졌다. 특히 '열반'이나 목적어가 생략된 '깨달음'은 학생들을 비롯한 현대인들에게 불교를 신비로운 종교적 지평에 머물게 한다. 불교 윤리와 불교 인문학은 불교를 다시 우리의 일상 가까이 불러들이는 길로 향하는 창이 되고자 한다.

우리가 하루에도 몇 번씩 경험하게 되는 고통의 문제를 고타마 붓다는 당연하게 보지 않았다. 붓다는 전 인생을 걸고 탐구하고 수행하는 과정에서 고를 통해서 성스러운 진리로 향할 수 있는 깨달음의 길을 제시하였다. 붓다가 제시한 깨달음이란 우리가 보지 못하고 알지 못하는 것이 아니라 이와는 반대로 우리가 상당히 잘 알고 있는 것, 눈앞에 있는 것에 대하여 자각하는 것이다. 열반이나 해탈은 언어로써 더 이상 설명되거나 이해해야 할 만한 것을 거의 제공하지 않는다. 오직 그 의미를 음미하고 명상하면서 나아가 팔정도와 육바라밀을 지속적으로 실천하는 과정 속에서 비로소 참된 맛을 볼 수 있는 동양의 지혜이다. 이 책은 독자들이 이러한 불교의 지혜를 윤리와 인문학으로 접근하여 궁극적으로는 자신의 삶 속에서 실제로 활용할 수 있기를 고대한다.

저자들은 어떻게 살아야 할까, 어떤 마음 자세로 세상을 사는 것이 좋을까 하는 류의 물음에 답을 원하는 독자들에게 도움을 주는 불교가 되기를 바라는 마음을 담아서 책의 내용을 구성하였다. 전체 목차를 살펴보면 모두 3장으로 되어 있다. 사실 저자들이 이 책을 집필하기로 결심했을 때, 주요 독자층으로 고려했던 대상은 중·고등학교에서 불교 윤리사상을 가르쳐야 하는 교사와 예비교사들이었다. 현재 종교 자체에 대한 관심은 갈수록 줄어들고 있다. 하지만 불교는 엄연히 우리의 전통윤리 사상의 기저이기도 하다. 불교윤리 사상은 학교 교과목들 중에서 고등학교의 윤리 교과목에 가장 많은 내용이 나온다. 현재 고등학교에서 불교를 만날 수 있는 과목은 '윤리와 사상' '생활과 윤리' '고전과 윤리'이다. 차기 교육과정 개정으로 인해 생활과 윤리는 '현대사회와 윤리'로, 고전과 윤리는 '인문학과 윤리'로 과목명이 바뀔 예정이다.

제1장은 시대적 흐름에 따라 전개된 동서양의 다양한 윤리사상을 다루는 '윤리와 사상'이라는 과목의 성격과 유사한 서술방식을 따랐다. 2600년 전 인도의 작은 나라 왕자로 태어난 고타마 싯다르타의 깨달음으로 시작하여 한국불교의 특징까지 시대와 장소에 따라 변화한 불교윤리와 사상을 압축적으로 소개한다. 그렇다고 백과사전식 불교윤리 사상사는 아니다. 불교가 도대체 무엇인지에 대한 고갱이를 그릴 수 있도록 저자는 최선을 다했다고 고백하고 있다. 작은 불교학 개론서라는 느낌이 들지도 모른다. 독자들이 저자가 이해한 불교에 갇히지 않도록 그 내용에 해당하는 전거(典據)로서 불교의 경전을 발췌하여 각 절의 마지막에 소개하였다. 보통 우리가 불

교의 경전 수를 가늠할 때 팔만대장경을 떠올리는 점을 고려해 본다면 방대한 불교 경전을 혼자서 찾아가며 읽기는 어렵다. 이 책에서는 작은 분량이라도 본문에 해당하는 내용을 독자들이 직접 경전을 통해 그 내용을 확인하고 텍스트로서 경전을 경험할 수 있도록 하였다. 이 경험은 독자들이 제3장에서 고전 『수심결』과 『금강경』과의 만남으로 연결된다.

제2장은 현대사회의 다양한 주제와 발생하는 문제들에 대하여 윤리적인 관점으로 조명해 보고 그것의 원인이나 해결방안을 제안하는 응용윤리적으로 접근하는 '생활과 윤리(현대사회와 윤리)'와 유사한 서술방식을 따랐다. 삶과 죽음에서부터 인공지능 그리고 지금도 세계 곳곳에서 발생하고 있는 전쟁 같은 문제 상황에 대하여 불교는 우리에게 어떤 도움을 줄 수 있을까? 연기와 공을 비롯한 불교의 지혜는 이와 같은 문제의 원인을 분석하고 해결하는 데 도움을 줄 수 있다. 제1장에서 배웠던 불교윤리 사상을 생활 속에서 일어나는 문제와 관심있는 주제와 연관하여 생각해봄으로써 독자들은 불교가 더 이상 박물관에서 만나는 화석화된 불교가 아님을 깨닫게 될 것이다. 독자들은 스스로 오래된 불교를 지금 여기의 실존적인 문제 상황으로 불러내어 불교를 적용해보는 과정에서 살아있는 불교와 함께 하게 될 것이라 믿는다.

제3장은 학생들의 인문학적 소양 능력이 중요하다는 교육적 기획에 의해 2015 개정 교육과정에서 탄생한 고등학교 '고전과 윤리'라는 과목에 소개된 『수심결』과 『금강경』이라는 고전의 이해를 돕기 위한 것이다. 이 두 고전은 우리의 일상적인 마음의 상태인 분별하는 의식을 넘어서는 근원적인 깨달음에 이르도록 하는 것을 목적으로 한다. 『수심결』과 『금강경』은 모두 스승과 제자 간에 묻고 답하는 대화방식으로 전개되는데 이러한 방식은 궁극의 깨달음에 이르게 하는데 가장 탁월한 교육적 방법이라 볼 수 있다. 이 장은 이러한 두 고전의 서술방식을 따라서 독자들이 고전의 의미를 스

스로 통찰할 수 있도록 대화 형식으로 서술하였다. 사실 분별하는 생각으로 일상을 살아가는 우리가 혼자서 이러한 궁극의 깨달음에 이르기는 어렵다. 그럼에도 불구하고 이러한 깨달음이 무엇일까 하는 궁금증이 생기거나 배우고자 하는 마음이 일어난다면 붓다와 지눌 선사라는 선지식과 만나서 대화하는 과정에 참여해 보길 권한다.

머리말을 쓰는 이 시점에서 우리는 왜 이 책을 쓰게 되었을까 하는 것을 곰곰이 생각해 보게 된다. 아마도 모두 한 마음이지 않았을까? 그 마음은 스스로 인간됨의 실천을 통해서 행복에 이를 수 있는 이토록 유용한 불교를 미래 세대에게 전하고 싶지 않았을까. 부디 독자들은 이 책을 디딤돌로 삼아서 불교는 어렵기만 하고 현재는 쓸모없는 오래된 사상이나 종교가 아니라는 생각의 전환이 일어나기를 바란다. 그래서『금강경』의 수보리가 스승 붓다에게 물었던 다음과 같은 질문이 어쩌면 살다가 우리들 각각의 인생길에서 문득 마주하는 삶의 의미 물음과도 통한다는 깨달음에 이르렀으면 좋겠다.

"우리는 어떻게 살아야 하며 어떻게 우리 마음을 다스릴 수 있을까요?"

이러한 수보리의 질문에 붓다는 자신이 발견한 진리를 그대로 전하지 않는다. 수보리가 스스로 참다운 진리를 체득할 수 있도록 스승 붓다는 묻고 답하며 지속적으로 대화를 이끌어간다. 이러한 대화의 과정에서 수보리는 진리를 깨달으며, 참다운 행복의 길을 발견한다. 저자들은 이 책이 독자 여러분에게 이러한 지혜와 행복을 향한 대화로의 초대이기를 바란다.

김영래, 신희정, 이철훈

이 책은 각 장의 저자가 모두 다르다. 제1장은 도덕교육론으로서 불교를 해석하고 연구하고 있는 신희정 선생님, 제2장은 사람 사는 세상, 노나메기 세상을 꿈꾸는 이철훈 선생님, 제3장은 불교를 철학적, 교육학적으로 연구해온 김영래 선생님이 썼다. 하지만 세 사람을 도와서 이 책이 나오기까지 인(因)과 연(緣)이 되어준 많은 사람들이 있다.

이 책의 사전 과정에는 초중등학교 도덕·윤리 교사들이 불교윤리 사상을 공부하고 가르치는 데 도움을 주기 위한 교재를 만드는 연구가 있었다. 이 과정에 참여해주신 파평중학교의 정상만 선생님은 이후 바쁜 일정 가운데도 불구하고 저자들의 원고를 읽고 윤문하는 작업에 참여하여 동력이 되어주셨다. 무엇보다 '윤리와 인문학으로 만나는 불교사상'이라는 제목으로 세상에 나오게 된 이 책은 2014년 불광연구원과 불교사회연구소에서 초중고등학교 도덕·윤리 교과서의 불교 서술을 검토하는 자리에서부터 비롯되었다고 본다. 이후 이에 대한 불교종단의 관심은 지속적으로 이어졌다. 2019년에는 개정된 2015 교육과정에 따른 초중고 교과서의 불교 내용을 검토하는 자리가 마련되었다. 불교종단의 지속적인 관심과 노력은 불교에 대한 미래세대의 관심이 저조해지고 있는 현실을 감지한 데 따른 것이다.

이제 대부분의 학생들은 학교의 교과교육을 통해서 불교를 배우고 있다. 그 중심 교과는 도덕·윤리교육과 역사교육이다. 학교 교육에서는 제도종교로서 신행과 믿음을 강조하는 종교로서 불교를 거부한다. 역사교육은 불교 문화재를 중심으로 한국의 정신문화에 접근한다면 도덕교육은 붓다가 남긴 가르침을 통해서 인간다움과 행복을 지향하는 정신적 가치를 제공한다. 이처럼 불교가 현대인에게 제공할 수 있는 정신적 가치를 도덕교육학과 불교윤리적 관점으로 해석하고 재구성하여 오늘날 학문의 장에 불러내어 학문적 토대를 마련하는 데에 기여하신 한국교원대학교 윤리교육과 박병기 교수님의 공로를 여기에서 언급하지 않을 수 없다. 박병기 교수님의 주도적인 노력으로 청소년들이 『금강경』과 『수심결』의 고전 원문을 교과서에서 직접 만날 수 있는 길이 열리게 되었다. 이 밖에도 애써주신 불교사회연구소의 선생님들이 있다. 지금은 문화플랫폼 아티온의 대표이신 박상준 선생님은 2015 개정 교육과정이 한창 진행될 때 공청회 장소를 직접 찾아다니면서 불교가 도덕과 교육과정에 어떻게 반영되고 있는지 관심 있게 살펴보셨다. 현재는 불학연구소의 팀장이신 고명석 선생님은 제1장에서 다루는 방대한 불교사상사의 내용을 교육과정의 내용 요소에 맞추어 경전은 물론 다양한 참고자료들을 수집하여 기초적인 작업을 해 주셨다. 이 책이 나오기까지 박정규 선생님은 코로나19가 장기화되는 상황에서도 저자들이 지속적으로 모임을 가지고 작업할 수 있도록 애쓰셨다. 이수정 선생님은 책이 이쁘게 편집되어 나올 수 있도록 의견을 수합하고 정리하여 이 책의 마지막 작업을 저자들과 함께 하고 있다.

어쩌다보니 이 책의 전체 윤문을 맡게 되었고 그러다보니 내용 체계의 일관성을 위해 나름의 열정과 성실로 최선을 다하고자 하였다. 현재 불교사회연구소 소장이신 원철 스님은 내용의 오류와 비약적인 해석이 없도록 감수 과정에 적극적으로 참여해주셨다.

이 책은 비록 작은 결과물에 불과하지만 많은 사람들의 인(因)과 연(緣)으로 세상에 나오게 되었다. 다시 교육이라는 통로를 통해서 이 책이 또 다른 선한 인연들로 이어지길 바란다.

전(前) 동국학원 수석법사 박영동

차례

제1장   **불교윤리와 사상**

제2장   **현대사회와 불교윤리**

제3장 ✿ 불교 인문학과 윤리

제1장   불교윤리와 사상

붓다는 모든 존재는 변해가고[무상無常] 고정된 실체가 없다[무아無我]는 것을 깨달았다. 이러한 이치에 무지하면 고(苦)가 발생하게 된다. 이러한 고를 없애려면 연기의 이치를 알아야 한다. 그러기 위해서는 정견(正見)으로 출발하는 8정도(八正道) 수행을 해야 하며, 이를 통해 고요한 열반적정의 경지에 이를 수 있다. 이러한 사성제, 팔정도 등의 불교윤리 사상은 시대와 장소에 따라서 갖가지 불교이론으로 발전하여 인도와 중국 그리고 우리나라에서 전개되고 있다.

호기심 박스

1. 석가모니 붓다의 출가 계기와 깨달음에 이르기까지의 과정과 방법을 알아보자.
2. 연기, 삼법인, 사성제, 팔정도 등을 중심으로 불교 사상의 내용과 특징을 알아보자.
3. 초기불교, 부파불교, 대승불교와 인도에서 발생한 불교가 중국 그리고 한국에 전 파되는 과정에서 불교 사상은 어떻게 변화하고 발전 되었는가를 살펴보자.
4. 대승불교의 주요 사상인 중관사상과 유식사상의 구체적인 내용을 살펴보자.
5. 중국불교의 주요 특징과 종파불교의 소의경전 및 주요 사상적 특징을 알아보자.
6. 한국불교의 유입 과정과 특징을 알아보고, 주요 불교 사상가들의 업적과 내용을 살펴보자.

일러두기

- 지명과 인명은 ⑤-산스크리트어, ⑰-빨리어로 표기한다.
- 본서에서는 주요 개념과 내용을 불교 경전을 통해서 확인할 수 있도록 구성하였다. 이때 대한불교조 계종 불교성전편찬위원회에서 2021년에 편찬한 『불교성전』을 함께 활용하였다. 『불교성전』은 다양 하고 많은 불교 경전 중에서 중요하고 유의미한 내용을 모은 선집이다.

1
불교는 어떻게 성립되었을까?

주요 용어

석가모니 붓다, 고타마 싯다르타, 야쇼다라, 라훌라, 출가,

해탈, 중도, 선정, 녹야원, 깨달음, 초전법륜, 삼보, 꾸시나라, 열반,

방편, 여래십호, 사문유관, 전도선언, 열반유훈

약 2600년 전 인도의 작은 나라 왕자로 태어난 고타마 싯다르타는 왜 안락한 생활을 버리고 구도자의 삶을 선택했을까? 청년기 고타마는 인간이라면 누구나 겪게 되는 늙고, 병들고, 죽음에 이르는 것에서 비롯되는 괴로움의 완전한 소멸은 어떻게 가능한가에 대한 강한 의문을 품고 출가(出家)하여 수행자의 삶을 살았다. 그는 6년간의 수행 끝에 그 의문을 해소하는 진리를 발견하고는 깨달음에 이르러 석가모니 붓다가 된다.
깨달음을 성취한 붓다는 이후 열반에 들 때까지 법을 가르치고 법대로 살다간 삶을 통해 인류의 스승이 되었다.

석가모니 붓다(佛陀, ⑤Buddha, 약 B.C.E. 624~544)는 지금으로부터 2천 6백여 년 전 히말라야 영봉의 한 산자락에서 태어났다. 그곳이 지금의 네팔 국경 지대에 있는 아름다운 룸비니(⑤Lumbini) 동산이다. 그가 태어난 날은 음력 4월 8일이다. 우리나라에서는 사월초파일을 '부처님오신날'로 정해 기리고 있다. 석가모니 붓다는 '카필라(⑤Kapila)'라는 조그마한 왕국의 왕자로 그 시절 그의 이름은 고타마 싯다르타(⑤Gautama Siddhārtha)였다. 고타마란 성(姓)을 나타내고, 싯다르타라는 이름은 '목적을 달성한 자' '뜻을 성취한 자'라는 의미이다.

네팔의 룸비니 동산

싯다르타는 이웃 나라의 공주 '야쇼다라(⑤Yasodharā)'와 결혼해서 아들 '라훌라(⑤Rāhula)'를 낳고 가정을 이루었다. 하지만, 생로병사와 같은 인간의 근본적인 고통에 주목했던 그는 이러한 고통을 완전히 극복하고 해결하기 위해 출가한다. 출가 후 그 당시에 유행하던 대표적인 수행 방법인 고행과 명상의 실천으로 고통의 문제를 해결하고자 하였지만 이러한 방법으로도 궁극적 목적을 달성할 수 없게 되자 싯다르타는 독자적인 방법으로 해탈*에 이른다. 그 수행법은 극단적인 고행주의와 쾌락주의의 양 극

---

*해탈(解脫) : 몸과 마음의 고뇌와 번뇌로부터 벗어난 지극히 자유로운 상태를 말한다.
*선정(禪定) : ① 생각을 쉬고서 마음을 흐트러짐이 없게 하는 상태를 지속케 하는 것 ② 혼란스러운 마음을 가라앉히고 고요히 사색하는 것이다.

단을 모두 버린 중도(中道)의 길이었다. 그는 이 수행법으로 보리수 아래에서 선정*에 들어 깨달은 자, 즉 붓다가 되었다. '석가모니'란 석가족에서 태어난 존귀한 자(ⓢmuni)란 뜻으로, 석가모니(釋迦牟尼, ⓢŚākyamuni) 붓다로 불리게 된 것이다. 붓다라는 용어는 모든 번뇌를 남김없이 쓰러뜨린 승리자, 위대한 영웅, 즉 대웅(大雄)을 의미한다. 오늘날 사찰을 방문하면 대웅전이라는 전각을 볼 수 있다. 대웅전은 모든 번뇌를 남김없이 제거한 석가모니 붓다를 모신 건물이다.

붓다는 깨달은 뒤, 녹야원(鹿野園, ⓢSarnath)에서 수행하던 다섯 명의 구도자들에게 자신이 깨달은 진리를 설하여 그들을 모두 깨달음*으로 이끈다. 이와 같이 붓다의 첫 설법은 처음으로 법을 전하는 수레바퀴를 굴렸다는 의미로 '초전법륜(初轉法輪)'이라고 한다. 이 초전법륜의 결과, 사람들이 믿고 의지해야 할 세 가지 보물인 삼보(三寶)가 형성된다. 삼보란 붓다, 붓다가 깨달은 진리, 그리고 출가한 승려들의 모임인 수행 공동체이다. 이를 불(佛), 법(法), 승(僧) 삼보라고 한다. 이 삼보에 대한 믿음을 통

초전법륜(국립중앙박물관 소장)

해 사람들은 불교도로서의 삶을 살아갈 수 있게 되었다. 이러한 의미에서 불교(佛敎)란 석가모니 붓다의 가르침이고, 붓다가 깨달은 법에 대한 가르침

---

*깨달음 : 붓다의 깨달음은 중도, 연기의 실상을 바로 보고 바로 아는 것. 즉, 사물의 존재 방식을 완전히 꿰뚫어보고 눈을 뜬 것. 마음이 열린 것. 체험으로 분명해진 것, 일종의 완전한 통찰을 말한다.

이며, 모든 사람들을 대상으로 수행을 통해 깨달음의 길로 인도하는 가르침이다. 이후 석가모니 붓다는 80세에 이르러 꾸시나라(ⓢKusināra)에서 마지막 설법을 한 후, 열반*에 들 때까지 끊임없이 불법을 전하는 스승으로서 살았다. 욕망과 물욕으로 끝내는 파멸에 이를 수밖에 없는 고통 받는 자, 버림받은 자 등을 비롯하여 신분과 능력으로 차별하지 않고 다양한 비유와 방편*으로 법(法)을 설하여 해탈과 열반에 이르도록 깨우쳐 주었다. 붓다가 깨달은 법의 핵심 내용은 연기(緣起), 사성제(四聖諦), 삼법인(三法印), 중도(中道) 등이다.

---

1. 싯다르타 태자의 탄생

보살이 태에 깃든 지 열 달이 된 사월 팔일에 어머니 마야왕비는 룸비니 숲으로 나아가 거닐다가 아름다운 꽃이 활짝 핀 나무 아래에 이르렀다. 근심 없는 나무[무우수無憂樹]라 불리는 나무의 꽃가지를 붙잡는 순간 태자를 출산하였다. 갓 태어난 태자는 어머니 몸에서 나오자마자 사방으로 일곱 걸음을 걷고 나서 한 손은 하늘, 한 손은 땅을 가리키며 외쳤다.

금동 탄생불 입상
(삼국, 7세기, 삼성미술관 소장)

"하늘 위 하늘 아래 오직 나만이 존귀하다.
삼계(三界)가 모두 괴로움이니 내가 이를 편안케
하리라."
天上天下 唯我獨尊 三界皆苦 我當安之
(천상천하 유아독존 삼계개고 아당안지) – 『수행본기경』

바로 그때 하늘과 땅은 크게 진동하고 온 세계가 환하게 빛났다. 천상의 신들이 태자를 호위하려 모여들었고 용왕 형제가 따뜻한 물과 찬물을 비처럼 내려 태자를 씻겨드렸다. 천상의 신들이 하늘 옷으로 태자를 감싸서 어머니 마야왕비 품에 안겨드리니 하늘에서 향기로운 꽃이 비처럼 내리고 아름다운 음악이 저절로 흘러나오는 가운데 왕비는 태자를 안고 궁으로 돌아왔다.

태자가 태어나자 아버지 정반왕은 크게 기뻐하며 모든 것을 다 이루었다는 뜻의 '싯다르타'라 이름을 지었다.

『불교성전』, 60쪽

2. 석가모니 붓다의 10가지 칭호[여래십호如來十號][*]

싯다르타 태자가 갓 태어났을 때 관상가들은 태자의 관상을 보고 다음과 같이 예언했다.

"대왕이시여, 이 아기는 위대한 사람이 지니는 서른두 가지 신체적 특징, 즉 삼십이상(三十二相)을 지니고 있습니다. 이런 모습이 있는 분에게는 두 가지 길이 앞에 놓여 있으니, 속세에 계시면 왕중의 왕이라 불리는 전륜성왕(轉輪聖王)이 되어 온 세상 사람을 바른 법으로 다스릴 것입니다. 만약 집을 떠나 출가한다면 반드시 위없는 아라한[응공應供], 완전히 깨달은 분[정등각正等覺], 명지와 실천을 구족한 분[명행족明行足], 피안으로 잘 가신 분[선서善逝], 세간을 잘 알고 계신 분[세간해世間解], 가장 높은 분[무상사無上士], 사람을 잘 길들이는 분[조어장부調御丈夫], 하늘과 인간의 스승[천인사天人師], 붓다[불佛], 세존(世尊)이 되실 것입니다. 그는 천상의 신들이나 악마, 인간 세상의 수많은 무리 가운데서 스스로 깨달음을 이루실 것입니다. 그리하여 중생을 위해 처음도 좋고 중간도 좋고 끝도 좋은 가르침을 의미와 형식을 갖추어 설법하시고, 맑고 티없는 수행의 모범을 보여주실 것입니다."

『사분율』, 『불교성전』 61쪽

---

[*]남방불교에서는 ①응공 ②정변지 ③명행족 ④선서 ⑤세간해 ⑥무상사 ⑦조어장부 ⑧천인사 ⑨불 ⑩세존으로 열 가지이다. ('여래(如來)'는 붓다가 자신을 지칭할 때 사용한 이름이기 때문에 포함시키지 않음) 그러나 북방불교에서는 여래를 포함하며, 불(佛)과 세존(世尊)을 하나로 묶어 여래십호라 한다.

3. 동·남·서·북 4문 밖에서 인생의 네 가지 고통을 직접 경험하고 출가를 결심하다[사문유관四門遊觀]*

*사문유관이란 태자의 신분으로 카필라성의 동서남북 문을 나가서 인생의 고통스런 장면을 만난 후 뒷날 출가를 결심하게 된 사건을 말한다.

궁전에서 영화롭고 우아하게 지내던 어느 날 태자가 동쪽의 문으로 산책을 나갔을 때 본 마른 풀처럼 빛이 바랜 머리와 지팡이보다 더 가냘픈 노인의 모습을 처음으로 보게 된 일과, 남쪽 성문 밖으로 수레를 이끌자 뼈만 앙상하게 남아 있던 병자의 모습을 보게 된 일, 서쪽의 문에서는 죽은 시체를 앞세운 장례행렬과 마주치게 된 일로 싯다르타 태자는 마음에 깊은 병을 얻었다. 신분이 높거나 혹은 낮거나, 그 심성이 착하거나 혹은 악하거나, 여자나 남자나 할 것 없이 사람이 태어나면 결국은 죽음으로 달려간다는 사실이 참으로 덧없고 무력했던 것이다.

그러던 어느 날 북쪽 문에서 만난 의젓하고 기품이 넘치는 사문(沙門)이 늙음과 질병과 죽음의 고통에서 벗어나기 위해 수행을 한다는 그 한 마디의 인연으로 밝은 눈을 뜬 싯다르타 태자는 출가를 결심한다.

〈북문 밖에서 출가자를 만나다〉

성으로 돌아와 시름에 찬 날들을 보내던 태자는 어느 날 다시 성 밖으로 유람하려고 수레에 올랐다. 태자가 수레를 타고 성문 북쪽으로 길을 나섰을 때 길에서 수행자인 사문 한 사람을 만났다. 그는 머리를 깨끗이 깎고, 가사를 입고, 물병과 발우를 들고, 조용히 걸식하기 위해 길을 걷고 있었다. 태자는 그 사문을 보자 마부에게 물었다.

"저 사람은 어떤 사람이냐?"

마부가 대답했다.

"저 사람은 출가한 사람입니다. 저 사람은 마음이 착하고 행동이 착하며, 착한 곳에 머무르며, 몸과 입과 마음으로 짓는 업이 모두 깨끗합니다. 믿음이 있어 머리를 깎고 여래의 옷을 입으며, 속가를 떠나 열반의 길에 오르기 때문에 출가하였다고 합니다."

"너는 수레를 몰아 저 사문을 뒤따라 가거라."

마부가 사문이 있는 곳으로 수레를 몰고 가자 태자가 사문에게 물었다.

"당신은 어떤 사람이며, 무엇 때문에 머리를 깎고 여느 사람들과는 다른 색의 옷을 입었으며, 손에는 주장자와 발우를 들고 걸식하면서 지냅니까?"

"나는 출가한 사람입니다. 항상 착한 마음으로 착한 행동을 닦아서 몸과 말과 마음이 모두 청정하도록 하며, 속가를 떠나서 열반의 길에 올랐기 때문에 출가한 사람이라고 부릅니다."

태자가 찬탄하면서 다짐하였다.

"참으로 훌륭하구나. 나도 저렇게 출가해야 되겠다. 성으로 돌아가서 그 일을 깊이 생각해보리라."

태자는 오랜 세월 청정한 지혜의 선업을 닦아 익히고 온갖 덕의 씨앗을 널리 심었으니, 이제야 그 서원이 꽃 피고 열매를 맺게 되었다. 싯다르타 태자는 사문을 보고 온 이후부터 왕궁이 제공하는 풍요와 환락을 즐기지 않고 더욱 사색에 잠기게 되었다. 태자가 자주 출가하려는 뜻을 내비치자 아버지 정반왕은 눈물을 흘리며 말렸다.

"무엇을 바라느냐? 성을 나간다면 언제나 돌아오겠느냐? 무엇을 바라는지 내게 말하라."

태자는 정반왕에게 말했다.

"바람이 네 가지 있습니다. 이 네 가지를 들어주신다면 저는 출가할 뜻을 접겠습니다. 첫째는, 저를 늙지 않게 해주십시오. 둘째는, 저를 병들지 않게 해주십시오. 셋째는 저를 죽지 않게 해주십시오. 넷째는 제게 헤어짐이라는 것이 찾아오지 않게 해주십시오. 부왕께서 이 네 가지 바람을 들어주신다면 저는 절대로 출가하지 않겠습니다.”

그러자 정반왕은 더욱 슬퍼하며 말했다.

“태자의 네 가지 바람을 어찌 들어줄 수 있는가. 이 세상 그 누구도 그걸 들어줄 수는 없다.”

『근본설일체유부 비나야파승사』, 『불교성전』 71~72쪽

4. 출가의 장애가 되는 아들 라훌라의 탄생

태자는 생로병사의 괴로움을 벗어나는 길을 찾아 자신도 행복하고 세상 사람들에게도 괴로움을 떠난 진정한 행복을 안겨주고픈 바람이 더욱 간절해졌다.

'재가(在家)의 삶이란 번잡하고 때가 낀 길이지만 출가의 삶은 열린 허공과 같다. 재가에 살면서 완벽하고 청정하고 소라고둥처럼 빛나는 청정범행을 실천하기란 쉽지 않다. 그러니 한시라도 빨리 출가하리라.'

그러던 어느 날, 야쇼다라 태자비가 아들을 낳았다. 태자비의 출산 소식을 전해들은 정반왕은 신하를 보내어 태자에게 알렸다. 태자는 이 소식을 듣자 “장애가 생겼다! 얽매임이 생겼다!”라고 탄식했다. 왕은 태자가 탄식했다는 말을 전해 듣고 아기의 이름을 장애라는 뜻의 '라훌라'라고 지었다.

『본생담』, 「멀지 않은 인연 이야기」, 『불교성전』 73쪽

5. 붓다가 깨달음을 얻는 순간

마라를 물리치는 붓다, 1-2세기, 대영박물관(영국)

생로병사의 괴로움을 절감하고 진정한 행복을 얻기 위해 성을 나온 싯다르타는 태자가 아닌 사문 고타마 혹은 보살의 이름으로 당시 많은 스승을 찾아 고행과 선정 수행을 한다. 하지만 극단적인 고행만으로는 깨달음을 얻기 힘들다는 사실을 알고 당시 수자타 여인이 주는 우유죽을 공양받고 건강을 회복한 후 보리수 아래에서 명상에 든다. 그때 사문 고타마는 대지의 신이 증명한 가운데 마라(魔羅)의 온갖 유혹과 위협으로부터 벗어났다. 그리고 보리수 아래에서 깊은 선정에 들어 깨달음을 얻었다.

6년의 수행을 한 후 음력 12월 8일 새벽별이 뜰 때 마침내 위 없는 바르고 원만한 깨달음을 이루어서 '바르고 원만하게 깨달은 사람', 스스로 깨어난 붓다가 되었다. 세상 모든 중생은 나고 죽는 윤회를 반복하면서 존재의 집을 짓고, 그 집이 허물어져 괴로워하면서도 또다시 집을 지어 편안한 의지처라 여기며 그 곳에 머문다. 하지만 위 없는 깨달음을 이룬 붓다는 더 이상 존재의 집을 짓지 않게 되었다. 붓다도 과거에는 조금 더 튼튼하게 집을 지으려고 서까래와 대들보를 찾아다니기도 했다. 하지만 그 역시 때가 되면 허물어지게 마련이었다. 덧없기 짝이 없는 윤회의 몸을 영원불변하다고 고집하는 중생의 착각은 괴로움과 번민만을 일으키고 또다시 생사의 괴로움을 불러온다는 사실을 알아차렸다. 보리수 아래에서 붓다는 이제 누가 무엇 때문에 부질없는 집짓기를 계속했는지를 있는 그대로 바라보았다. 의

지할 곳은 진리뿐, 덧없는 서까래와 대들보로 허물어지게 마련인 집을 짓지 않게 되었음을 세상에 천명하였다. 진리에 눈을 뜬 붓다는 깨달음을 이룬 순간을 아래와 같은 게송(偈頌)으로 읊었다.

"수많은 삶, 윤회 속을 헤매며
집 짓는 자를 찾았지만 찾지 못해
계속 태어남은 괴로움이었네.

오, 집 짓는 자여!
이제 그대를 보았으니
그대는 더 이상 집을 짓지 못하리라.
서까래는 부서졌고 대들보는 꺾였다.
마음은 열반에 이르러
갈애(渴愛)의 소멸을 성취했노라."

『불소행찬』, 『불교성전』 85~86쪽

6. 다섯 비구에게 최초의 설법을 하다[초전법륜初轉法輪]

여전히 고행만이 깨달음에 이를 수 있는 길이라 믿고 있던 다섯 수행자는 붓다의 가르침에 귀를 기울였다. 붓다는 이들에게 다음과 같이 법문을 들려주셨다.

"비구들이여, 출가자는 가까이하지 말아야 할 극단에 두 가지가 있습니다. 욕망이 주는 쾌락에 탐닉하는 것과 자기 학대에 몰입하는 것입니다. 욕

설법하는 초전법륜상, 5세
기 사르나트박물관(인도)

망이 주는 쾌락에 탐닉하는 일은 천박하고 성스
럽지 못하고 이롭지 못한 일이며, 자기 학대에 몰
두하는 일 역시 끝없이 스스로를 괴롭히며 성스
럽지 못하고 이롭지 못한 일입니다.

여래는 이러한 두 극단에 의지하지 않고 중도
(中道)를 완전하게 깨달았으니, 중도는 안목과 지
혜를 낳고 고요함과 최상의 지혜와 바른 깨달음
과 열반으로 인도합니다.

중도란 성스러운 팔정도(八正道)이니 즉 바른
견해, 바른 생각, 바른 언어생활, 바른 행동, 바른
생계 수단, 바른 정진, 바른 마음챙김, 바른 선정입니다.

비구들이여, 모든 것은 괴로움이라는 성스러운 이치[고성제苦聖諦]가 있습
니다. 태어남도 괴로움이고, 늙음도 괴로움이고, 병듦도 괴로움이고, 죽음도
괴로움입니다. 싫어하는 대상과 만나는 것도 괴로움이고, 좋아하는 대상과
헤어지는 것도 괴로움이고, 원하는 것을 얻지 못하는 것도 괴로움입니다.
요컨대 '존재 그 자체가 괴로움*입니다.

괴로움의 원인이라는 성스러운 이치[집성제集聖諦]가 있습니다. 다시 태어
남을 불러오고 즐거움과 탐욕이 함께하며 여기저기에 집착하는 갈애로서
세 가지가 있으니, '욕망에 대한 갈애' '존재에 대한 갈애' '존재하지 않음에
대한 갈애'입니다.

괴로움의 소멸이라는 성스러운 이치[멸성제滅聖諦]가 있습니다. 그러한 갈
애가 남김없이 빛바래서 소멸하고 버려지고, 갈애를 놓아버리고 벗어나서
집착하지 않는 것입니다. 괴로움을 소멸하는 길이라는 성스러운 이치[도성
제道聖諦]가 있습니다. 그것은 바로 성스러운 팔정도입니다."

'존재 그 자체가 괴로움이다'라는 의미는 오취온(五取蘊)을 설명하는 문장이다. 오취온이란 탐욕과 집착이 있는 오온(五蘊)이다. 오온이란 인간을 구성하는 물질적·정신적 모든 요소를 5종류, 즉 색(色)·수(受)·상(想)·행(行)·식(識)으로 분류한 것이다. 오취온은 이 5가지 요소가 탐욕에 의해 집착이 일어난 존재 상태를 의미한다. 불교에서는 괴로움을 일으키는 대표적인 원인을 탐욕, 집착, 무지로 본다. 그러므로 탐욕에 의해 집착이 일어난 오취온은 그 자체가 괴로움이다.

상윳따 니까야 『초전법륜경』 (S56), 『불교성전』 94~95쪽

7. 인류의 스승으로서 가르침을 펼치다 : 전도선언(傳道宣言)

다섯 비구와 야사(ⓢYasa)와 그의 친구들을 교화하여 열반으로 인도한 붓다는 세상으로 전법 여행을 떠나기로 마음을 굳히고 이렇게 전도선언을 하였다.

"비구들이여, 나는 천상과 인간 세계의 모든 올가미에서 벗어났습니다. 그대들도 천상과 인간 세계의 모든 올가미에서 벗어났습니다. 많은 사람의 이익을 위해, 많은 사람의 안락을 위해, 세상을 연민히 여겨 천상과 인간의 이익과 안락을 위해 길을 떠나십시오. 둘이서 같은 길로 가지 마십시오.

비구들이여, 처음도 훌륭하고 중간도 훌륭하고 마지막도 훌륭하며, 내용을 갖추고 형식이 완성된 가르침을 설하십시오. 지극히 원만하고 오로지 청정한 거룩한 삶을 실현하십시오. 본래부터 티끌이 거의 없는 사람들이 가르침을 듣지 못해 쇠퇴하고 있습니다. 그들이 가르침을 들으면 깨달을 것입니다.

비구들이여, 나도 가르침을 펴기 위해 우루벨라의 장군촌으로 가겠습니다."

율장 『대품』, 『불교성전』 99~100쪽

8. 붓다의 마지막 가르침과 열반유훈 :
["자신을 등불로 삼고, 법을 등불로 삼아라!"]

카필라(ⓢKapilavatthu)국 정반왕의 아들로 태어난 싯다르타 태자는 스물아홉에 성을 나와 온갖 고행 끝에 마침내 독자적인 수행법을 선택하여 보리수 아래에서 깨달음을 이루어 붓다가 되었다. 서른다섯에 붓다가 된 이래 단 하루도 중생을 관찰하지 않은 날이 없었고, 진리를 들려주기 위해 아무리 먼 길도, 그 어떤 어려운 상황도 마다하지 않았다. 길에서 태어나 길에서 지내며 세상 곳곳에 지혜를 전파하고 저들을 당신과 같은 경지로 인도하느라 평생 길을 걸었던 붓다도 어느 사이 80세에 접어들었다. 노년의 붓다는 여전히 아침마다 탁발을 나서고 설법을 하기 위해 맨발로 길을 나섰는데 자주 노환에 시달리기도 하였다.

바이샬리 근처 벨루와 마을에 도착한 어느 날 붓다에게 병고가 찾아왔다. 홀로 조용히 정진으로 병을 다스리던 붓다는 병에 차도가 보이자, 병실에서 나와 그늘 아래에 앉았다. 그러자 아난(ⓢĀnanda)은 붓다에게 다가가서 절을 올리고 곁에 앉아서 이렇게 말했다.

"세존이시여, 저는 세존께서 인내하는 모습을 보았습니다. 저는 세존께서 회복하시는 모습을 보았습니다. 세존이시여, 세존께서 아프셨을 때 제 몸은 술 취한 것과 같았고, 방향감각을 잃어버렸고, 어떤 판단도 내릴 수가 없었습니다. 그래도 저는 '세존께서는 비구 승가를 두고 아무런 분부도 없으신 채 완전한 열반에 들지는 않으실 것이다.'라고 안심하고 있었습니다."

"아난이여, 비구 승가는 나에 대해서 무엇을 더 바랍니까? 나는 안과 밖이 없이 법을 설하였습니다. 세상의 어떤 스승은 법을 주먹 속에 감추며 마지막까지 이를 통해서 제자들의 복종과 승가의 권한을 행사하기를 원합니다. 그러나 여래가 가르친 법들에는 '스승의 주먹'과 같은 것이 따로 없습니다.

아난이여, '나는 비구 승가를 거느린다.'거나 '비구 승가는 나의 지도를 받는다.'라고 생각하는 사람은 비구 승가에 대해서 무엇인가를 당부할 것입니다. 그러나 여래에게 그런 생각이 없는데 여래가 비구 승가에 대해서 무엇을 당부한단 말입니까?

아난이여, 이제 나는 늙었습니다. 인생의 긴 시간을 보냈고 이제 내 나이 여든이 되었습니다. 낡은 수레가 가죽끈에 묶여서 간신히 움직이는 것처럼 여래의 몸도 가죽끈에 묶여서 겨우 살아간다고 여겨집니다. 하지만 어떤 생각도 느낌도 여래를 흔들지 못합니다. 그런 고요한 마음의 삼매에 머물러 있을 때면 여래의 몸은 더욱 더 편안해집니다."

꾸시나라의 열반당(인도)

"그대들은 자신을 등불로 삼고, 자신을 귀의처로 삼아 머물러야 합니다. 남을 귀의처로 삼아 머물러서는 안 됩니다. 법을 등불로 삼고, 법을 귀의처로 삼아 머물러야 합니다. 다른 것을 귀의처로 삼아 머물러서는 안 됩니다."

붓다는 거듭 제자들에게 말하였다.

"아마 그대들에게 '스승의 가르침은 끝나 버렸다. 이제 스승은 계시지 않는다!'라는 이런 생각이 들지도 모릅니다. 그러나 그렇게 생각하면 안 됩니다. 내가 가고 난 뒤에는 내가 그대들에게 가르친 법(法)과 율(律)이 그대들의 스승이 될 것입니다."

붓다는 제자들에게 말하였다.

"궁금한 것은 어서 물으십시오. 여래가 떠난 뒤에 여래의 면전에서 제대로 여쭈어보지 못했다며 자책하는 사람이 되어서는 안 됩니다."

모여든 제자들은 침묵했다. 그러자 붓다는 비구들에게 말하였다.

"비구들이여, 이제 참으로 그대들에게 당부합니다. 형성된 것들은 소멸하기 마련입니다. 게으르지 말고 해야 할 것을 모두 성취하십시오. 이것이 여래의 마지막 유훈입니다."

디가 니까야 『대반열반경』 (D16), 『불교성전』 134~136, 142쪽

2
불교 사상의 특징은 무엇인가?

주요 용어

삼종외도설, 연기, 인연, 윤회, 십이연기법, 유전연기, 환멸연기, 삼계,

업, 인과응보, 업감연기설, 삼법인, 제행무상, 일체개고, 사고팔고,

제법무아, 열반적정, 사성제, 무상, 오온, 팔정도, 삼학, 삼독, 사마타, 위빠사나

석가모니 붓다가 깨달았던 진리의 내용은 무엇일까? 불교 사상은 기본적으로 붓다가 성취한 깨달음과 관련이 있다. 붓다가 깨달은 진리는 '사성제(四聖諦)'이다. 사성제란 고타마 태자를 출가로 이끌었던 괴로움의 문제에 대한 해답이요, 오랜 실천 수행 끝에 깨달은 석가모니 붓다가 되도록 한 '괴로움에 대한 네 가지 성스러운 진리'이다.

사성제는 괴로움이 생기고 사라지는 '연기'의 이치를 깨닫는 법이다. 깨달음을 얻을 때야 비로소 괴로움은 성스러운 진리로서 고성제(苦聖諦)가 된다. 괴로움을 소멸시켜 우리 모두가 깨달음을 성취한 붓다로서 살아갈 수 있는 수행법에는 '팔정도(八正道)'와 '삼학(三學)'이 있다.

불교 사상의 특징을 파악하고자 한다면, 석가모니 붓다의 깨달음의 내용이 무엇인지 파악해야 한다. 붓다가 활동할 당시 인도 사회에서는 대표적으로 세 가지 세계관이 전개되고 있었다. 첫째는 신이 모든 것을 창조하고 좌우한다는 신의설(神意說)이다[존우화작인설(尊祐化作因說), 신 중심적 세계관]. 둘째는 모든 것은 과거에 지은 행동에 따라 그 운명이 결정된다는 숙명론이다[숙작인설(宿作因說), 운명론적 세계관]. 이는 현재의 삶은 내 의지와 상관없이 이미 운명적으로 결정되었기에 거기에 따를 뿐 별다른 노력이 필요하지 않다는 세계관이다. 세 번째는 우연론인데, 모든 것은 아무런 원인이나

지 혜 마 당

삼종외도설(三種外道說)에 대한 비판

붓다가 활동할 당시 인도 사상계를 크게 둘로 나누면 전통 바라문(Brahmanism) 사상과, 바라문 사상의 권위주의적인 입장에 반대하여 혁신적이고 자유로운 견해를 피력하는 일반 자유 사상가인 사문(沙門)으로 나눌 수 있다. 불교 경전에서는 당시 사상계의 다양한 견해들 중 대표적인 여섯 사람의 견해를 소위 육사외도(六師外道)라 소개하고, 특히 이를 크게 3종으로 묶어 삼종외도설이라 규정하고 비판하였다.

『중아함』 권3에 의하면 "만일 모든 것이 신의 뜻에 의해 일어난다고 하면, 우리들이 나쁜 업을 짓는 것도 그 때문에 짓는다고 해야 할 것이다. 그리고 이 것은 해야 한다, 이것은 해서는 안 된다는 의욕도 일어나지 않을 것이며, 또 노력이라는 것도 있을 수가 없을 것이다. 또 만일 모든 것이 과거에 지은 바에 의해 일어난다고 하면, 우리들이 나쁜 업을 짓는 것도 그 때문에 짓는다고 해야 할 것이고, 의욕도 노력도 일어나지 않을 것이다. 또 만일 모든 것이 아무런 원인 없이 일어난다고 하면, 우리들이 나쁜 업을 짓는 것도 그렇게 일어난다고 해야 할 것이고 의욕도 노력도 일어나지 않을 것이다."라 하여 삼종외도에 대해 비판하였다.

조건 없이 발생했다가 사라질 뿐이라고 말한다[무인무연설(無因無緣說), 우연론적 세계관]. 그러기에 여기에는 어떠한 도덕적 행위도 필요 없다. 세 가지의 공통점은 인간의 어떠한 노력도 쓸모없는 것이 되고 만다는 점이다. 붓다는 이 세 가지가 모두 잘못되었음을 지적하고 연기(緣起)적 세계관을 설한다.

연기와 연기법

붓다의 깨달음의 핵심은 연기(緣起)이다. 연기의 이치는 불교의 세계관을 잘 보여 준다. 연기란 인연생기(因緣生起)의 준말이다. '말미암아 생겨난다'는 뜻으로 모든 존재는 원인과 조건 즉, 인(因)과 연(緣)에 따라 생겨나고 사라진다는 의미이다. 이러한 연기의 이치를 후대의 불교도들이 원리화하여 정리하였는데, 이를 연기법(緣起法)이라고 하고, 다른 이름으로 인연*법(因緣法)이라고도 부른다.

인연법의 기본적 의미는 모든 것이 '근본적 원인으로서 인(因)'과 '보조적 원인으로 작용하는 연(緣)'에 의해서 발생하고 소멸한다는 것이다. 이 과정은 씨앗이라는 원인이 있어 토양, 수분, 온도, 양분 등과 같은 조건들에 의해 씨앗이 싹트는 과정에 비유할 수 있겠다.

연기법은 모든 존재는 독자적으로 존재하는 것이 아니라, 상호관련적이고 상호의존적인 관계로 연결된 존재라는 것이다. 즉, 상의상관성을 가진다고 말한다. 주의해야 할 것은, 앞의 원인 요소는 다음에 오는 것에 대해 필수적 요건이긴 하지만, 충분한 것은 아니다. 즉, 원인이 결과의 필수적인 조

---

*인연(因緣) : 인(因)은 결과를 낳기 위한 내적인 직접적 원인을 의미하고, 연(緣)은 이를 돕는 외적인 간접적 원인을 의미한다.

건이긴 하지만, 원인만으로 결과를 충족시키는 절대적 충분조건은 아니다. 다시 말하면, 어떤 하나의 원인이 있어도, 그 하나의 원인에는 작용하게 되는 여러 가지 다른 조건에 따라 다른 결과로 나타난다는 것이다.

이것은 나무의 씨앗이 있다고 하여, 그 씨앗이 무조건 같은 상태의 나무로 자라거나, 또는 자라난 다른 나무처럼 되리라는 결과는 정해져 있지 않다는 것이다. 씨앗이 흙에 뿌리를 내려도 자랄 수 있는 주위의 여건이나 조건이 다르면 푸르게도, 시들하게도, 아니면 자라다가 죽을 수도 있다.

그런데 여기에서 주의해야 하는 연기에 대한 이해가 있다. 연기는 '인(因)-연(緣)-과(果)'의 내용이 일회성이거나 단편적이지가 않고, 다분히 윤회*적·반복적·복합적·지속적인 상의상관성을 가진다고 하는 것이다.

하나의 원인은 여러 가지 조건에 의해 다른 많은 결과를 만들고, 또 이 많은 결과가 다시 새로운 많은 원인이 되면서 이들이 또한 각각의 '인-연-과'의 관계를 이룬다.

많은 인과의 요소들이, 서로 서로 각각에게, 다른 많은 조건으로 작용하며, 다음에 따라올 새로운 결과를 지속적으로 만든다는 것이다. 씨앗의 예를 다시 들어보자. 씨앗이 땅에 뿌리를 내려 나무가 되고, 자라서 거목이 되면 그것으로 끝나는 것이 아니라, 이 거목은 각 사용자의 필요한 용

---

*윤회(輪廻) : 산스크리트어 삼사라(ⓈSamsāra: '계속된 흐름')를 뜻에 따라 번역한 것으로 윤회전생(輪廻轉生) 또는 생사유전(生死流轉)이라고도 한다. 마치 수레바퀴가 회전하여 멎지 않는 것처럼 중생이 번뇌와 업(業)으로 인하여 지옥, 아귀, 축생, 아수라, 인간, 천상의 육도(六道)의 세상에서 생사를 거듭하는 것이다.

도에 따라 분산하여 이용된다. 거목은 다시 베어져 목재로 변화되며, 이 목재는 다시 그 용도에 따라 종이, 가구 등과 같은 제품으로 만들어지고, 이것은 또 그 용도에 따라 새로이 이용되며, 또 새로운 환경의 원인이 되는 것이다.

연기법의 핵심은 십이연기법* 또는 십이인연법(十二因緣法)이다. 이것은 출가수행을 통해서 붓다가 해결하고자 했던 고통의 문제에 대하여 자신이 깨달은 진리의 핵심이자 중요한 가르침이다. 또한 인간 존재가 어떻게 생겨나고 변천해 가는가를 보여주는 중요한 가르침이기도 하다.

십이연기법은 무명(無明)-행(行)-식(識)-명색(名色)-육입(六入)-촉(觸)-수(受)-애(愛)-취(取)-유(有)-생(生)-노사(老死)의 12가지가 서로 의존하여 꼬리에 꼬리를 물고 일어난다는 법칙이다.

즉, 십이연기법은 "무명(無明)*을 조건으로 의도적 행위[행行]들이, 의도적 행위들을 조건으로 알음알이가, 알음알이[식識]를 조건으로 정신과 물질이, 정신과 물질[명색名色]을 조건으로 여섯 감각장소가, 여섯 감각장소[육입六入]를 조건으로 감각접촉이, 감각접촉[촉觸]을 조건으로 느낌이, 느낌[수受]을 조건으로 갈애가, 갈애[애愛]를 조건으로 취착이, 취착[취取]을 조건으로 존재가, 존재[유有]를 조건으로 태어남이, 태어남[생生]을 조건으로 늙고 죽음과 근심·탄식·육체적 고통·정신적 고통·절망[생노병사우비고뇌生老病死憂悲苦惱]이 생겨난다." 이처럼 괴로움의 무더기가 관계하여 일어났기 때문에 유전연기(流轉緣起) 또는 순관(順觀)이라고 한다. 반면에 고통에서 벗어

---

*십이연기 : 과거에 지은 업(業)에 따라서 현재의 과보(果報)를 받으며, 현재의 업에 따라서 미래의 과보를 받는 열두 가지 인연을 말한다.
*무명(無明) : 인간의 근본적인 고통을 일으키는 원인으로 석가모니 붓다가 깨달은 '사성제'에 대한 무지의 상태를 의미한다.

나기 위해서는 요컨대 무명(無明)을 소멸시켜야 한다. 무명이 없어지면 행이 없어지고, 행이 없어지면 식이 없어지고 … 이렇게 해서 생노병사의 고통이 없어지게 된다. 고통의 근본 원인인 무명이 멸하면 12연기의 순환고리에서 완전히 벗어나게 된다. 이를 환멸연기(還滅緣起) 또는 역관(逆觀)이라고 한다.

인연생기(因緣生起)의 법칙인 인과는 삼계*의 모든 사물들과 현상에서 인과율(因果律)의 적용 범위에도 포함이 된다. 유정물(생각이 있는 것) 중 하나인 인간은 의지라는 것을 강하게 발휘하므로 이러한 인과 법칙의 경계에서 벗어난다. 하나의 원인에 의한 결과가 개인의 생각과 의지에 따라 다르게 나타난다는 것이다. 그래서 유정물 중 자유의지가 강한, 우리들 인간에게는 업(業)에 의한 인과가 적용하게 되는데, 이를 '업보(業報), 인과응보(因果應報)'라는 용어로 표현한다.

업(業, karma)*은 행위나 행동을 말한다. 순우리말로 하면 '짓'으로 번역할 수 있다. 인간이 짓는 의지적 행동 하나 하나가 모이고 쌓여 과보의 원인이 되고, 이는 다른 인연조건에 의해 과보를 받게 된다는 것이다. 이를 구체적으로 설명하면 선한 행위[善業]는 낙과(樂果)를 받고, 악한 행위[惡業]는 결국 고과(苦果)를 받게 된다는 의미이다. 이것은 윤리적 실천과 깊은 관계가 있는 '업감연기설(業感緣起說)'이다.

---

*삼계(三界) : 불교의 세계관 가운데 하나로 붓다의 지위에 도달하지 못한 사람이 거주하는 욕계(欲界)·색계(色界)·무색계(無色界)를 통칭하는 말이다.
*업(業) : 의지나 마음 작용에 의해 하는 행위나 행동. 불교에서는 업을 크게 세 가지로 구분하여 삼업(三業)이라고 한다.

불교의 윤회론에 대한 오해와 진실

윤회 사상은 불교가 발생하기 이전부터 인도 전역에 있었던 사상으로 사람이 죽으면 지옥·아귀·축생·아수라·인간·천상 가운데 어느 하나의 세계에 다시 태어나게 된다는 육도윤회를 말한다.

초기경전에 의하면 붓다는 이러한 일반적인 윤회론을 인정하면서도 윤회한다는 사실보다는 어떻게 하면 윤회에서 벗어난 경지에 이를 수 있을까, 또는 윤회에서 벗어나는 방법에 중점을 두고 있다. 왜냐하면 윤회의 종식이 불교의 궁극적 목적이기 때문이다.

불교에서 세계는 세간(世間)과 출세간(出世間)으로 구분하여 이해했다. 세간은 윤회의 세계를 말하고, 출세간은 윤회를 초탈한 열반의 세계를 말한다. 물론 윤리 도덕적인 측면, 즉 권선징악적인 차원에서 선업을 쌓아 고귀한 계급이나 천상의 세계에 태어나는 것을 중시할 수도 있지만, 수명이 다하고 업이 다하면 다시 육도를 윤회하게 된다고 불교는 말한다.

따라서 불교는 권선징악을 넘어선 해탈의 차원에서 윤회설을 강조하고 있다. 윤회한다는 것은 결국 괴로움이므로 불교는 윤회에서 영원히 벗어나는 열반이나 극락왕생 등을 보다 중요시하였던 것이다.

이러한 불교의 윤회관은 이 한 생에서 다음 생이 어떻게 전개되는가 하는 것에 대한 관심보다, 현실의 삶에서 한 생각 한 생각을 깊이 다스려서 언제나 고요한 열반의 세계나 불국토(佛國土)에 있는 것과 같은 상태를 유지하고 성찰하도록 하는 데 치중하였다. 그리고 현재의 마음이 번뇌로 가득차 있는 것이 곧 지옥이고, 탐욕으로 가득차 있는 것이 아귀이며, 어리석음으로 가득차 있는 것이 축생이라고 보는 등, 이 순간의 마음가짐에 따라서 끊임없이 육도를 윤회한다고 보았다.

불교의 세계관

생명체들이 사는 세상이나 마음의 경지는 참으로 많고 다양하다. 이것을 정신적 깊이나 수행의 정도에 따라서 분류한 것이 바로 삼계(三界), 즉 욕계(欲界), 색계(色界), 무색계(無色界)이다.

삼계 중 욕계(欲界)는 맨 아래에 있으며 식욕, 음욕, 수면욕 등의 5욕이 강한 세계인데, 천상계와 천하계로 나눈다. 천상계는 육도 중의 천도(天道 : 6욕천-사천왕천, 도리천, 야마천, 도솔천, 화락천, 타화자재천), 천하계는 인도(人道), 수라, 축생, 아귀, 지옥 등을 말한다. 감각적 욕망에 머무는 세상이나 마음을 말한다.

색계는 욕계 위에 있으며, 욕계와 같은 탐욕은 벗어났으나 청정 미묘한 형체가 있는 세계를 말한다. 여기에는 초선천, 이선천, 삼선천, 사선천의 사천이 있어 색계 사천이라 하며, 이를 세분하여 색계 18천이라 하기도 한다.

무색계는 색계와 같은 청정 미묘한 형체는 없지만, 다만 정신적인 세계, 즉 수·상·행·식의 4온(四蘊)이 존재하는 세계로서 아직 존재에 대한 욕망이 남아 있는 세계이다. 여기에는 공무변처천, 식무변처천, 무소유처천, 비상비비상처천의 4천이 있다.

삼법인 또는 사법인

붓다는 연기의 이치와 연기법으로 인간의 고통의 발생과 소멸 그리고 인간을 포함한 존재하는 모든 것들의 근본적인 특성을 삼법인(三法印) 또는 사법인(四法印)으로 정리하여 설명하였다.

그 중 첫째 가르침은 인간을 비롯한 이 세상에 형성된 모든 것들은 끊임없이 변한다는 제행무상(諸行無常)이다. 연기와 관련하여 이를 설명하면, 모든 것은 상호 의존적으로 생겨난 것이기에 영원할 수 없다는 의미이다. 즉, 모든 것은 다른 것에 의존함 없이 스스로 존재해야 영원할 수 있지만 수많은 관계 속에서 다른 것들에 의존하고 있기 때문에 영원할 수 없다.

둘째 가르침은 모든 것은 영원하지 않고 변하기 때문에 괴로움이라는 일체개고(一切皆苦)이다. 그러나 잘 살펴보면 이 괴로움들은 모든 것이 변하고 흘러간다는 것을 인정하지 않고 지금 이대로의 나의 모습에 집착하기 때문에 생겨나게 된다. 무상하기 때문에 괴롭고, 무상한 사태를 파악하지 못하고 거기에 집착함으로써 더 큰 괴로움이 발생하므로 그러한 괴로움을 반복하며 겪는다.

셋째 가르침은 모든 현상적 대상들은 고정불변의 주체, 실체를 가지고 있지 않다. 즉, '고정불변의 자아로서 나가 없다는 제법무아(諸法無我)이다. 하지만 내가 없다면 누가 나의 일상에 동력을 가하여 움직이고 누가 괴로움을 겪는다는 말인가? 여기에서 무아(無我)란 불변의 주체로서의 자아가 없다는 말이다. 현실 세계 속에서 '나'는 여러 요소로 이루어져 끊임없이 변화하는 존재이므로 마치 영원불멸의 내가 있는 것처럼 생각하는 것은 잘못된 것이다. 행위의 배후에 어떤 고정된 주체로서의 실체가 따로 있는 것이 아니며, 더 나아가면 모든 것에 불변의 본질이 없다는 것이 제법무아의 가르침이다. 내가 당장 괴롭다 하지만, 그 배후를 잘 관찰해보면 괴로움의 실체가 없다는 의미이다.

이 세 가지 중 '일체개고' 대신 열반적정(涅槃寂靜)을 들기도 한다. 또 열반적정을 포함하여 사법인(四法印)이라 하기도 한다.

열반적정이란, 이처럼 무상하고 무아인 괴로운 세계를 벗어나 진실로 안온한 세계가 있음을 밝힌 가르침이다. 열반이란 '모든 번뇌의 불꽃이 꺼진 상태'를 말한다. 그러한 경지는 불교가 추구하는 궁극적 목표로 모든 대립과 갈등이 사라진 절대 평화의 상태이기도 하다.

사성제

사성제(四聖諦)*는 석가모니 붓다가 깨달은 진리이다. 10대의 고타마 싯다르타를 혼란스럽게 만들었던 문제는 사문유관을 통해서 마주한 삶의 고통이었다. 고통은 인간이면 누구나 겪게 되는 것인데, 싯다르타는 이 고통의 근본 원인과 해결방법을 구하기 위하여 출가하게 된다. 그러므로 사성제는 싯다르타의 출가를 이끌었던 이 문제에 대한 해답이요, 오랜 실천수행 끝에 싯다르타에서 깨달은 자로서 석가모니 붓다가 되도록 한 '괴로움에 대한 네 가지 거룩한 진리'이다.

사성제는 첫 설법인 『초전법륜경』에서 간명하게 제시된다. 사성제란 괴로 움에 직면하여 이로부터 벗어나 열반 혹은 해탈을 이루는 고집멸도(苦集滅 道)라는 네 가지 성스러운 진리를 의미한다.

첫째, 고성제(苦聖諦)는 고통이 성스러운 진리임을 뜻한다. 왜 고통이 성스 러운 진리일까? 이 물음에 답하기 전에 먼저 불교에서 말하는 고통 또는 괴 로움은 무엇인지를 살펴봐야 한다. 불교에서 고통은 세 가지로 분류하는데, 그것은 고고(苦苦)·괴고(壞苦)·행고(行苦)이다. 고고(苦苦)는 배고픔이나 추 위, 질병과 같은 육체적 고통을 의미한다. 괴고(壞苦)는 내가 소유하고 있던 것이 없어졌을 때 느끼는 고통이다. 재산이나 사랑하는 가족을 잃었을 때 느끼는 괴로움이 여기에 해당된다. 행고(行苦)는 인생의 무상(無常)*에서 오 는 괴로움이다. 싯다르타가 성문 밖을 나가서 마주한 삶의 진실, 유한한 삶 과 그 운명을 마주하며 느끼는 실존적 고뇌라 할 수 있다.

불교는 이러한 고통을 보다 구체적으로 제시한다. 사고팔고(四苦八苦)라 하며 네 가지, 혹은 여덟 가지로 구체적으로 설명한다. 네 가지 고통은 생로 병사(生老病死)에서 비롯된다. 태어나고 늙고 병들어 죽는 것에서 오는 네

---

*사성제(四聖諦) : 초기불교 가르침의 하나로 '네 가지 고귀한 가르침' 즉, 고(苦)·집 (集)·멸(滅)·도(道)를 말한다. 여기서 '제(諦)'란 진리 또는 깨우침을 의미한다.
*무상(無常) : 만물은 항상 변하며, 영원한 실체로 존속하는 것은 아무것도 없다는 뜻 이다.

가지 고통은 모든 인간이 겪는 실존적 고통이다. 여기에 대상과 만나면서 느끼는 다음 네 가지 고통을 더하면 팔고(八苦)가 된다. 첫째, 애별리고(愛別離苦)는 사랑하는 사람과의 이별에서 오는 고통이다. 둘째, 원증회고(怨憎會苦)는 애별리고와 반대로 서로 미워하거나 싫어하는 사람과 만나는 고통이다. 이 두 가지 고통은 많은 관계 속에서 살아가는 우리가 살면서 피할 수 없는 것이다. 셋째, 구부득고(求不得苦)는 무엇인가를 구하고 싶은데 얻지 못하는 고통이다. 배가 몹시 고픈데도 돈이 없어 먹을 것을 사지 못하는 경우를 생각하면 쉽게 이해할 수 있다. 마지막으로 오음성고(五陰盛苦)는 자아에 대한 집착이 너무 심해서 오는 고통이다.

불교에서는 인간이라는 존재를 구성하는 다섯 가지 요소를 색수상행식(色受想行識)으로 보고 이를 오음(五陰), 혹은 오온(五蘊)*이라 부른다. 이것은 우리 인간의 몸을 구성하는 물질적인 색과 정신적인 수·상·행·식의 요소에 대한 집착에서 오는 육체적·정신적인 괴로움 모두를 포함하는 것이다. 이러한 오음성고의 괴로움을 벗어나기 위해서는 오온이 고정된 실체가 있는 것이 아니고, 공(空)하다는 사실을 올바로 비추어보는 것이 무엇보다 중요하다.

그러나 어찌 인간이 느끼는 괴로움이 사고팔고 뿐이겠는가. 그 만큼 불교에서 고통의 문제는 중요함을 알 수 있다. 석가모니 붓다는 이 고통의 문제에 직면하여 그 원인과 해결방안을 구하는 구도 과정에서 새로운 안목과 지혜를 얻게 되어 더없는 행복을 성취하게 된다. 그러므로 '괴로움은 성스러운 진리다.'라는 고성제는 삶이 괴롭다는 문제의식을 느끼지 못하면 괴로움

---

*오온(五蘊) : 인간을 구성하는 다섯 가지 요소, 즉 흙, 물, 불, 바람 등의 물질적인 육체[色]와 느낌[受], 생각[想], 의지작용[行], 식별[識]의 정신적 요소를 말한다.

에서 빠져나올 생각조차 하지 않고, 결국에는 고통을 벗어나는 길도 찾을 수 없다는 것을 깨닫게 해주는 고귀한 가르침이다.

둘째, 집성제(集聖諦)는 괴로움의 원인에 대한 진리로 위에서 말한 괴로움이 어떻게 해서 발생하게 되는가의 이유를 밝혀 준다. 괴로움은 저절로 생긴 것이 아니라 모두 원인이 있다. 집(集)이란 단어에서 보여주듯이 괴로움의 조건이 성숙되어 '결합하여 일어나는 것'이다. 석가모니 붓다는 그 원인을 윤회의 근본 원인이라 할 수 있는 무명(無明)과 애욕(愛慾)이라고 하였는데, 여기서 애욕은 목마른 사람이 물을 찾듯이 욕망을 탐하는 갈애(渴愛)를 말한다.

셋째, 멸성제(滅聖諦)는 괴로움과 번뇌가 완전히 소멸한 이상적 상태 즉, 열반에 대한 진리이다. 멸(滅)이란 집(集)과 반대되는 뜻으로 무명과 애욕의 상태를 초월하여 더 이상 번뇌, 욕망, 분노 등이 일어나지 않아 마음이 더없이 고요하고 평온한 열반이나 해탈의 경지를 말한다.

넷째, 도성제(道聖諦)는 괴로움에서 벗어나 열반에 이르는 길과 방법에 대한 진리이다. 석가모니 붓다는 여덟 가지 올바른 수행의 길로서 팔정도*를 제시하였다. 이 여덟 가지 방법을 게으르지 않고 실천 수행하면 고통이 없는 이상적인 경지인 열반에 누구나 도달할 수 있다는 것이 불교의 기본적인 가르침이다.

---

*팔정도(八正道) : 8성도(八聖道) 또는 8지성도(八支聖道)라고 하는데, 여기서 정도(正道)란 중도(中道)의 완전한 수행법이라는 뜻이고, 성도(聖道)란 성인의 도를 뜻한다.

팔정도와 삼학

석가모니 붓다가 사성제의 마지막으로 언급한 도성제는 곧 팔정도이다. 팔정도는 석가모니 붓다의 최초의 설법에 나타난 중도(中道)의 실천행으로서, 괴로움의 원인을 제거하고 잘못된 습관과 생각을 교정하여 일상에서 선(善)을 실천하며 끊임없는 노력으로 진정한 행복 즉, 열반으로 이끄는 여덟 가지의 구체적인 실천 수행법을 말한다.

첫째, 정견(正見)은 바른 견해를 갖추는 것이다. 바른 세계관과 인생관으로서 사성제와 연기법을 바르게 아는 지혜이다.

둘째, 정사유(正思惟)는 바른 생각이다. 바른 결심, 바른 결단이라고도 한다. 구체적으로는 감각적 욕망에서 벗어난 생각, 악의가 없는 생각, 남에게 해를 끼치지 않는 생각으로 온화하고, 청정하며, 자비로운 생각을 지니도록 노력하는 것이다.

셋째, 정어(正語)는 바른 언어생활이다. 거짓말이나 이간질하는 말, 남에게 상처 주는 폭언을 삼가고 진실하고 남을 사랑하며 융화시키는 유익한 말을 하는 것이다.

넷째, 정업(正業)은 바른 행동으로 삶을 살아가는 것이다. 살생, 도둑질, 음행과 같은 악행을 삼가고 선행을 베푸는 것이다. 폭력을 삼가며 생명을 살리는 자비로운 행동에 나서는 것이다.

다섯째, 정명(正命)은 바른 생계 수단이다. 즉 올바른 직업과 직업윤리를 가지고 생계를 유지해 나가는 것이다. 사기를 치거나 사람과 세상을 황폐화시키는 직업을 갖지 말고, 정당한 방법으로 부를 축적하고 나누는 삶을 살라는 것이다.

여섯째, 정정진(正精進)은 바른 정진이다. 바른 노력과 실천으로 삶을 살아가는 것이다. 괴로움의 소멸이라는 목표를 향해 물러섬이 없이 이를 향해 싫증 내지 않고 굳게 마음을 내며 노력하는 자세를 의미한다. 이때 악은 더 이상 발생하지 않도록 끊어 나가고 선은 계속 증장시킨다.

일곱째, 정념(正念)은 바른 마음챙김을 말한다. 혹은 바른 깨어 있음, 바른 알아차림이라고도 한다. 수행할 때 기존의 관념, 생각, 감정, 느낌 등에 물들지 않는 순수한 상태를 유지하면서 지금 여기, 있는 그대로를 알아차림하는 것이다.

마지막으로 정정(正定)은 바른 선정 즉, 명상이다. 올바른 마음챙김을 통해 고요한 선정의 상태에 들어가는 것이다. 이렇게 해서 마음이 고요하고 잔잔해지면 지혜로써 삶의 실상을 보고 도덕적, 정신적 완성을 통해 자유와 행복에 이른다.

팔정도란 결국 괴로움의 완전한 소멸 상태인 열반에 이르는 실천 방법이자, 평범한 중생을 깨달은 각자(覺者)로서 붓다라는 존재의 내면적 변화를 가져오게 하는 공부 방법으로 볼 수 있다. 그러므로 불교의 공부는 실천 수행과 한시도 분리되지 않는데, 팔정도는 삼학(三學)으로 설명할 수 있다.

삼학은 불교 수행의 세 가지 공부에 해당하는 계정혜(戒定慧)이다. 계학(戒學)은 올바른 행동으로 생활할 수 있도록 하는 공부로서 팔정도의 정어, 정업, 정명에 해당한다. 정학(定學)은 마음속에 일어나는 탐욕, 갈등, 분노 등을 잘 다스려 마음을 고요하게 하는 공부로서 팔정도의 정정진, 정념, 정정에 해당한다. 혜학(慧學)은 문제 있는 상태나 현상을 올바로 보고 사유하여 통찰할 수 있도록 하는 공부로서 팔정도의 정견, 정사유에 해당한다. 불교 수행이란 한 마디로 계정혜 삼학과 팔정도를 올바르게 닦는 것이다.

그렇다면 불교에서 올바름과 올바르지 못함을 구분하는 기준 또는 선과 악의 기준은 무엇일까? 바로 삼독(三毒)이다. 삼독은 탐욕[貪] · 분노[瞋] · 어리석음[癡]이다. 이것은 청정하고 평온한 우리의 마음을 괴롭게 만드는 근본적인 원인이며, 자신과 타인을 해치게 하거나 죄를 범하게 하는 것을 독에 비유한 것이다.

그러므로 삼학은 마음의 세 가지 독인 삼독을 제거하고 올바른 삶으로
이끌기 위한 팔정도의 수행법이라 할 수 있다.

 지 혜 마 당

초기불교의 명상법 - 사마타와 위빠사나 수행법

팔정도의 정념과 정정을 일반적으로 위빠사나(ⓈVipassana, 觀), 사마타
(Ⓢsamatha, 止) 수행이라고 한다.

사마타란 외부 대상에 대해 감각기관을 다스려 마음이 동요되지 않고 고요
하게 하는 것을 의미한다. 또한 이것은 들뜸과 산란함을 가라앉힌 집중된 경지
를 가리킨다. 한편 위빠사나란 있는 그대로 통찰하는 것을 말한다. 즉 몸과 마
음에 관련된 제반 현상이 일어나고 사라지는 과정을 주시하는 것이다. 예컨대
몸의 움직임이나 느낌 따위를 관찰하면서 모든 현상이 변화한다는 무상의 이
치를 통찰하는 것이 곧 위빠사나이다.

초기불교 이래로 사마타와 위빠사나는 명상의 양 날개 구실을 해왔다. 수행
에 처음 입문한 사람에게는 일단 사마타를 통해 마음의 동요를 가라앉히는 절
차가 권장된다. 탐욕이라든가 의심 따위에 동요되는 상태에서는 정신적 진전
을 기대할 수 없다. 따라서 사마타를 통해 마음을 비우고 가라앉히는 과정이
우선적으로 요구된다.

한편 위빠사나는 특별한 집중 대상을 필요로 하지 않는다. 대상에 상관없이
경험하는 일체의 현상에 대해 본질적 특성을 통찰하는 과정이기 때문이다. 이
점에서 위빠사나는 사마타와 전혀 다른 수행법이라고 할 수 있다. 무상에 대한
통찰이 반드시 평온한 상태에서만 가능한 것은 아니다. 괴로움에 대한 통찰도
마찬가지이다. 오히려 집중된 상태에서는 괴로움이라는 느낌 자체가 잘 포착
되지 않는다. 마음상태가 거칠면 거친 대로, 고요하면 고요한 대로, 그때그때
경험하는 안팎의 현상을 놓치지 않고 통찰하는 과정이 위빠사나이다.

그러나 실제 수행에서 사마타와 위빠사나는 서로 혼합된다고 할 수 있다. 사
마타를 체험해보지 않고서 내면을 반조하는 능력을 갖기란 거의 불가능하다.
예컨대 탐냄이나 성냄에 휩싸여 있다고 치자. 사마타를 통해 가라앉은 마음상
태를 경험해본 사람만이 한 발짝 물러나 통찰하는 여유를 지닐 수 있다. 그러

한 경험이 없는 사람은 탐냄과 성냄에 뒤엉켜 자기 자신이 과연 어떠한 상태에 빠져 있는지도 알지 못한다. 따라서 사마타와 위빠사나는 하나의 쌍으로 언급되곤 하며, 특히 전자를 닦은 연후에 후자로 넘어가는 것이 일반적인 순서이다.

이런 초기불교의 수행법은 이후 인도의 다른 종교에도 큰 영향을 미쳤다. 위빠사나는 남방불교의 전통적인 수행법으로 전해오다 최근에는 서양의 정신적 치유 그리고 상담과 명상분야에 적극적으로 활용되기 시작하면서 이제는 세계적으로 조명받는 수행법으로 자리 잡고 있다.

1. 연기

1) 연기를 보는 자는 법을 본다

사리불이 말했다.

"도반들이여, 세존께서는 '연기를 보는 자는 법을 보고, 법을 보는 자는 연기를 본다.'라고 말씀하셨습니다."

맛지마 니까야 『큰 코끼리 발자국 비유경』(M28)

2) 연기법은 여래가 세상에 나오거나 나오지 않거나 법계(法界)에 항상 머물러 있다

이와 같이 내가 들었다. 어느 때 붓다는 쿠루수의 소를 치는 마을에 있었다. 그때 어떤 비구는 붓다가 있는 곳에 나아가 머리를 붓다의 발에 대고 예배한 후 한 쪽에 물러나 앉아 붓다에게 물었다.

"세존이시여, 연기법(緣起法)이란 세존께서 만드신 것입니까. 다른 사람이 만든 것입니까?"

붓다는 비구들에게 말했다.

"연기는 내가 만든 것도 아니요 또한 남이 만든 것도 아니다. 그러므로 그것은 여래가 세상에 나오거나 세상에 나오지 않거나 법계(法界)에 항상 머물러 있다. 저 여래는 이 법을 스스로 깨닫고 바른 깨달음을 이룬 뒤에 모든 중생들을 위하여 분별하여 연설하고 이렇게 드러내어 보이신다. '이것이 있기 때문에 저것이 있고, 이것이 일어나기 때문에 저것이 일어난다. 곧 무명(無明)을 인연하여 행이 있고 나아가서는 순수한 큰 괴로움의 무더기가 모이며, 무명(無明)이 멸하기 때문에 행(行)이 멸하고 나아가서는 순수한 큰 괴로움의 무더기가 멸(滅)한다.'라고."

붓다가 이 경을 말하자, 비구들은 붓다의 가르침을 듣고 기뻐하며 받들어 행하였다.

『잡아함경』 12권, 「연기법경」

3) 인드라망의 세계

"인드라(Indra) 신 궁전 위에 구슬 그물망 낱낱의 구슬 속에 서로서로 모든 구슬의 영상을 드러내되 다함이 없다. 하나의 보배구슬 안에 천 개 빛, 만 가지 색이 서로서로 겹겹이 되 비추면서도 역력하게 서로 구분된다. 이 하나의 마음속에 모든 사람의 지혜가 중첩되어 들어간다. 진리의 성품은 필경 다함이 없으므로 중첩되고 또 중첩되며, 다함없고 또 다함없다."

영명연수, 『종경록(宗鏡錄)』 38권

2. 삼법인 또는 사법인

1) 삼법인이란 무엇인가

"비구들이여, '모든 형성된 것은 무상하다.'라는 것은 여래들께서 출현하신 이후거나 출현하시기 이전에도 존재하는 요소이며, 법으로 확립된 것이고, 법으로 정리된 것이다. 여래는 이것을 투철하게 깨달았고 관통하였다. 투철하게 깨닫고 관통한 뒤 '모든 형성된 것은 무상하다.'고 알게 하고 가르치고 천명하고 확립하고 드러내고 분석하고 명확하게 한다."

"비구들이여, '모든 형성된 것은 괴로움이다.'라는 것은 여래들께서 출현하신 이후거나 출현하시기 이전에도 존재하는 요소이며, 법으로 확립된 것이며, 법으로 정리된 것이다. 여래는 이것을 투철하게 깨달았고 관통하였다. 투철하게 깨닫고 관통한 뒤 '모든 형성된 것은 괴로움이다.'라는 것을 알게 하고 가르치고 천명하고 확립하고 드러내고 분석하고 명확하게 한다."

"비구들이여, '모든 형성된 것은 무아다.'라는 것은 여래들께서 출현하신 이후거나 출현하시기 이전에도 존재하는 요소이며, 법으로 확립된 것이고, 법으로 정리된 것이다. 여래는 이것을 투철하게 깨달았고 관통하였다. 투철하게 깨닫고 관통한 뒤 '모든 형성된 것은 무아다.'라고 알게 하고 가르치고 천명하고 확립하고 드러내고 분석하고 명확하게 한다."

앙굿따라 니까야 『출현경』 (A3)

2) 무상·고·무아

세존은 시각을 상실한 사람들이 모여있는 숲으로 들어가서 어떤 나무 아래에 마련된 자리에 앉았다. 라훌라 존자도 세존에게 절을 올리고 한쪽 곁에 앉았다. 한쪽에 앉은 라훌라 존자에게 세존은 이렇게 말하였다.

"이를 어떻게 생각하는가, 라훌라여, 눈은 항상한가, 무상한가?"

"무상합니다, 세존이시여."

"무상한 것은 괴로움인가, 즐거움인가?"

"괴로움입니다, 세존이시여."

"무상하고 괴로움이고 변하기 마련인 것을 두고 '이것은 내 것이다. 이것은 나다. 이것은 나의 자아다.'라고 보는 것은 타당하겠는가?"

"그렇지 않습니다, 세존이시여."

"이를 어떻게 생각하는가, 라홀라여, 형색은 항상한가, 무상한가? … 눈의 알음알이는 항상한가, 무상한가? … 눈의 감각접촉은 항상한가, 무상한가? … 눈의 감각접촉을 조건으로 하여 일어난 느낌이든, 인식이든, 심리 현상들이든, 알음알이든, 그것은 항상한가, 무상한가?"

"무상합니다, 세존이시여."

"무상한 것은 괴로움인가, 즐거움인가?"

"괴로움입니다, 세존이시여."

"무상하고 괴로움이고 변하기 마련인 것을 두고 '이것은 내 것이다. 이것은 나다. 이것은 나의 자아다.'라고 보는 것은 타당하겠는가?"

"그렇지 않습니다, 세존이시여."

맛지마 니까야 『라훌라에 대한 가르침의 작은 경』 (M147)

3. 사성제

1) 과거, 현재, 미래의 모든 부처님은 사성제를 깨닫는다

비구들이여, 과거에 있는 그대로 완전하게 깨달은 아라한, 정등각자들은 누구 할 것 없이 모두 사성제를 있는 그대로 완전하게 깨달았습니다.

비구들이여, 미래에 있는 그대로 완전하게 깨달은 아라한, 정등각자들은 누구 할 것 없이 모두 사성제를 있는 그대로 완전하게 깨달을 것입니다.

비구들이여, 현재 있는 그대로 완전하게 깨달은 아라한, 정등각자들은 누구 할 것 없이 모두 사성제를 있는 그대로 완전하게 깨닫습니다.

　무엇이 4가지인가 하면 고성제, 집성제, 멸성제, 도성제입니다.

상윳따 니까야 『아라한경』 (S56)

2) 무엇이 괴로움인가

　비구들이여, 그러면 무엇이 괴로움입니까? 태어남도 괴로움이요, 늙음도 괴로움이고, 병듦도 괴로움이며, 죽음도 괴로움입니다. 근심·탄식·육체적 고통·정신적 고통·절망도 괴로움이고, 원하는 것을 얻지 못하는 것도 괴로움입니다. 요컨대 취착하는 다섯 무더기[오취온五取蘊] 자체가 괴로움입니다.

　비구들이여, 그러면 어떤 것이 태어남입니까? 이런저런 중생의 무리로부터 이런저런 중생의 태어남, 일어남, 다섯 무더기의 나타남, 감각 장소를 획득함을 일러 태어남이라 합니다.

　비구들이여, 그러면 어떤 것이 늙음입니까? 이런저런 중생의 무리 가운데서 이런저런 중생의 늙음, 노쇠함, 부서진 치아, 백발, 주름진 피부, 수명의 감소, 감각기능의 허약함을 일러 늙음이라 합니다.

　비구들이여, 그러면 어떤 것이 죽음입니까? 이런저런 중생의 무리로부터 이런저런 중생의 종말, 제거됨, 부서짐, 사라짐, 죽음, 그리고 다섯 무더기의 부서짐, 시체를 안치함, 생명 기능의 끊어짐을 일러 죽음이라 합니다.

　비구들이여, 그러면 어떤 것이 근심입니까? 이런저런 불행을 만나고 이런저런 괴로운 현상에 맞닿은 사람의 근심, 내면의 근심, 내면의 슬픔을 일러 근심이라 합니다.

　비구들이여, 그러면 어떤 것이 탄식입니까? 이런저런 불행을 만나고 이런저런 괴로운 법에 맞닿은 사람의 한탄, 비탄을 일러 탄식이라 합니다.

　비구들이여, 그러면 어떤 것이 육체적 고통입니까? 몸의 고통, 몸의 불편함,

몸에 맞닿아 생긴 고통스럽고 불편한 느낌을 일러 육체적 고통이라 합니다.

비구들이여, 그러면 어떤 것이 정신적 고통입니까? 정신적인 불편함, 마음에 맞닿아 생긴 고통스럽고 불편한 느낌을 일러 정신적 고통이라 합니다.

비구들이여, 그러면 어떤 것이 절망입니까? 이런저런 불행을 만나고 이런저런 괴로운 법에 맞닿은 사람의 실망을 일러 절망이라 합니다.

비구들이여, 그러면 어떤 것이 원하는 것을 얻지 못하는 괴로움입니까? 태어나고, 늙고, 병들고, 죽기 마련인 중생에게 이런 바람이 일어납니다. '오, 참으로 우리에게 태어나고, 늙고, 병들고, 죽는 법이 있지 않기를! 참으로 그 태어남, 늙음, 병듦, 죽음이 우리에게 오지 않기를!'이라고. 그러나 이것은 원한다고 해서 얻는 것이 아닙니다. 원하는 것을 얻지 못하는 이것도 괴로움입니다. 근심, 탄식, 육체적 고통, 정신적 고통으로 절망하기 마련인 중생에게 이런 바람이 일어납니다. '오! 참으로 우리에게 근심·탄식·육체적 고통·정신적 고통·절망하는 법이 있지 않기를! 참으로 그 근심, 탄식, 육체적 고통, 정신적 고통, 절망이 우리에게 오지 않기를!'이라고. 그러나 이것은 원한다고 해서 얻는 것이 아닙니다. 원하는 것을 얻지 못하는 이것도 역시 괴로움입니다.

비구들이여, 그러면 요컨대 취착하는 다섯 무더기 자체가 괴로움이라는 것은 어떤 것입니까? 그것은 취착하는 물질 무더기, 취착하는 느낌 무더기, 취착하는 인식 무더기, 취착하는 심리 현상들 무더기, 취착하는 의식 무더기입니다. 비구들이여, 요컨대 이 취착하는 다섯 무더기 자체가 괴로움입니다.

비구들이여, 이를 일러 고성제(苦聖諦)라 합니다.

디가 니까야 『대념처경』 (D22), 『불교성전』 169~172쪽

3) 괴로움의 원인은 갈애이다

비구들이여, 그러면 무엇이 집성제(集聖諦)인가? 그것은 갈애(渴愛)*이니, 다시 태어남을 가져오고 환희와 탐욕이 함께하며 여기저기서 즐기는 것입니다. 즉 감각적 욕망에 대한 갈애[慾愛], 존재에 대한 갈애[有愛], 존재하지 않는 것에 대한 갈애[無有愛]가 그것입니다.

다시 비구들이여, 이런 갈애는 어디에서 일어나 어디에서 자리 잡는가? 세상에서 즐겁고 기분 좋은 것이 있으면 이 갈애는 거기에서 일어나 거기에서 자리 잡습니다.

*갈애 : 목마른 사람이 물을 찾듯이 욕망을 탐하는 마음

디가 니까야 『대념처경』 (D22), 『불교성전』 195쪽

4) 두 가지 열반

비구들이여, 열반에는 두 가지 형태가 있습니다. 무엇이 둘인가? '남음이 있는 열반'과 '남음이 없는 열반'입니다.

남음이 있는 열반[有餘依涅槃]이란 무엇인가?

여기 아라한인 비구에게 동요는 종식되었고, 완성에 도달했으며, 해야 할 일을 끝냈고, 짐을 내려놓았으며, 진정한 목적을 얻었고, 존재의 족쇄가 종식되었고, 바르게 이해하여 해탈하였습니다. 그의 다섯 가지 감각 기능들은 여전히 남아 있고 그것들이 온전하므로, 그는 마음에 들거나 마음에 들지 않음을 인식하고, 즐거움과 괴로움을 느낍니다. 그러나 그의 탐욕, 성냄, 어리석음이 종식되었으므로 남음이 있는 열반이라고 정의합니다.

남음이 없는 열반[無餘依涅槃]이란 무엇인가?

여기 아라한인 비구에게 동요는 종식되었고, 완성에 도달했으며, 해야 할 일을 끝냈고, 짐을 내려놓았으며, 진정한 목적을 얻었고, 존재의 족쇄가 종식되었고, 바르게 이해하여 해탈하였습니다. 그의 목숨이 다할 때 그에게 모든 감각되는 것들은 맛이 없으며, 지금 여기에서 차갑게 될 것입니다. 이것을 남음이 없는 열반이라고 정의합니다.

『여시어경』,『불교성전』257쪽

5) 사성제를 모르는 것이 무명이다

"도반 사리불이여, '무명, 무명'이라고들 합니다. 도반이여, 도대체 어떤 것이 무명입니까?"

"도반이여, 고성제에 대한 무지, 집성제에 대한 무지, 멸성제에 대한 무지, 도성제에 대한 무지를 일러 무명이라 합니다."

"도반이여, 이러한 무명을 제거하기 위한 도가 있고 도 닦음이 있습니까?"

"도반이여, 이러한 무명을 제거하기 위한 도가 있고 도 닦음이 있습니다."

"도반이여, 그러면 어떤 것이 이러한 무명을 제거하기 위한 도이고 어떤 것이 도 닦음입니까?"

"도반이여, 그것은 바로 팔정도이니, 바른 견해, 바른 생각, 바른 언어생활, 바른 행동, 바른 생계 수단, 바른 정진, 바른 마음챙김, 바른 선정입니다. 도반이여, 이것이 괴로움을 철저하게 알기 위한 도이고 이것이 도 닦음입니다."

상윳따 니까야『무명경』(S38),『불교성전』206쪽

4. 팔정도와 삼학

1) 팔정도의 의미

무엇이 팔정도를 행하는 것인가?

첫째는 바른 견해입니다. 어떤 것이 바른 견해인가? 보시의 공덕을 믿고, 예의를 믿으며, 마음과 몸가짐을 깨끗이 하여 공손하게 하는 것을 믿고, 선하거나 악한 행동에 따라 동일한 과보를 불러온다는 것을 믿으며, 부모를 믿고, 천하의 도인을 믿으며, 도를 구함을 믿고, 바른 행위를 믿으며, 바른 생활을 믿고서 지금 세상과 다음 세상에도 스스로 지혜롭게 깨닫고, 자신이 성취한 일을 곧바로 모두에게 알려 설하는 것이 바른 견해입니다.

둘째는 바른 생각이니, 어떤 것인가? 욕심과 아집을 버리겠다고 생각하는 것, 성내거나 분노하지 않는 것, 서로 침해하지 않는 것이 바른 사유입니다.

셋째는 바른 언어생활이니, 어떤 것인가? 이간시키는 말, 남에게 꾸며서 전하는 말, 악담하는 말, 거짓말을 하지 않는 것이 바른 말입니다.

넷째는 바른 행동이니, 어떤 것인가? 살생, 도둑질, 음행을 하지 않는 것이 바른 행위입니다.

다섯째는 바른 생계 수단이니, 어떤 것인가? 법을 듣고 도를 지닌 제자는 법답게 구하고 옳지 못한 법으로 구하지 않아야 합니다. 공양, 침상과 와구(臥具), 의약품 등을 바른 법으로 구하고 옳지 못한 법으로 구하지 않는 것이 바른 생계 수단입니다.

여섯째는 바른 정진이니, 어떤 것인가? 삶과 죽음에 대한 마음을 하나로 집중해서 닦는 것, 정진할 대상을 향해 닦는 것, 힘찬 인연을 일으켜서 닦는 것 등에 싫증 내지 않고 나아가서 마음에 굳게 지님이 바른 정진입니다.

일곱째는 바른 마음챙김이니, 어떤 것인가? 삶과 죽음에 대한 마음을 하나로 집중하는 생각, 정진할 대상을 향하는 생각, 온 마음을 기울여 깨어 있어 알아차림하는 것이 바른 마음 챙김입니다.

여덟째는 바른 선정이니, 어떤 것인가? 삶과 죽음이 하나로 집중되어, 생각이 고요해지고, 상(相)이 고요해지며, 고요함을 지켜나가면 고요함을 이룹니다. 무엇을 한다는 생각도 없고, 어떠한 결점도 생기지 않으며, 무기(無記)에 떨어지지도 않으니, 이를 바른 삼매라고 합니다.

도를 닦는 제자들이 이 팔정도를 받아들여서 말한 대로 행한다면, 깨달음을 얻을 것입니다.

상윳따 니까야 『팔정도경』 (S45:8), 『불교성전』 229~231쪽

2) 팔정도 삼학의 관계

"스님, 무엇이 성스러운 팔정도[八支聖道]입니까?"

"도반 위사카여, 이것이 성스러운 팔정도[八支聖道]이니, 즉 바른 견해[正見], 바른 사유[正思惟], 바른 말[正語], 바른 행위[正業], 바른 생계[正命], 바른 정진[正精進], 바른 마음 챙김[正念], 바른 삼매[正定]입니다."

"스님, 그러면 성스러운 팔정도는 형성된 것입니까? 아니면 형성된 것이 아닙니까?"

"도반 위사카여, 성스러운 팔정도는 형성된 것입니다."

"스님, 성스러운 팔정도에 삼학(三學)이 포함됩니까, 아니면 삼학에 성스러운 팔정도가 포함됩니까?"

"도반 위사카여, 성스러운 팔정도에 삼학이 포함되는 것이 아니고, 삼학에 성스러운 팔정도가 포함됩니다. 도반 위사카여, 바른 말, 바른 행위, 바른 생계의 이 세 가지 법은 계의 무더기[戒蘊]에 포함됩니다. 바른 정진, 바른 마음 챙김, 바른 삼매의 이 [세 가지] 법은 삼매의 무더기[定蘊]에 포함

됩니다. 바른 견해, 바른 사유의 이 두 가지 법은 통찰지의 무더기[慧蘊]에 포함됩니다."

맛지마 니까야 『교리문답의 짧은 경』 (M44)

3) 계율은 선정과 지혜의 바탕이다

"계율은 이러하고, 선정은 이러하고, 지혜는 이러하다. 계율을 철저히 닦은 선정은 커다란 과보, 커다란 공덕이 있고, 선정을 철저히 닦은 지혜는 커다란 과보, 커다란 공덕이 있고, 지혜를 철저히 닦은 마음은 번뇌 곧, 감각적 쾌락의 욕망에 의한 번뇌, 존재에 의한 번뇌, 무명에 의한 번뇌에서 완전히 해탈된다."

디가 니까야 『대반열반경』 (D16)

계율이란 그릇이 온전하고 튼튼해야 선정의 물이 맑게 고이고, 거기에 지혜의 밝은 달이 비로소 나타난다. 계율과 선정과 지혜 이 세 가지 배움이 진실로 온갖 법의 근원이므로 특별히 드러내어 모든 번뇌를 없애게 한 것이다. 영산회상에 어찌 행실이 올바르지 못한 붓다가 있었겠으며, 소림(少林) 문하에 어찌 거짓말하는 조사가 있을 수 있겠는가?

서산대사 『선가귀감』, 『불교성전』 236쪽

3
불교 사상은 어떻게 발전하였는가?

주요 용어

부파불교, 상좌부, 대중부, 아비담마, 삼장, 대승불교, 아라한, 테라 바다,

보살, 육바라밀, 중관사상, 용수, 공사상, 유식사상, 무착, 세친, 밀교,

격의불교, 교상판석, 선종, 교종, 원효, 화쟁, 지눌, 보우, 휴정, 불국토사상

석가모니 붓다가 열반에 든 후, 불교는 어떤 변화가 생겼을까? 불교는 시
간적으로 초기불교, 부파불교, 대승불교 시대로 구분하기도 한다. 석가모
니 붓다가 설법을 펼친 시기부터 입멸 후 약 100년간의 시기는 '초기불교'
시대이다. 이후 법과 율에 대한 해석과 수용에서의 견해 차이가 발생하여
여러 부파로 나누어지게 되는데, 석가모니 입멸 후 100년부터 B.C.E. 1세
기까지 시대를 부파불교 시대라고 한다.

부파불교 시대의 법에 대한 여러 해석과 주석은 붓다의 가르침을 이론으
로 체계화하는 데는 기여하지만, 현실과 일반인들로부터 불교를 멀어지게
하는 요인이 되었다. 이러한 문제점을 극복하고 붓다의 본래 가르침대로
불교를 계승하고자 하는 '대승불교' 시대가 펼쳐진다.

부파불교의 등장

석가모니 붓다의 입멸(入滅)[*] 후, 그의 제자들은 스승의 가르침과 계율을 수집하고 정리하여 경전을 편찬하기 위하여 모였다. 이렇게 결집된 법(法)과 율(律)은 화합된 승가(僧伽) 공동체에 의해 잘 전승되었는데, 약 100년쯤 후에 이에 대한 해석과 수용 문제와 관련하여 상반된 견해가 발생하게 된다. 그 당시 급격한 사회 변화로 기존의 계율을 그대로 엄격하게 따르는 수행 생활이 어렵게 되었고 변화하는 새로운 사회에 적응하는 새로운 해석과 개정이 필요했을 것이다.

그리하여 승가는 크게 두 파로 분열되는데, 하나는 석가모니의 가르침을 고수하자는 보수적인 장로 중심의 상좌부(上座部)이고, 다른 하나는 그것을 새롭게 해석하자는 진보적인 비구 중심의 대중부(大衆部)이다. 이것을 근본 2부 분열이라고 일컫는데, 근본불교가 두 파로 분열된 이후 100여 년이 지나자 다시 교단은 20개 부파로 급속히 분열되었다. 이 시대의 불교를 부파불교라고 하고, 그 이전을 초기불교라고 구분한다.

아비담마 불교와 대승불교의 탄생

부파불교 시대에는 부파별로 석가모니의 법과 계율에 대한 전문적인 연구를 수행하게 되는데, 이를 일러 아비담마(阿毘達磨, ⓟabhidhamma)라고

---

[*]입멸(入滅) : '열반에 들어간다'는 뜻으로 입적(入寂)과 동의어. 원래는 모든 번뇌를 소멸시킨 붓다와 아라한의 죽음을 가리키는 말이었으나, 후대에 와서 고승의 죽음을 높여 부르는 의미도 포함되었다.

한다. 아비담마란 '법(dhamma)에 대한(abhi) 연구'를 뜻한다. 이 시기의 불교를 아비달마 불교라고 부르기도 하는데, 법에 대한 연구 해석을 '논(論)'이라고 한다. 논의 등장으로 불교 경전은 삼장(三藏)으로 정립된다. 삼장은 석가모니 붓다의 가르침인 법을 모은 경장(經藏), 제자들의 수행 생활의 규정과 승가 공동체의 규칙을 정리한 율장(律藏), 부파불교 시대에 등장한 석가모니의 가르침에 대한 해석을 정리한 논장(論藏)을 합한 것이다. 이런 삼장의 완성은 부파불교 시대의 가장 큰 업적으로 평가되고 있다.

'빨리어 삼장'으로 불리는 초기 경전(패엽경貝葉經)

하지만, 부파불교의 아비담마는 석가모니의 가르침을 체계화하는 큰 기여를 하였지만, 동시에 가르침과 법에 대한 난해한 해석으로 인하여 현실의 실제적인 삶과는 멀어지게 된다. 이제 불교는 전문적으로 철저한 연구를 하는 출가자가 아니고서는 접근하기 어렵게 되면서 대중교화와 멀어진다. 급기야 이에 대한 비판이 적극적으로 일어나고 석가모니가 전한 불교의 본래 정신을 되찾으려는 대승불교(大乘佛敎) 운동이 일어난다.

석가모니 붓다는 삶의 고통과 생사문제의 해결을 통해서 진리의 세계인 열반에 이르렀다. 그러므로 불교의 본래 정신은 현실과 진리가 각각 분리되어 독자적으로 존재하는 것이 아니다. 결국, 생사와 열반은 서로 유기적인 관계에 있다. 대승불교는 바로 이러한 자각과 반성에서 비롯되어 석가모니 붓다가 살았던 당시의 정신과 이념으로 돌아가자는 일종의 개혁운동이자 사상운동이다. 대승불교운동을 추진한 세력은 혁신적인 대중부 계통의 출가 승려들과 적극적으로 참여한 재가(在家)자들이었을 것으로 추정된다.

초기불교의 궁극적 목적은 열반이며, 이상적인 인간상은 이러한 열반에 이른 아라한(阿羅漢)*이다. 그러나 부파불교 당시의 출가 승려의 모습은 열반에 이른 아라한이 되기 위하여 자신의 인격적 완성이나 깨달음에 지나치게 치우쳐 있었다. 대승불교는 대중교화나 타인의 괴로움 문제를 도외시한 이러한 부파불교를 '소승불교(小乘佛敎)'라고 비판한다. 소승은 자신의 깨달음뿐만 아니라 중생을 가르치고 제도하는 것까지 포함하는 대승(大乘)이라는 '큰 수레'에 비교할 때 '작은 수레'라는 의미이다. 여기에는 소승불교에 대한 대승불교의 비판적 시각이 담겨 있다.

소승불교는 현재 스리랑카를 비롯하여 태국, 미얀마 등의 동남아시아에 많이 퍼져 있다. 그런데 이들은 자신들의 불교를 소승불교라 칭하지 않고 상좌부불교, 즉 테라바다(ⓔTheravāda)*불교라 일컫는다.

요즘은 소승불교니 대승불교니 하는 말은 잘 쓰지 않는 편이다. 이 테라

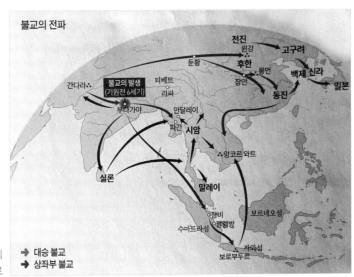

불교의
전파 경로

불교의 전파
➡ 대승 불교
➡ 상좌부 불교

---

*아라한(阿羅漢, ⓢarhat) : 여래의 열 가지 칭호 중 하나. 번뇌를 끊어 더 닦을 것이 없으므로 마땅히 공양을 받을 만한 덕을 갖춘 사람을 이르는 말이다.

바다 불교의 특징은 수행의 궁극 목적을 최고의 성자인 아라한에 도달하는 것에 두고 있다는 점이다. 붓다는 오로지 석가모니 한 분만 있다고 여기고 아라한이라는 용어로 이상적 인간상을 설정하였다.

이에 비해 대승불교에서는 인간이면 누구나 붓다가 될 수 있다고 주장하며, 이상적인 인간상으로 보살(菩薩)*을 내세운다. 보살은 깨달음을 구하는 자각적 존재이면서 아파하는 이웃들에게 자비를 베푸는 이타적 존재이기도 하다. 이제 불교의 궁극적 목적은 열반에 있는 것이 아니라 성불(成佛) 즉, 붓다가 되는 데 있다. 보살은 '상구보리(上求菩提) 하화중생(下化衆生)'이라는 이념을 토대로 실천 수행한다. 위로는 보리 즉 깨달음을 구하면서 동시에 아래로는 중생을 교화하는 실천을 한다는 뜻이다. 보살은 언제든지 붓다가 될 수 있지만 중생이 함께 깨달음을 얻기 전까지는 혼자만 붓다가 되지 않겠다는 서원을 세워 지혜와 자비로써 세상과 나, 이웃을 바라보며 타자의 구원 속에서 나 자신의 구원을 본다.

보살은 현실의 삶 속에서 중생과 함께 하기에 육바라밀(六波羅蜜)이라는 여섯 가지 실천 덕목을 중요시 한다. 바라밀이란 산스크리트어 파라미타(ⓢpāramitā)에서 유래한 용어로 피안(彼岸)*으로 가는 길이라는 뜻이다. 육바라밀이란 아낌없이 베푸는 보시(布施), 법과 계율을 자율적으로 지켜나가는 지계(持戒), 끝없는 인내심을 발휘하는 인욕(忍辱), 포기하지 않고 부지런히 노력하는 정진(精進), 혼란스러운 마음을 가라앉히고 고요히 사색하는 선정(禪

---

* 테라바다(Theravāda) : 테라(thera)는 장로(長老), 상좌(上座)란 뜻이고, 바다(vada)는 가르침이란 뜻으로 한역으로는 상좌부(上座部)라고 한다.
* 보살(菩薩) : 보리살타(菩提薩埵, bodhi-sattva)의 준말. 대승불교의 이상적인 인간상으로 깨달음과 중생구제를 동시에 추구하는 수행자(上求菩提 下化衆生)를 말한다.
* 피안(彼岸) : 현세를 차안(此岸)이라 한다면, 피안은 모든 번뇌에 얽매인 고통의 생사 고해를 건너 이상경에 해당하는 저 언덕, 해탈에 이르는 것을 의미한다.

定), 분별된 사유를 뛰어넘어 통찰적 지혜를 발휘하는 반야(般若)* 즉 지혜이다.

대승불교 운동이 일어나면서 B.C.E. 1세기경부터 이러한 뜻과 이념을 담은 소위 대승경전이라 불리는 문헌이 나타난다. 주요 초기 대승경전으로는 『반야경(般若經)』*『법화경(法華經)』* 등이 있다. 그러나 이 경전들이 언제 어디서 누구에 의해 결집되고 서술되었는지는 분명하지 않다. 보수적인 상좌부 불교는 자신들이 석가모니 붓다의 정통을 잇고 있다는 권위를 내세워 대승경전들은 불설(佛說)이 아니라고 배격한다. 그러나 대승불교는 인도 사회에 급격하게 확산되었고, 대승경전 또한 계속적으로 생겨나고 전파되었다.

대승불교 사상의 흐름

초기 대승불교 시기에는 『반야경』 계통의 공(空) 사상을 중심으로 하는 용수(龍樹, ⓢNāgārjuna, 150?~250?)* 계의 중도 사상이 융성하게 된다. 이 학파가 바로 중관(中觀)학파이다. 중관이란 중도를 통찰하는 것이다. 이것은 석가모니 붓다가 극단적인 고행주의와 쾌락주의를 모두 버린 중도에

---

*반야(般若) : 빨리어 'paññā'의 음역어. 모든 사물의 도리를 확실하게 꿰뚫어보는 지혜(智慧), 무분별지(無分別智)다.

*반야경 : 반야경이라는 경전은 따로 존재하지 않으며, 대승불교 초기에 반야부 경전을 집대성한 불교경전을 모두 일컫는 용어다.

*법화경 : '대승경전의 꽃'으로 불리는 『묘법연화경(妙法蓮華經)』의 약칭. 대승불교 전통에서 가장 널리 읽히는 경전 중 하나다.

*용수 : 남인도의 바라문 출신으로 중관학파의 개조, 대승불교의 아버지. 저술로는 『중론(中論)』 외에 『십이문론(十二門論)』 『대지도론(大智度論)』 『십주비바사론(十住毘婆沙論)』 등이 있다.

서 얻은 깨달음이 우리 일상에서 발생하는 분별과 갈등에도 적용되어, 이러한 차별과 경계를 떠난 경지에 이르는 것을 의미한다. 이 경지가 다름 아닌 공(空, ⓢŚūnya)이다. 공은 텅 비어 허무하다는 뜻이 아니라 '모든 것이 고정된 실체로서의 자성(自性)이 없다.'는 것을 말한다. 고정되어 있지 않고 조건에 따라 변하기에 한계가 없는 가능성을 품고 있는 상태이다.

대승불교의 중기 무렵에 이르면 무착(無着, ⓢAsaṅga, 310?~390?)과 세친(世親, ⓢVasubandhu, 320?~400?)*이 발전시키고 정립한 유식(唯識)사상이 출현한다. 유식은 인간의 정신과 물질 등 내외의 모든 것은 오직 심식(心識)에 의존하며 이를 떠나서 존재할 수 없다는 의미이다. 즉, 세상은 나의 마음이 비추어져 밖으로 드러난 마음이 만들어 낸 표상(表象)이라는 것이다. 유식 학파는 그 당시 중관 사상에서 강조한 공 사상이 지나치게 공허하고 아무것도 확정할 수 없는 허무주의 사상으로 치닫자 이를 바로 잡고자 하였다.

이후 7세기쯤 대승불교의 분파로서 밀교(密敎)가 성립된다. 밀교는 그 당시 인도 바라문교, 힌두교, 민간신앙의 사상을 적극적으로 수용하여 불교적으로 재정립한 학파이다. 비밀불교(祕密佛敎)라고도 하는데, 수행에 도움이 되는 주법(呪法)*을 불교 특유의 진언(眞言, Mantra)*으로 창안하여 활용한다.

---

*무착과 세친 : 인도 서북부의 바라문 출신 형제로 대승불교로 전향한 유식학파의 선구자. 저서로는 무착의 『섭대승론(攝大乘論)』, 세친의 『아비달마구사론(阿毘達磨俱舍論)』 등이 있다.

*주법(呪法) : 주술이나 의례를 행할 때 입으로 주문(呪文)을 외워서 치료하는 종교 행위를 말한다.

지 혜 마 당

공사상의 올바른 이해

초기불교에서 중요시 되던 무아(無我)의 개념을 대승불교에서는 공(空)이라 표현했다.

초기불교에서는 모든 현상은 인연소생(因緣所生), 즉 인(因)과 연(緣)이 임시적으로 화합해서 생겨난 것이기 때문에 거기에는 아(我)라는 실체가 존재하지 않는다. 불교의 근본적인 입장인 제법무아를 주장한다. 그러나 『반야경(般若經)』 계통의 대승경전과 중관학파는 공사상을 주장했다. 여기서 공이란 '모든 현상은 그 성품으로 보면 다 공하다', '모든 것이 고정된 실체로서의 자성(自性)이 없다'는 것을 말한다. 자성이란 스스로 존재하는 성질이며, 변화하지 않는 결정적인 성질이다.

공(空)이라고 해서 허무(虛無)를 뜻하는 것은 아니다. 예를 들어 우리가 '책상'이라는 사물을 생각하는 경우, 그 책상에는 본질적으로 책상의 자성이란 없다고 하는 것을 '공'이란 말로 나타내는 것이다. 책상이란 나무 등으로 만들어져 사람이 그 곳에서 책을 보거나 글을 쓰게 하는 물건이지만, 실제 그 책상은 나무와 못 등이 서로 결합되어 만들어졌을 뿐이므로 그 책상에 사람이 앉게 되면 그 때는 의자로서 사용되는 것이지 책상이 아닌 것이다. 그런 까닭에 나가르주나(용수龍樹)를 비롯한 대승불교의 사상가들은 '책상의 자성'이라는 영원한 성격에 있는 것은 '책상'이라는 말에 사로잡혀 함부로 가치판단을 부여하는 인간 내면의 본성에 그 원인이 있다고 하였다. 그리고 그와 같은 집착을 일으키는 원인으로서 잘못된 분별(分別)을 없앨 것을 설하였다.

따라서, 공 사상에서는, '공'을 관조하는 것이 곧 연기의 법칙을 보는 것이며 또한 진실한 세계인 중도의 진리에 눈을 뜨는 것이라고 주장한다. 이러한 용수의 관점은 『중론』을 통해 『반야경』의 공사상을 연기설과 같은 위치에 놓음으로써 이를 이론적으로 해명하고, 대승불교의 역사적 위상을 확립시킴으로써 대승불교의 사상 전개에 큰 영향을 미쳤다.

---

*진언(眞言) : 붓다와 보살의 서원이나 덕이나 가르침을 간직한 비밀의 어구. 이것을 외우고 그 문자를 관하면 그 진언에 응하는 여러 가지 공덕이 생겨나고, 세속적인 소원의 성취는 물론 성불할 수도 있다고 한다.

불교의 중국 전래

인도에서 발생한 불교는 다양한 부파와 학파의 발전된 모습으로 점차 남과 북 양쪽으로 아시아 각국에 전파된다. 이때 남쪽으로 전파된 불교를 남방불교, 북쪽으로 전파된 불교를 북방불교라고 한다. 남방불교는 주로 석가모니 붓다의 가르침을 원형 그대로 유지하려는 전통적인 부파불교로서 현재 테라바다 불교로 불리는 것이고, 북방불교는 중국, 우리나라, 일본으로 전파된 대승불교를 지칭한다.

중국에 불교가 전래된 후, 제일 먼저 진행된 것은 사원 건립과 경전 번역이다. 경전을 번역하는 과정에서 인도불교의 전문용어를 어떻게 중국말과 글로 번역할 것인가 하는 것이 주요 문제였다. 그래서 중국인들은 그들에게 익숙한 노장(老莊) 사상이나 유교 사상의 개념을 빌어 불교 용어를 이해하고자 하였다. 예를 들면 공(空)을 무(無)나 태극(太極)이라 번역하고 깨달음을 도(道)라고 번역한다. 이것을 '격의불교(格義佛敎)'라 한다. 격의불교란 중국인이 기존의 사상에 사용하던 의미에 맞춘 불교라는 뜻이다. 이처럼 중국이 불교를 받아들인 태도는 단순한 인도불교의 모방이나 형식적인 전승이 아니고 불교를 중국화한 것으로 볼 수 있다.

또 중국에 전래된 불교는 초기불교, 상좌부불교, 대승불교 등이 차례로 들어오지 않고 한꺼번에 들어와 주요 경전과 저서가 번역된다. 그 결과 그 중에 어느 것이 최고의 가르침인지 가늠하기 어려웠다. 그래서 특정한 판단과 해석에 따라 경전을 단계적으로 분류하고 체계화하게 되는데, 이를 '교상판석(敎相判釋)' 혹은 줄여서 교판(敎判)이라 한다. 이러한 교판에 따라서 경전을 해석하여 체계를 잡고 종파(宗派)를 세운 것을 '종파불교'라 한다. 그 결과 화엄종, 천태종, 정토종, 선종 등 다양한 불교 종파가 성립하게 된다.

이런 다양한 종파불교들은 크게 선종(禪宗)과 교종(敎宗)으로 대별할 수 있다. 교종은 일반적으로 특정 경전을 토대로 하여 교리를 체계화하고 이러한 불교 경전의 이해와 공부를 중시하며 이론을 보다 강조하는 종파이다. 이와 반대로 선종은 참선과 명상 수행과 같은 선정을 통해 사물의 본성을 직관하고 현상을 통찰함으로써 진리를 깨닫는 실천을 중시하는 종파라고 하겠다. 중국의 경우 천태종과 화엄종이 대표적인 교종에 해당된다. 뒷날 선종은 중국에 와서 비약적인 발전을 이룬다.

지 혜 마 당

부파(部派)와 종파(宗派)의 차이

부파는 불교의 교리를 중심으로 한 특수한 집단이라면, 종파는 인물을 중심으로 그 인물이 관심을 두고 중요하게 생각한 불교에 대한 견해와 방법을 따르는 집단이다. 종파에서도 경전을 연구하고 이념을 세워 그에 알맞은 생활양식을 수립하지만, 중심 인물의 영향력이 부파보다 더 크게 나타난다. 특수한 인물이 어떤 이념을 가지고 불교의 전통을 수립할 때, 종도(宗徒)들이 그 인물을 추종해서 새로운 규범을 조성하며 그 전통을 계속 계승해 나가는 것이 종파불교의 특징이다.

한반도의 불교 수용

이 시기에 한반도에는 중국의 종파불교가 유입된다. 종파불교는 자신이 믿고 의지하는 주요 경전에 따라 법에 대한 이해와 입장을 달리하고 오히려 붓다의 가르침을 그 종파의 틀에 맞추기도 한다. 그러다 보니 여러 종파는 서로 대립하며 갈등하기도 했다. 바로 이런 시기에 원효가 등장한다. 원효는 '하나의 마음[一心]'으로 각 종파간의 분쟁을 극복하고 서로의 장단점을 조화시켜 상생의 관계로 이끈다. 이것이 바로 원효(元曉, 617~686)의 화쟁(和諍)사상이다. 화쟁이란 다툼[諍]의 조화[和]이다.

한편, 중국에서 발달한 선종은 한반도에는 신라 말과 고려 초에 이르러 전해졌으며, 고려의 보조국사 지눌(知訥, 1158~1210), 태고국사 보우(普愚, 1301~1383), 조선의 서산대사 휴정(休靜, 1520~1604)에게 이어지면서 한국 불교의 중심 사상이 된다.

불교가 수용되기 이전 한반도는 부족 단위의 토속적 민간신앙이 전개되고 있었다. 이러한 민간신앙은 하늘에 소망을 비는 주술적인 형태에 가까웠다. 그러나 불교는 보편 종교로서 그 모습을 드러내며 사람들에게 인과응보적인 도덕적 자각, 현세와 내세에 대한 종교적 자각을 일깨우는 역할을 했다. 불교의 수용은 공식적으로 왕실에 의해 이루어졌고, 국가의 안정적 번영과 왕권의 강화를 위해서 선진 문화로 받아들여졌다. 신라와 백제에서 왕은 즉, 전륜성왕으로서 신령한 통치자였으며, 자신들이 살고 있는 현재의 국토가 오랜 과거부터 불교와 깊은 관련을 맺고 있는 불국토라고 믿었다.

1. 아라한과 보살

1) 탐욕, 성냄, 어리석음이 없어진 아라한

"도반 사리불이여, '아라한 됨, 아라한 됨'이라고들 합니다. 도반이여, 도대체 어떤 것이 아라한 됨입니까?"

"도반이여, 탐욕이 완전히 없어짐, 성냄이 완전히 없어짐, 어리석음이 완전히 없어짐을 일러 아라한 됨이라 합니다."

상윳따 니까야 『아라한 됨 경』 (S38), 『불교성전』 251쪽

2) 성인과 범부의 차이

붓다는 비구들에게 질문하였다.

"비구들이여, 배우지 못한 범부도 즐거운 느낌을 느끼며, 괴로운 느낌을 느끼며, 괴롭지도 즐겁지도 않은 느낌을 느낍니다. 마찬가지로 잘 배운 성스러운 제자도 즐거운 느낌, 괴로운 느낌, 괴롭지도 즐겁지도 않은 느낌을 느낍니다. 그러면 잘 배운 성스러운 제자와 배우지 못한 범부 사이에는 어떤 구별이 있고 어떤 다른 점이 있으며 어떤 차이가 있겠습니까?"

"세존이시여, 저희의 법은 세존을 근원으로 하고, 세존을 길잡이로 하며, 세존을 귀의처로 합니다. 세존이시여, 세존께서 방금 말씀하신 이 뜻을 친히 밝혀 주신다면 참으로 감사하겠습니다. 세존으로부터 듣고 비구들은 그것을 잘 간직할 것입니다."

"비구들이여, 그렇다면 이제 들으십시오. 듣고 마음에 잘 새기십시오. 내

가 설명하겠습니다."

"그렇게 하겠습니다, 세존이시여."

"비구들이여, 배우지 못한 범부는 육체적인 괴로운 느낌을 접하면 근심하고 상심하며, 슬퍼하고, 가슴을 치고, 울부짖고, 광란합니다. 결국 그는 이중으로 느낌을 겪으니, 곧 육체적 느낌과 정신적 느낌입니다.

비구들이여, 예를 들면 어떤 사람이 화살을 맞고 연이어 두 번째 화살을 또다시 맞는 것과 같습니다. 그래서 그 사람은 두 화살 때문에 오는 괴로움을 모두 겪을 것입니다.

비구들이여, 그러나 잘 배운 성스러운 제자는 육체적인 괴로운 느낌에 접하더라도 근심하지 않고, 상심하지 않고, 슬퍼하지 않고, 가슴을 치지 않고, 울부짖지 않고, 광란하지 않습니다. 그는 오직 한 가지 느낌, 즉 육체적 느낌만을 경험할 뿐이며 결코 정신적인 느낌은 겪지 않습니다.

비구들이여, 예를 들면 어떤 사람이 화살에 맞았지만, 그 첫 번째 화살에 연이은 두 번째 화살에는 맞지 않은 것과 같습니다. 그래서 그 사람은 하나의 화살로 인한 괴로움만을 겪을 것입니다.

비구들이여, 그와 같이 잘 배운 성스러운 제자는 육체적인 괴로운 느낌을 접하더라도 결코 근심하지 않고, 상심하지 않고, 슬퍼하지 않고, 가슴을 치지 않고, 울부짖지 않고, 광란하지 않습니다. 그는 오직 한 가지 느낌, 즉 육체적인 느낌만을 경험할 뿐입니다."

상윳따 니까야 『화살경』 (S36), 『불교성전』 258~259쪽

3) 보살의 의미

선생(善生)이라는 이름을 가진 장자가 물었다.

"세존이시여, 어떤 의미에서 보살이라고 합니까?"

붓다께서 말씀하셨다.

"깨달음을 얻을 수 있으므로 보살이라 하고, 깨달음의 성품을 가졌기 때문에 보살이라고 한다."

『우바새계경』「집회품」, 『불교성전』485쪽

4) 보살은 항상 중생들의 뜻에 따른다

"선남자여, '항상 중생들의 뜻에 수순한다는 것'은 갖가지로 섬기고 갖가지로 공양하기를 부모같이 공경하고, 스승과 아라한과 붓다나 다름이 없이 받듭니다. 병든 이에게는 의원이 되고, 길 잃은 이에게는 바른 길을 보여주고, 캄캄한 밤에는 빛이 되어주며, 가난한 이에게는 묻혀 있는 보배를 얻게 하면서 보살이 이와같이 일체중생들을 평등하고 이롭게 합니다.

왜냐하면 보살이 만약 중생을 수순하게 되면 곧 모든 부처님들을 수순하여 공양하는 것이 되기 때문입니다. 만약 중생들을 존중하여 섬기면 곧 붓다를 존중하여 섬기는 것이 되기 때문입니다. 만약 중생들을 기쁘게 하면 곧 붓다를 기쁘게 하는 것이 되기 때문입니다."

『화엄경』「보현행원품」, 『불교성전』405쪽

5) 중생이 병을 앓으면, 보살도 병을 앓는다

문수보살이 말했다.

"거사여, 이 병은 견딜 만하십니까? 치료가 되어 병이 덜해졌습니까? 심해지지는 않았습니까? 세존께서는 매우 걱정하시며 문병하라고 저를 보내셨습니다. 거사여, 이 병은 무엇 때문에 생겼으며, 또 얼마나 오래되었고, 어떻게 하면 나을 수 있겠습니까?"

유마힐이 말했다.

"저의 병은 어리석음과 탐심에서 생겼습니다. 모든 중생이 병들어 있으므로 나도 병들었습니다. 만일 모든 중생의 병이 사라진다면 저의 병도 사라질 것입니다. 왜냐하면, 보살은 중생을 위해 생사에 들어섰으니, 생사가 있는 곳에 병이 있기 때문입니다. 만일 중생이 병에서 떠난다면 보살도 병이 없을 것입니다.

비유하면, 어떤 장자에게 외아들이 있는데, 그 아들이 병에 걸리면 그 부모도 병을 앓고, 만일 아들의 병이 나으면 부모도 낫는 것과 같습니다. 보살도 이와 같아서 모든 중생을 사랑하기를 내 자식 대하듯 합니다. 중생이 병을 앓으면, 보살도 병을 앓으며, 중생의 병이 나으면 보살의 병도 낫습니다."

『유마경』 2권 「문수사리문질품」, 『불교성전』 627쪽

2. 육바라밀

1) 보살과 바라밀

"세존이시여, 이 모든 보살이 배워야 할 일은 몇 가지나 있습니까?"

"선남자여, 보살이 배워야 할 일은 대략 여섯 가지가 있으니, 이른바 보시(布施), 지계(持戒), 인욕(忍辱), 정진(精進), 정려(靜慮), 혜(慧) 도피안(到彼岸: 바라밀다)이다."

"세존이시여, 이와 같은 여섯 가지 배워야 할 일 중에서 몇 가지가 가장 높은 계학(戒學)에 포섭되는 것이며, 몇 가지가 가장 높은 심학(心學)에 포섭되는 것이며, 몇 가지가 가장 높은 혜학(慧學)에 포섭되는 것입니까?"

"선남자여, 마땅히 알라. 앞의 세 가지는 가장 높은 계학에 포섭되는 것이며, 정려는 가장 높은 심학에 포섭되는 것이며, 혜는 가장 높은 혜학에 포섭되는 것이다. 그리고 정진은 일체에 두루 적용된다고 나는 말한다."

"세존이시여, 이와 같은 여섯 가지 배워야 할 일 중에서 몇 가지가 복덕의 자량(資量)에 포섭되는 것이며, 몇 가지가 지혜의 자량에 포섭되는 것입니까?"

"선남자여, 만일 가장 높은 계학에 포섭되면 이를 복덕의 자량에 포섭되는 것이라 하고, 만일 가장 높은 혜학에 포섭되면 이를 지혜의 자량에 포섭되는 것이라 한다. 그리고 정진과 정려 두 가지는 일체에 두루 적용된다고 나는 말한다."

"세존이시여, 여섯 가지 배워야 할 일 가운데서 보살은 어떻게 닦고 배워야 합니까?"

"선남자여, 다섯 가지 모습으로 말미암아 닦고 배워야 한다. 첫째는 최초에 보살장(菩薩藏)의 바라밀다와 상응하는 미묘한 바른 가르침 가운데서 열심히 믿고 아는 것이요, 둘째는 다음에 열 가지 법의 행을 듣고 생각하고 닦아서 이룬 지혜로써 부지런히 정진하는 것이요, 셋째는 보리의 마음을 따라서 보호함이요, 넷째는 참된 선지식(善知識)을 가까이함이요, 다섯째는 쉴 틈이 없이 착한 품류를 부지런히 닦는 것이다."

"세존이시여, 어떤 인연으로 이와 같이 배워야 할 일을 여섯 가지만 시설하셨습니까?"

"두 가지 인연 때문이다. 첫째는 모든 유정물을 넉넉하고 이롭게 하는 까닭이요, 둘째는 모든 번뇌를 물리치는 까닭이다. 마땅히 알라. 앞의 세 가지는 유정을 넉넉하고 이롭게 하며, 뒤의 세 가지는 일체 번뇌를 물리친다. 앞의 세 가지가 모든 유정을 넉넉하고 이롭게 한다는 것은, 이른바 모든 보살이 보시하는 까닭에 살림살이[資具]를 받아들여 유정을 넉넉하고 이롭게 하며, 계행을 지니는 까닭에 손해와 핍박과 어지럽힘을 행하지 않고 유정을 넉넉하고 이롭게 하며, 인욕하는 까닭에 저들이 해를 끼치고 핍박하고 어지럽히더라도 능히 견디고 참고 받아들여 유정을 넉넉하고 이롭게 한다. 뒤의 세 가지가 모든 번뇌를 물리친다는 것은, 이른바 모든 보살은 정진하는 까닭에 아직 일체 번뇌를 영원히 항복받지 못했고 아직 일체 수면을 없애지 못했을지라도 능히 용맹하게 모든 착한 품류를 닦아서 저 모든 번뇌가 착한 품류의 가행(加行)을 흔들거나 움직이지 못하게 하며, 정려인 까닭에 번뇌를 영원히 항복 받고, 반야인 까닭에 수면을 영원히 없앤다."

『해심밀경』 4권 「지바라밀다품」

2) 반야바라밀을 닦아야 붓다가 된다

수행자들이여! 무엇을 일러 '반야'라고 하는가?

반야라는 것은 한자로 말하면 지혜다. 어느 곳이나 어느 때나 순간순간 어리석지 아니하고 늘 지혜를 실천하는 것이 곧 반야행이다. 한순간 어리석으면 반야가 끊어지고, 한순간 지혜로우면 반야가 생긴다. 그런데 세상 사람들은 어리석어서 반야를 보지 못하고 입으로는 반야를 말한다. 마음속은 어리석으므로 늘 스스로 '나는 반야를 닦는다'고 말하고 순간순간 공을 말하지만, 참된 공은 알지 못한다. 반야는 모습이 없다. 지혜로운 마음이 곧 반야다. 이와 같이 이해한다면, 그것을 곧 반야의 지혜라고 말한다.

무엇을 일러 '바라밀'이라고 하는가?

이것은 인도의 말이다. 우리말로 말하면 '저쪽 언덕을 건너가는 것'이다. 뜻으로 해석하면 생멸법에서 벗어나는 것을 의미한다. 경계에 집착하면 생멸이 일어난다. 마치 물에 물결이 생기는 것과 같은데, 이것을 일러 이쪽 언덕이라고 한다. 경계에서 벗어나면 생멸이 사라진다. 마치 물이 늘 통해서 흐르는 것과 같은데, 이것을 일러 저쪽 언덕이라고 한다. 그러므로 바라밀이라고 부른다.

수행자들이여! 어리석은 사람은 입으로 외우는데, 바로 외우는 그때 망념이 있고 그릇됨이 있다. 그러나 순간순간 실천한다면, 이것을 일러 참다운 성품이라고 한다. 이런 법을 깨닫는 것이 반야법이고, 이런 행을 닦는 것이 반야행이다. 그러므로 반야행을 닦지 않으면 범부이고, 일념으로 반야행을 닦으면 자신이 붓다와 같아진다.

『법보단경』「반야품」, 『불교성전』461~462쪽

3) 보시의 세 종류

보시에는 세 종류가 있으니, 첫째는 재물 보시이고, 둘째는 법 보시이며, 셋째는 무외(無畏) 보시다.

계행을 지녀 스스로를 단속하고 모든 중생의 재물을 침범하지 않는다면, 이것을 재물 보시라 한다. 중생이 흠모할만한 행동을 하거나, 그들에게 법을 설해 깨닫게 하거나, 계행을 굳게 지녀 일체중생을 위해 공양의 복밭이 되어 주고, 중생으로 하여금 무량한 복을 얻게 하는 것이 법 보시다. 일체중생은 모두 죽음을 두려워하는데 계를 지녀 해치지 않는다면 이것이 곧 무외 보시다.

『대지도론』

4) 가진 것이 없지만 베풀 수 있는 일곱 가지 보시[무재칠시(無財七施)]

붓다가 말하였다.

"일곱 가지 보시가 있으니, 그것은 재물의 손해 없이 큰 과보를 얻는다.

첫째는 눈의 보시이니, 언제나 좋은 눈빛으로 부모·스승·사문·바라문을 대하고, 나쁜 눈빛으로 대하지 않는 것을 눈의 보시라 한다. 그는 몸을 버리더라도 다시 몸을 받아 청정한 눈을 얻고, 미래에 붓다가 되어서는 천안(天眼)이나 불안(佛眼)을 얻을 것이니, 이것을 첫째 과보라 한다.

둘째는 환한 얼굴과 즐거운 얼굴의 보시이니, 부모·스승·사문·바라문을 찌푸린 얼굴로 대하지 않는 것이다. 그는 몸을 버리더라도 다시 몸을 받아 단정한 얼굴을 얻고, 미래에 붓다가 되어서는 순금색의 몸이 된다. 이것을 둘째 과보라 한다.

셋째는 말의 보시이니, 부모·스승·사문·바라문에게 부드러운 말을 쓰고 추악한 말을 쓰지 않는 것이다. 그는 몸을 버리더라도 다시 몸을 받아 말을 잘하고, 그가 하는 말은 남이 믿고 받아 주며, 미래에 붓다가 되어서는 네 가지 말을 잘하는 재주를 얻는다. 이것을 셋째 과보라 한다.

넷째는 몸의 보시이니, 부모·스승·사문·바라문을 보면 일어나서 맞이해 예배하는 것이다. 이것을 몸의 보시라 한다. 그는 몸을 버리더라도 다시 단정하고 장대하며 남의 공경을 받는 몸을 얻고, 미래에 붓다가 되어서는 몸이 니구타(尼拘陀) 나무와 같아서 그 정수리를 보는 이가 없을 것이니, 이것을 넷째 과보라 한다.

다섯째는 마음의 보시이니, 앞에 말한 바와 같은 일로 공양하더라도 마음이 온화하고 착하지 못하면 보시라고 할 수 없다. 착하고 온화한 마음으로 정성껏 공양하는 것이 마음의 보시다. 그는 몸을 버리더라도 다시 몸을 받아 밝고 분명한 마음을 얻어 어리석지 않고, 미래에 붓다가 되어서는 모든 것을 낱낱이 아는 지혜를 얻을 것이다. 이것을 다섯째 과보라 한다.

여섯째는 자리의 보시이니, 만일 부모·스승·사문·바라문을 보면 자리를 펴 앉게 하고, 나아가서는 자기가 앉은 자리에 앉게 하는 것이다. 그는 몸을 버리더라도 다시 몸을 받아 항상 일곱 가지 보배로 된 존귀한 자리를 얻을 것이고, 미래에 붓다가 되어서는 사자법좌(獅子法座)를 얻을 것이다. 이것을 여섯째 과보라 한다.

일곱째는 방이나 집의 보시이니, 부모·스승·사문·바라문으로 하여금 집 안에서 다니고 서며 앉고 눕게 하는 것이다. 이것을 방이나 집의 보시라 한다. 그는 몸을 버리더라도 다시 몸을 받아 저절로 궁전이나 집을 얻고, 미래에 붓다가 되어서도 온갖 선실(禪室)을 얻을 것이다. 이것을 일곱째 과보라 한다.

이 일곱 가지 보시는 재물의 손해 없이 큰 과보를 얻는다."

『잡보장경』

5) 집착 없이 보시하라 : 무주상(無住相) 보시

수보리여! 보살은 어떤 대상에게도 집착 없이 보시해야 한다. 말하자면 형색에 집착 없이 보시해야 하며, 소리·냄새·맛·감촉·마음의 대상에게도 집착 없이 보시해야 한다.

수보리여! 보살은 이와 같이 보시하되 어떤 대상에 대한 관념에도 집착하지 말아야 한다. 왜냐하면, 보살이 대상에 대한 관념에 집착 없이 보시한다면 그 복덕은 헤아릴 수 없기 때문이다.

『금강경』「묘행무주분」

6) 조금 있어도 베푸는 보시의 공덕

"어떤 이는 조금 있어도 베풀고
어떤 이는 많아도 베풀지 않으니
조금 있어도 베푸는 보시는
천 배의 가치가 있다."

상윳따 니까야 『인색경』(S1)

7) 능력껏 베풀어라

"구하고 찾는 그 누구를 보더라도 자신이 지닌 재물을 능력껏 베풀어 스스로의 인색함과 탐욕을 버리고 상대방을 환희롭게 하며, 위급한 재앙에 부딪혀 공포가 위태롭게 닥쳐오는 사람에게는 자신의 능력에 맞게 감내하면서 두려움 없음을 베푼다. 법을 찾는 사람이 오면 능력껏 방편을 구사하여 법을 설한다. 이는 명리와 공경을 구해서가 아니요 오직 자리이타의 마음으로 깨달음에 회향하기 위함이다."

마명, 『대승기신론』 1권

4
대승불교의 주요 사상과 그 특징은?
- 중관 사상과 유식 사상을 중심으로 -

주요 용어

부파불교, 대중부, 상좌부, 금강경, 반야경, 자성(自性), 중관사상,

용수, 팔종의 조사, 공, 중도, 세속제, 팔부중도, 유식사상, 무착, 세친,

전오식, 의식, 말나식, 아뢰야식, 장식(藏識), 유가사(瑜伽師)

대승(大乘)은 '커다란 탈 것'이라는 뜻으로 소승(小乘)에 대비되는 용어이다. 부파불교 시대에 20개의 파로 분열된 불교는 출가자 중심의 교리로서 이론 중심의 불교가 발달하게 되어 현실 및 대중과 멀어지게 된다. 대승불교는 이러한 출가자 중심의 자기 깨달음을 우선시하는 풍조를 비판하며 대중에게 다가간다. 이때 자신의 깨달음을 구하면서 동시에 중생을 교화하는 보살을 위한 붓다의 가르침을 앞세워 주장한다.

대승불교는 공 사상과 보살 사상 그리고 육바라밀 또는 십바라밀의 체계를 그 특징으로 하고 있다. 대승불교의 주요 사상인 중관 사상과 유식 사상을 통해서 대승불교에 대한 이해를 보다 심화시킬 수 있다.

인도 부파불교 시대의 대중부(大衆部)의 진보적인 태도에서 비롯된 변화의 모습은 새로운 형태의 불교 즉, 대승불교의 시대를 연다.

대승불교는 고타마 붓다의 가르침과 법의 전형을 고수하려는 전통 상좌부(上座部)에 비판적인 견해와 태도를 지니면서 등장한다. 상좌부 불교는 붓다의 가르침을 원형 그대로 후대에 전하기 위하여 법에 대한 해석과 이론을 정리하는데 치중한 까닭에 언제나 현실의 고(苦)의 문제에서 출발했던 붓다의 정신을 간과하게 된다. 결국 그들은 열반을 절대적인 세계로 이해한다. 팔정도 수행을 통해 실현된 열반은 모든 번뇌와 괴로움이 사라져 생사의 괴로움을 초월해 있다고 본 것이다. 대승불교는 이와 같이 붓다의 본래 가르침과 괴리된 열반에 도달하려는 상좌부의 문제를 적극적으로 반성하면서 등장한다.

열반은 절대적이지 않으며 생사와 분리되어 있지 않는 연기적 관계 속에서 존재한다. 즉, 생사가 있음으로써 열반이 있고, 열반이 있음으로써 생사가 있다. 연기의 이치에 따르면 이 세상에는 홀로 독자적인 존재성 즉, 자성(自性)은 지닐 수 없고 모든 존재는 상의상관한다. 그렇다면 생사와 열반을 분별하여 경계 짓는 것, 즉 열반이 독자적 존재성을 지닌 것으로 절대화하는 것은 연기의 이치와 고타마 붓다의 가르침에도 어긋난다.

대승불교의 초기경전 중에서 비교적 성립이 빠른 반야부 계통의『금강경(金剛經)』*『반야경(般若經)』등은 상좌부에서 제시한 열반의 절대성이나 독자적 존재성을 비판하고 있다.

『반야경』에서는 "모든 법(法)은 자성(自性)이 공(空)하다."라는 문장을 반

---

*금강경 : 공 사상을 깊이 있게 다룬 대승불교의 대표적인 경전이다. 붓다와 제자 수보리와의 대화 형식으로 전개되며『금강반야경(金剛般若經)』『금강반야바라밀경(金剛般若波羅蜜經)』이라고도 부른다. 금강경은 선종 계통 종단의 소의 경전이기도 하다.

복하고 있다. 그러나 자성이 비어 있는 공(空)을 아무것도 없다는 무(無)와 혼동해서는 안 된다. 이 반야부의 초기 저술들에는 이런 공(空)의 논리로 생사와 열반을 비롯하여 일상에서 어떤 대상이나 존재를 분별하여 경계 짓거나 독자적 존재성을 지닌 것으로 절대화하는 잘못된 사고를 바로잡고자 하였다.

중관과 유식사상은 아비담마 불교의 문제점을 비판하고 이론과 실천을 대승적으로 개혁한 사상으로 대승불교의 기반이며 이를 이해하지 못하면 대승불교를 이해하지 못한다고 할 만큼 중요한 사상들이다. 이 두 사상은 각각의 특징이 있으므로 이를 중심으로 살펴보자.

중관사상

중관사상(中觀思想)은 용수(龍樹, ⓔNāgārjuna, 약 150?~250?)에 의해 주창된 사상이다. 그는 고타마 붓다가 열반한 뒤 6~700년경 살았던 남인도의 인물이다. 당시 전개되어 왔던 여러 대승불교 사상들에 통달하여 후대인에게 제2의 석가 또는 '팔종(八宗)*의 조사*'라고 불리었다고 한다. 용수가 남긴 저서로는 『중론(中論)』 『십이문론(十二門論)』 『십주비바사론(十住毘婆沙論)』 『대지도론(大智度論)』 등이 있다.

---

*팔종(八宗) : 용수가 시조이거나 그로부터 발원한 종파들로 이치와 이론을 강조한 다음 8개의 종파를 지칭한다. 천태종, 화엄종, 법상종, 삼론종과 수행을 강조한 선종, 정토종, 율종, 밀종이다.

*조사(祖師) : 한 종파를 창시한 스님, 종조(宗祖)나 중흥조에 붙여진 호칭으로 특히 선종에서 조사라는 명칭을 많이 사용한다.

중관사상은 석가모니 붓다의 핵심 가르침인 연기설을 바르게 이해하도록 공(空)과 중도(中道)의 교설을 적극적으로 활용한다. 공이란 모든 존재에는 항상하는 실체가 없고 텅 비어 있다는 뜻이다. 우리는 눈으로 보거나 경험하는 대상에 대하여 '있다' 또는 '없다'라는 분별을 일으키며 집착한다. 용수는 공을 통해서 이와 같이 존재에 대해 집착하는 인간의 내면적 성향 즉, 유(有)의 고정관념을 타파하고자 하였다. 공에서 바라보면 생(生)도 부정되고, 멸(滅)도 부정된다. 영원한 유(有)도, 단절적인 무(無)도 부정된다. 이렇게 모든 것이 부정된다고 해서 허무의 공으로 이해하면 곤란하다. 우리가 살아가는 현실은 그 시대와 장소에 따라 요구되는 상대적인 선(善)과 규칙을 필요로 하며 의사소통을 위하여 말과 글로써 있음과 없음을 표현할 수밖에 없다. 용수는 이처럼 현실에서 필요한 약속과 언어적 규칙을 상대적 진리로 인정하여, 이를 '세속제(世俗諦)*'라고 하였다. 이것은 가명(假名) 즉, 임시적인 성질을 띠며 이름만 존재하는 것에 불과하다. 바로 중관은 연기의 바탕에서 공적 허무나 실체화하는 유에 모두 머물지 않고 중도로 사는 것이다.

그러므로 용수의 공은 곧 중도의 실천과 다를 바 없다. 중도는 양극단의 집착을 버림으로써 도달하는 진리의 상태를 의미한다. 그 없음과 버림의 바탕에는 연기의 이치가 적용된다. 연기에 따르면 생겨난 모든 것은 서로 의존하며 관계하고 있으므로, 이를 올바르게 관찰하면 불변하는 본질적 실체가 없다는 것이다. 불변하는 본질적 실체가 없는 상태가 공이요, 공은 중도의 실천으로 가능하므로, 공이 곧 중도이고 연기의 진리이다.

그렇다면 중관(中觀)의 의미는 무엇일까? 중관이란 중도와 공으로써 통찰하여 세상을 바르게 보는 것을 말한다. 우리의 일상적 판단은 단(斷)과 상

---

* 세속제(世俗諦) : 세속의 입장에서 성립되는 진리로 이것은 감성과 지성에 의해서 성립되는 진리로서, 차별성과 상대성의 속성을 동시에 지닌다.

(常), 유(有)와 무(無) 등과 같은 극단에 곧잘 치우친다. 이러한 치우침은 우리가 대상을 인식할 때 집착의 원인이 되는 분별심이 작동하기 때문에 발생한다. 분별하는 마음은 편견(偏見)과 사견(邪見)을 만든다. 용수에 의하면 양극단의 세계는 모순과 투쟁이 발생하는 세계이다. 이런 관점에 머물게 되면 결국 밖으로는 시비와 갈등이 생길 수밖에 없고 내부적으로는 집착과 사견에 사로잡혀 괴로움을 면치 못하게 된다. 중관은 시시각각 내면에서 일어나는 분별의 마음을 정화하여 극단에 치우치는 사견을 공과 중도의 진리로서 올바르게 관찰하는 지혜를 의미한다.

그러므로 중(中)은 인식의 대상이고, 관(觀)은 대상을 올바르게 관찰하는 지혜라고 볼 수 있다. 이러한 중도의 원리는 『중론』의 팔부중도(八不中道)*에 보다 자세히 나타난다. 팔부중도란 8개의 어리석음인 생(生)과 멸(滅), 상(常)과 단(斷), 일(一)과 이(異), 거(去)와 래(來) 등을 제거해주는 사상이다.

유식사상

유식사상(唯識思想)은 무착(無着, ⑤Asaṅga, 310?~390?)과 세친(世親, ⑤ Vasubandhu, 320?~400?)이 발전시키고 정립한 이론 체계이다. 용수의 공사상이 본래의 뜻과 다르게 후세 사람들이 지나치게 공허하고 허무한 사상으로 잘못 받아들이자 유식사상은 이를 바로 잡아주기 위해 '마음'을 강조하며 등장하였다. 중요한 저술로는 『해심밀경(解深密經)』 『유가사지론(瑜伽師

---

*팔부중도(八不中道) : 여덟 가지의 그릇된 견해를 부정함으로써 붓다의 적멸한 뜻이 어디 있는가를 밝히는 것으로 불생불멸(不生不滅), 불상부단(不常不斷), 불일불이(不一不異), 불래불거(不來不去)의 논리를 사용한다.

地論)』『유식삼십론(唯識三十論)』『성유식론(成唯識論)』 등이 있다.

유식(唯識)이란 인간을 중심으로 정신과 물질 등 내외의 모든 것은 오직 심식(心識)에 의존하며, 이를 떠나서 존재할 수 없다는 뜻이다. 세상은 나의 마음이 비추어 밖으로 드러난 것이요, 나의 마음이 투영되어 나타나는 표상(表象)이다. 그래서 '일체유심조(一切唯心造)'라고 한다. 외부 대상뿐만 아니라 나 자신을 비롯한 모든 언어나 사상도 이 마음에서 벗어나지 않는다. 우리가 눈으로 보고 듣고 경험하는 이 세계는 의식이 펼치는 것에 불과하고, 의식을 떠나 객관적 실재(實在)가 존재하지 않는다. 유식사상에 따르면 세상의 모든 것은 마음과 의식의 흐름이므로 정신의 소유자는 마음과 의식의 근본과 원리를 잘 알아서 이를 제대로 발휘할 수 있을 때 궁극적 목적인 해탈에 이를 수 있다.

유식사상의 주요 관심은 객관적인 세상의 존재 여부가 아니라 마음의 구조와 작용에 있다. 유식에서는 마음을 심층적으로 분석하는 데, 심층 의식에서 표층 의식으로 층층이 쌓여 구조화되어 있다고 파악한다. 유식사상가들은 의식의 존재 형태를 크게 세 가지로 설명한다. 인간의 오감에 의한 의식과 내면의 자기중심적인 마음, 그리고 더 심층 속에 근본적인 마음이 있다. 이 심층 의식은 일종의 무의식과도 같은데, 여기에는 과거의 모든 기억, 습관, 행동 등이 저장되어 있고, 자기중심적인 에고 의식이 깊이 잠재되어 있다. 유식사상은 이와 같은 무의식의 세계까지 마음의 범주를 확장시킨다.

유식에서 분석한 마음을 보다 상세하게 살펴보면 다음과 같이 8가지로 고찰해 볼 수 있다. 유식의 마음은 안식(眼識)·이식(耳識)·비식(鼻識)·설식(舌識)·신식(身識)·의식(意識)·말나식(末那識, ⓢmanas-vijñāna)·아뢰야식(阿賴耶識, ⓢālaya-vijñāna)이다.

안식은 눈을 통해 색깔과 빛을 느끼는 마음의 작용이고, 이식은 귀를 통해 소리를 느끼는 마음의 작용이다. 비식은 코를 통해 냄새를 맡는 마음의 작용이며, 설식은 혀를 통해 맛을 보는 마음의 작용이다. 신식은 피부의 감촉을 통해 촉감을 느끼는 마음의 작용이다. 이러한 5가지 마음의 작용은 오감에 의해 일어나는데, 이를 전오식(前五識)이라고 부른다. 6식에 해당하는 의식은 전오식이 받아들인 내용을 토대로 마음의 대상인 개념을 인식하고 이해하며 판단하는 마음의 작용이다. 7식에 해당하는 말나식은 자기중심적으로 생각하고 집착하는 마음을 일으키는 자아의식으로 '나'를 중심으로 모든 것을 판단하게 한다. 마지막 8식에 해당하는 아뢰야식은 의식의 근원적인 뿌리를 형성하는 종자와 같다. 이 아뢰야식에는 삼라만상의 모든 것이 저장되어 있다고 해서 '장식(藏識)*'이라고 한다. 장식에는 나에 대한 정보뿐만 아니라 인류의 모든 경험이나 습관 등의 정보가 들어 있다. 오늘날 과학에서 밝힌 유전자의 특징과 비슷하다고 볼 수 있다.

이와 같이 유식사상은 마음을 전오식, 6식, 말나식, 아뢰야식으로 심층적으로 분석하여 우리 자신도 모르게 모든 것을 자기 생각대로 판단하고 행동하는 원인을 밝히고 있다. 특히 말나식은 아뢰야식과 함께 수십 억겁* 동안 '나'를 내세우며 '아치(我癡)' '아견(我見)' '아만(我慢)' '아애(我愛)*'하는 의식과 마음을 증장시켜 왔다. 이러한 삶의 방식은 올바른 삶의 태도가 아니다. 하지만 의식의 근원을 바꾼다는 것은 결코 쉽지 않다. 그래서 유식학파의 사람들은 마음을 정화하고 이를 지켜보는 요가 수행을 실천했다. 이

---

*장식(藏識) : 당나라 현장의 의역으로 아뢰야식의 별칭이며 모든 인식활동의 창고나 집처럼 기본이 되는 식이다.

*겁(劫) : 시간의 단위로서 가장 길고 영원하며, 무한한 시간이다.

*아치(我癡), 아견(我見), 아만(我慢), 아애(我愛) : 인간에 있어서 가장 근본적이고 심오한 미혹으로 말라식의 4번뇌를 말한다. 즉 아치는 자아에 대한 무지, 아견은 자기중심적 사고, 아만은 남을 업신여기는 교만한 마음, 아애는 자아에 대한 애착심을 의미한다.

들은 그 당시 인도에서 전통적으로 요가 명상을 해오던 이들과 구분하여 '유가사(瑜伽師, ⓢYogacara)*라고 불렀다. 유식사상에서는 우리 마음의 습관을 선한 방향으로 길들이고, 나의 마음을 공으로 비우고 정화하여 본래 깨끗한 마음의 근원으로 돌아가 청정한 마음으로 살아갈 것을 강조한다.

---

*유가사(瑜伽師) : 유식설을 만들어 내고 발전시키고 계승하는 유식학파의 수행자를 일컫는 말이다.

1. 중도(中道)란 무엇인가

발생하지도 않고 소멸하지도 않으며
상주하지도 않고 단멸하지도 않으며
같지도 않고 다르지도 않으며,
오지도 않고 가지도 않네.

[不生亦不滅 不常亦不斷 不一亦不異 不來亦不出]
(불생역불멸 불상역부단 불일역불이 불래역불출)

이 인연을 말씀해주시어
여러 희론(戲論)을 잘 소멸해주시니
모든 설법자 가운데 제일이신 붓다께
저는 머리숙여 절을 올립니다.

[能說是因緣 善滅諸戲論 諸說中第一 我稽首禮佛]
(능설시인연 선멸제희론 제설중제일 아계수예불)

용수, 『중론』 「관인연품」

2. 공과 중도의 관계

원인과 조건에서 생긴 현상을
나는 '공(空)'이라고 말하고,
'임시로 붙인 이름'이라고도 하고,

'중도(中道)의 이치'라고도 하네.

원인과 조건에서 생기지 않은
현상은 하나도 없네.
그러므로 모든 현상은
공하지 않은 것이 없네.

원인과 조건에서 생긴 법을 나는 '공'이라고 말한다. 왜 그러한가?

여러 조건들이 갖춰지고 화합해서 현상이 발생한다. 이 현상은 여러 원인과 조건에 귀속되는 것이기 때문에 자성이 없다. 자성이 없기 때문에 공한 것이고, 공도 또한 공한 것이다. 단지 중생을 인도하기 위해서 거짓 이름을 말하는 것이다.

'있다'와 '없다'의 양극단을 여의었기에 중도라 한다. 현상은 자성이 없기 때문에 '있다'라고 말할 수 없다. 또한 공도 없기 때문에 '없다'라고 말할 수 없다.

만약 현상에 자성이 있다면 여러 조건을 기다려 존재하지 않을 것이다. 만약 원인과 조건에 의존하지 않는다면 법이 있지 않은 것이다. 그러므로 공하지 않은 법은 없다.

용수, 『중론』「관사제품」

3. 우리말 『반야심경』

『반야심경(般若心經)』은 우리나라 불교도들이 가장 많이 외우고 있는 경전이며 불교의례에는 빠짐없이 등장하는 가장 중요한 경전이다.

이 경의 완전한 이름은 『마하반야바라밀다심경(摩訶般若波羅蜜多心經)』이다. '큰 지혜의 빛으로 피안, 즉 열반에 이르는 마음의 경전'이라는 뜻이다. 이 경전은 대승불교 핵심인 공(空)사상을 압축적으로 잘 담아내고 있다. 인용된 우리말 반야심경은 2011년 제정 공포된 「대한불교조계종 표준 우리말 반야심경」이다.

『마하반야바라밀다심경(摩訶般若波羅蜜多心經)』

관자재보살이 깊은 반야바라밀다를 행할 때
오온이 공한 것을 비추어 보고 온갖 고통에서 건너느니라
사리자여! 색이 공과 다르지 않고 공이 색과 다르지 않으며
색이 곧 공이요 공이 곧 색이니, 수 상 행 식도 그러하니라
사리자여! 모든 법은 공하여 나지도 멸하지도 않으며
더럽지도 깨끗하지도 않으며 늘지도 줄지도 않느니라
그러므로 공 가운데는 색이 없고 수 상 행 식도 없으며
안 이 비 설 신 의(眼耳鼻舌身意)도 없고
색 성 향 미 촉 법(色聲香味觸法)도 없으며
눈의 경계도 의식의 경계까지도 없고
무명도 무명이 다함까지도 없으며
늙고 죽음도 늙고 죽음이 다함까지도 없고
고 집 멸 도(苦集滅道)도 없으며 지혜도 얻음도 없느니라
얻을 것이 없는 까닭에 보살은 반야바라밀다를 의지하므로
마음에 걸림이 없고 걸림이 없으므로 두려움이 없어서
뒤바뀐 헛된 생각을 멀리 떠나 완전한 열반에 들어가며
삼세의 모든 부처님도 반야바라밀다를 의지하므로

최상의 깨달음을 얻느니라

반야바라밀다는 가장 신비하고 밝은 주문이며 위없는 주문이며

무엇과도 견줄 수 없는 주문이니

온갖 괴로움을 없애고 진실하여 허망하지 않음을 알지니라

이제 반야바라밀다주를 말하리라.

아제아제 바라아제 바라승아제 모지 사바하 (3번)

4. 세계는 마음의 표상이다

"이 세계는 내 마음의 표상일 뿐이다. 세계는 실제로 존재하지 않는 대상으로 헛되이 나타난 것이기 때문이다. 예를 들면 눈병이 난 사람에게 실제로 없는 머리카락이나 달 등이 보이는 것 같다."

세친, 『유식이십송』 제1송

"마음의 흐름이란 마음의 씨앗이 현재의 행동을 낳고 그 행동은 다시 마음의 씨앗으로 저장되는 허구적 분별의 과정이다. 그렇게 허구적으로 분별된 외부의 대상은 실재하지 않는다. 그러므로 일체는 내 마음이 그려낸 표상[唯識]일 뿐이다."

세친, 『유식삼십송』 제17송

"분별되는 외부의 대상을 인식하지 않을 때야말로 순수한 마음의 본성[유식성]에 편히 머무른다. 분별되어 나타나는 대상을 떠날 때, 그것을 분별하는 인식 주관도 사라지기 때문이다."

세친, 『유식삼십송』 제28송

5. 마음은 모든 법의 근본이다

빠세나디 왕이 붓다에게 물었다.

"몸과 입과 뜻의 세 가지 행 가운데 어느 행이 가장 중요하나이까?"

세존께서 말씀하셨다.

"세 가지 행 가운데 입의 행과 몸의 행도 중요하지만, 뜻의 행이 가장 중요하오."

"무슨 이유로 뜻의 행이 가장 중요한가요?"

"대개 사람의 행동은 먼저 뜻으로 생각한 뒤에 입으로 나오고 입으로 나온 뒤에 몸으로 살생과 도둑질과 나쁜 짓을 행하는 것이오. 그런데 혀라는 기관은 일정하지 않아 선악의 판단이 없는 것이오. 비록 사람이 목숨을 마치더라도 몸과 혀는 있소. 그러나 대왕이여, 그 사람은 왜 몸으로 행하지 못하고 혀로 말하지 못하는가."

"그 사람은 뜻의 감관이 없기 때문에 그런 이상한 일이 있는 것입니다."

"이런 사실로 보아도 뜻의 감관이 가장 중요하고 다른 두 가지는 가벼운 줄을 알 수 있는 것이오." 그때 세존은 곧 다음 게송을 읊었다.

마음은 모든 법의 근본이 된다.

마음은 주인 되어 모든 것을 부린다.

그 마음속에 악을 생각해

곧 그대로 실행할 때는

거기서 괴로움의 갚음 받는 것

바퀴가 바퀴자국 밟는 것 같네.

[心爲法本 心尊心使 心之念惡 卽行卽施 於彼受苦 輪轢于轍]

(심위법본 심존심사 심지염악 즉행즉시 어피수고 윤력우철)

마음은 모든 법의 근본이 된다.

마음은 주인 되어 모든 것을 부린다.

그 마음속에 선을 생각해

곧 그대로 실행할 때는

거기서 그 선의 갚음 받는 것

그림자가 형체를 따르는 것 같아라.

[心爲法本 心尊心使 中心念善 卽行卽爲 受其善報 如影隨形]

(심위법본 심존심사 중심염선 즉행즉위 수기선보 여영수형)

『증일아함경』 51권 「대애도반열반품」

6. 마음과 붓다와 중생은 차별이 없다

"과거, 현재, 미래의 일체 붓다를 알고자 하면 마땅히 법계성품을 관찰할지니, 모든 것은 마음이 지었음이라."

『화엄경』 19권 「야마천궁게찬품(夜摩天宮偈讚品)」

"마음은 뛰어난 화가와 같아서 갖가지 사물을 그려내매

일체 세계의 모든 존재는 다 이와 같이 이루어졌네.

마음과 같이 붓다 또한 그러하며, 붓다와 같이 중생 또한 그러하니

마음과 붓다와 중생, 이 세 가지에는 차별이 없네."

『화엄경』 10권 「야마천궁보살설게품(夜摩天宮菩薩說偈品)」

5
중국불교의 주요 사상과 전개 과정은?
- 천태종 화엄종 선종 정토종을 중심으로 -

주요 용어

격의불교, 교상판석, 천태종, 오시팔교, 일심삼관, 일념삼천설,

화엄종, 법계연기, 화엄일승법계도, 정토종, 아미타불, 서방정토,

선종, 교종, 보리달마, 혜능, 남돈북점, 조사선, 화두, 간화선, 백장청규

왜 우리는 중국불교를 공부하는 것일까?

인도에서 발생한 불교는 중국, 동남아시아, 한국, 일본 등의 아시아 각국으로 전파된다. 특히 우리나라는 중국을 중심으로 형성된 동아시아 문화권에 속하면서 중국으로부터 한자, 사상, 제도 등 많은 부분에서 영향을 받는다. 불교도 그 중 하나이다.

중국에 전래된 불교는 중국의 고유한 사상체계와 결합하여 '중국불교'라고 불리는 독특한 특징을 보인다. 그러므로 한국불교를 이해하는 바탕으로서 중국불교에 대한 선이해가 필요하다.

인도에서 발생한 불교는 크게 두 방향으로 전파된다. 하나는 남쪽으로 전파되어 스리랑카를 비롯하여 지금의 동남아시아 여러 국가의 '남방불교' 전통을 형성한다. 다른 하나는 북쪽으로 전파되어 중국, 우리나라, 일본 등의 '북방불교' 전통을 형성한다. 남방불교는 주로 부파불교 시대의 상좌부 불교의 전통을 이어가고, 북방불교는 대승불교 전통을 현재까지 이어오고 있다. 지리상의 요인으로 중국불교는 우리의 역사에 불교를 전파하는 중요한 역할을 한다. 먼저 중국불교의 특징을 살펴보자.

역사적으로 중국에 불교가 전래된 시기는 1세기 무렵 후한 시대로 추정된다. 불교가 전래되는 과정에서 중국은 사원 건립과 경전 번역이 활발하게 진행된다. 특히 경전 번역은 붓다의 교의(敎義)를 파악하는 중요한 일로 국가적으로 중요한 사업이었다. 그러나 한역 번역 과정에서 역경가들은 '인도불교의 전문용어를 어떻게 중국말과 한자로 번역할 것인가' 하는 문제에 직면하게 된다. 이러한 문제점들을 해결하기 위해 역경가들은 당시 중국인들이 불교의 중요개념을 노장(老莊) 사상이나 유교 사상에 기대어 이해한 것에 착안하여 인도불교의 주요 개념을 노장과 유교 개념을 사용하여 번역했다. 이와 같은 이해와 번역과정으로 탄생한 중국불교의 특징을 '격의불교(格義佛敎)'라고 한다. 즉, 격의불교란 불교사상을 유사한 중국사상과 연관시켜서 이해하는 것을 의미한다. 예를 들면, 그 당시 중국인들에게 전해진 인도불교의 '공(空)' 사상은 노장의 '무(無)' 사상과 관련시키거나, 물질적 존재로서 '색(色)'을 포착하여 '유(有)'의 개념과의 상의·상관 속에서 이해했다. 『서유기』에 나오는 손오공의 스승인 삼장법사[*] 현장(玄奘, 602~664)[*]은 중국불교 역사상 뛰어난 경전 번역가로 꼽힌다.

또 다른 중국불교의 특징은 '교상판석(敎相判釋)'이다. 줄여서 '교판(敎判)'

---

[*] 삼장법사(三藏法師) : 경장(經藏)·율장(律藏)·논장(論藏)에 통달한 승려를 말한다.

이라고도 한다. 불교가 중국에 들어올 때는
초기불교, 상좌부불교, 대승불교와 같이 인
도에서 시대 순으로 성립한 불교가 차례대로
들어온 것이 아니다. 경전의 성립순서나 상호
관련과는 거의 무관하게 한꺼번에 경전들이
유입된다. 유입된 초기경전과 대승경전은 둘
사이에 내용적으로나 형식적으로 무시할 수
없는 상이함이 있었다. 중국인들은 이런 상
황에서 '무엇이 궁극의 불설(佛說)인가'를 판
단함으로써 불교 전체를 체계적으로 이해하
고자 하는 독창적인 학문 태도를 갖게 된다.
그 과정에서 '교상판석'이 형성된다. 이러한
교판은 중국인들이 자신의 문화와 역사 속에
서 새로운 개성을 지닌 해석방법을 탄생시키

구법승 현장법사(일본 동경국립박물
관 소장)

고 새로운 종류의 불교경전을 번역하여 '중국화된 불교'를 마련하게 하였다.

중국불교는 인도불교와 달리 많은 교판을 형성하면서 경전의 선후와 우
열을 판정하였다. 이때 나름의 기준으로 가장 중요하다고 생각하는 중심 경
전을 선정한다. 교판 형성 과정은 붓다가 일생 동안 행한 설법의 순서, 형식,
방법, 내용에 따라 불교 경전을 분류하고 이를 체계화하면서 중국불교가
발전하도록 이끌었다. 그 결과 수·당 시대에 이르러 여러 종파 불교가 성립
하게 된다. 대표적으로 천태종, 화엄종, 정토종, 선종 등이 등장한다. 이 중

---

* 현장 : 당나라 시대 역경승으로 인도 유학 후 귀국하여 19년 동안 빨리어와 산스크리
트어 원전에 의거하여 경전을 번역했다. 불경 이외에도 17년간의 구법 여행을 통해 거
쳐간 서역과 인도 138개 나라의 풍속과 문화를 소개한 『대당서역기』를 저술했다.

현재 한국불교 전통에 유의미한 영향을 미치고 있는 종파들을 중심으로 각 종파의 주요 특징을 살펴보자.

천태종

천태종(天台宗)은 중국 수나라의 지의(智顗, 538~597)가 체계를 잡고 완성한 대승불교의 한 종파이다. 천태종은 『법화경(法華經)』을 중심 경전으로

삼고 있기에 법화종이라고도 불린다. 지의는 용수의 공관(空觀)을 기초로 삼아 불교를 체계화하여 법화사상으로 발전시킨다. 법화사상의 기치를 높이기 위해 그가 제시한 천태종의 교판은 '오시(五時)와 팔교(八敎)'이다.

오시(五時)는 석가모니 붓다의 가르침을 설한 순서에 따라 분류한 화엄시(華嚴時)·녹원시(鹿苑時)·방등시(方等時)·반야시(般若時)·법화열반시(法華涅槃時)를 말한다. 팔교(八敎)는 붓다의

천태종 지의(단양 구인사 소장)

가르침을 형식에 따라 분류한 돈교(頓敎)·점교(漸敎)·비밀교(秘密敎)·부정교(不定敎)라는 화의사교(化儀四敎)와 내용에 따라 분류한 장교(藏敎)·통교(通敎)·별교(別敎)·원교(圓敎)의 화법사교(化法四敎)를 의미한다. 우리는 오시팔교를 통해서, 석가모니 붓다의 설법이 『법화경』을 설하기 위한 준비이고, 붓다의 가르침 중에서 『법화경』이 가장 우수하고 높은 경전이라 주장하고 있음을 알 수 있다.

지 혜 마 당

오시팔교(五時八敎)란 무엇인가?

1. 오시(五時)
   (1) 화엄시(華嚴時) – 붓다가 깨달음을 성취한 직후 21일간 화엄경을 설한 시기
   (2) 녹원시(鹿苑時) – 화엄시 후 12년간 녹야원(鹿野苑)에서 아함경을 설한 시기
   (3) 방등시(方等時) – 녹원시 후 8년간 유마경·사익경·승만경 등의 대승경전을 설한 시기
   (4) 반야시(般若時) – 방등시 후 22년간 여러 반야경을 설한 시기
   (5) 법화열반시(法華涅槃時) – 반야시 후 8년간 법화경을 설한 시기와 입멸 때 1일간 열반경을 설한 시기

2. 팔교(八敎)
   1) 화의사교(化儀四敎)
      (1) 돈교(頓敎) – 처음부터 바로 붓다가 체득한 깨달음을 그대로 설한 가르침으로, 화엄경이 여기에 해당함
      (2) 점교(漸敎) – 얕은 내용에서 점차적으로 깊은 내용으로 나아간 가르침으로, 녹원시·방등시·반야시에 차례로 설한 경전이 여기에 해당함
      (3) 비밀교(祕密敎) – 듣는 이들 서로 간에 알지 못하게 근기와 능력에 따라 다르게 설하여 각자 다른 이익을 얻게 하는 가르침
      (4) 부정교(不定敎) – 같은 내용을 설하지만 듣는 이들이 근기에 따라 이해하여 각자 다른 이익을 얻게 하는 가르침
   2) 화법사교(化法四敎)
      (1) 장교(藏敎) – 아함경을 비롯한 초기의 가르침
      (2) 통교(通敎) – 성문승·연각승·보살승에게 공통되는 가르침
      (3) 별교(別敎) – 보살만을 위한 가르침
      (4) 원교(圓敎) – 붓다가 체득한 깨달음을 그대로 설한, 가장 완전한 가르침. 법화경은 여기에 해당함

중국불교에 있어서 천태 사상은 화엄 사상과 더불어 가장 특색 있는 불교사상이다. 천태종에서는 존재의 실상을 관찰하는 방법으로써 '일심삼관(一心三觀)'과 '일념삼천(一念三千)'을 내세운다.

일심삼관은 삼제원융(三諦圓融)을 바탕으로 한다. 삼제란 공의 진리를 일컫는 공제(空諦), 인연 따라 일시적인 현상으로 존재하는 진리로서의 가제(假諦), 그러면서 공에서 가를 보고, 가에서 공을 보는 중도의 진리인 중도제(中道諦)를 일컫는다. 여기서 더 깊게 들어가 공(空)에서 가와 중을 보고, 가(假)에서 공과 중을 보며, 중(中)에서 공과 가를 보며 세 가지 진리가 서로 어우러지는 것을 삼제원융이라 한다. 이렇게 한 마음 속에 세 가지 모습이 연결되어 있음을 보는 것을 일심삼관이라 한다.

일념삼천은 우리의 한 마음에 세상의 삼천* 가지 가능성의 세계가 갖추어져 있다는 것이다. 그 마음에는 붓다의 마음도 있고 지옥의 마음도 있으며 아수라처럼 싸우는 마음도 있다. 다시 말에서 붓다의 마음 속에서는 지옥의 마음도 있는데, 붓다의 마음이 두드러질 때는 지옥의 마음이 가라앉는다. 이를 적극적으로 해석하면 붓다의 마음을 지니고 있다 하더라도 지옥에 빠져 있는 생명들과 함께 한다는 동체대비심*을 품을 수 있다는 것이다.

천태종은 '일심삼관'과 '일념삼천'을 위한 수행법으로써 다양한 지관법(止觀法)을 제시하였다. 지관이란 지(止)와 관(觀)의 합성어로 마음을 잡아[止] 사물의 실상을 통찰[觀]하여 모든 존재의 참모습인 '삼제원융'을 깨닫는 실천법이다. 지관수행은 우리 일상생활에서 취하는 모든 동작 가운데 자신의 마음을 관찰하여 그 속에서 진리의 모습을 찾아내는 것이다. 천태종은 경전의 가르침인 교(敎)와 마음을 통찰하는 관(觀)의 조화를 강조했다.

---

* 삼천(三千) : 일념삼천은 일념 속에 삼천의 세계가 갖추어진다는 뜻이다. 여기서 '삼천'이란 전체를 의미하는 숫자로 불교사상에 근거하여 세계에 대한 가치를 매긴 것이다.
* 동체대비심(同體大悲心) : 석가모니 붓다와 보살의 큰 자비로운 마음을 뜻하는 것으로 상대의 몸을 내 몸처럼 느끼는 것에서 나오는 대자비심을 말한다.

화엄종

　화엄종(華嚴宗)은 중국 당나라 현수법장(賢首法藏, 643~712)에 의해 체계
화된다. 화엄종에서는 『화엄경』을 중심 경전으로 삼는다. 법장은 '인(因)과
연(然)'의 연기가 펼쳐진 이 세계를 화엄 사상으로 설명한다. 화엄 사상의
기치를 높이기 위해 그가 제시한 화엄종의 교판은 '오교(五敎)*와 십종(十
宗)'이다. 여기에서 오교는 석가모니 가르침의 내용을 다섯으로 분류한 것이
고, 십종은 가르침이 설해지는 이치를 열 가지로 설명한 것이다.

지 혜 마 당

오교십종(五敎十宗)이란 무엇인가?

1. 오교(五敎)
   (1) 소승교(小乘敎) – 소승을 위해서 사성제, 12인연 등을 설한 『아함경』
      등의 가르침
   (2) 대승시교(大乘始敎) – 모든 것은 실체가 없고 공이라는 『반야경』이나
      연기에 의하여 모든 존재와 현상을 설명하는 『해심밀경』 등의 가르침
   (3) 대승종교(大乘終敎) – 모든 것은 본래 불변의 진여인데 그것이 연(緣)으
      로 말미암아 오(汚)와 정(淨)으로 나타나는 것을 설하는 『기신론』의 가
      르침
   (4) 돈교(頓敎) – 당장 깨침에 이를 수 있다는 것을 설하는 『유마경』의 가르침
   (5) 원교(圓敎) – 일승(一乘)을 설하는 『화엄경』『법화경』의 가르침, 특히
      『화엄경』의 가르침은 여기에 해당함

---

*오교(五敎) : 천태종의 오시팔교를 본 따 판석한 것으로 소승교(아함경), 대승시교(반
야경·해심밀경), 대승종교(능가경·기신론), 돈교(유마경), 원교(화엄경)를 말한다.

2. 십종(十宗)
  (1) 아법구유종(我法俱有宗) - 주관도 객관도 모두가 실체라고 주장
  (2) 법유아무종(法有我無宗) - 객관은 실체지만 주관의 아(我)는 무(無)로 봄
  (3) 법무거래종(法無去來宗) - 모든 것은 현재에 있어서만 실체가 있고 과
      거 미래는 없다고 하는 법
  (4) 현통가실종(現通假實宗) - 5온 외는 실체가 없고 헛된 존재로 봄
  (5) 속망진실종(俗妄眞實宗) - 세속 일은 모두 헛된 일이고, 불교의 진리만
      실재한다고 봄
  (6) 제법단명종(諸法但名宗) - 모든 존재는 헛된 이름일 뿐 실체가 없는 것
      으로 봄
  (7) 일체개공종(一切皆空宗) - 모든 존재는 그대로 공이라고 설함
  (8) 진덕불공종(眞德不空宗) - 모든 존재의 본성은 진여라고 설함
  (9) 상상구절종(相想俱絕宗) -진리는 주객을 초월한 불가설 불가사의한 것
      에 있다고 봄
 (10) 원명구덕종(圓明俱德宗) -모든 존재는 서로 방해함이 없이 중중무진
      (重重無盡)한 관계를 갖고 일체 공덕을 모두가 구족하고 있다고 봄

  위의 십종과 오교와의 관계는 (1)~(6)까지는 소승교, (7)은 대승시교, (8)은
  대승종교, (9)는 돈교, (10)이 원교에 해당한다. 법장 자신이 중심 경전으로 삼
  은 『화엄경』의 가르침은 이 가운데 (5)원교와 (10)의 원명구덕종에 해당한다.

이 교판에 의해 법장은 종래 불교학의 모든 성과를 통합하면서 『화엄경』
을 정점으로 한 여러 경론의 위치를 체계적으로 정리함으로써 스스로 화엄
사상의 절대적 우위를 주장하였다.

화엄 사상은 모든 존재가 서로 어우러져 조화를 이루는 진리의 세계와
이타적 보살행을 강조한다. 이 진리의 세계가 바로 '법계(法界)'이다. 법계는
연기의 이치가 적용되기 때문에 모든 생명이 다 차별 없이 존귀하다. 화엄
종에서는 법계를 크게 네 가지로 나눈다. 그 네 가지는 사법계(事法界), 이법
계(理法界), 이사무애법계(理事無碍法界), 사사무애법계(事事無碍法界)이다.

사법계는 차별적인 현상 즉, 우리가 살아가는 현실 세계를 말하며, 이법계란 평등한 이상적 본질의 세계를 일컫는다. 이사무애법계란 이상과 현실이 걸림 없이 조화를 이루는 세계를 말하며, 사사무애법계란 차별적인 하나하나의 존재들이 서로 걸림 없이 어우러지는 세계를 말한다. 마지막 네 번째가 진정한 화엄이다. 일체의 존재는 다른 모든 것과 서로 자리를 내어주면서 스며든다. 이를 상즉상입(相卽相入)이라 한다. 이것이 바로 화엄에서 강조하는 법계연기(法界緣起)이다.

법계연기에 따르면 모든 사물과 존재 현상은 연기적으로 존재하기 때문에 항상 무수한 사물과 서로 관계하고, 전체에 대한 하나로서 존재한다. 더구나 그것이 어떠한 실체성이나 고정성도 지니지 않는 연기된 그 자체로 나타나는 것 그대로 진실이다. 그 진실이 나타나는 모습은 많은 거울이 사방에서 비출 때 서로가 한없이 서로의 그림자를 비쳐주는 듯이 중중무진(重重無盡)으로 서로 관계하며 장엄하게 핀 꽃 즉, 화엄(華嚴)과 같다.

화엄(華嚴)이란 어느 하나의 아름다운 꽃만이 아닌 진달래, 개나리, 연꽃, 장미, 들꽃 등 다양한 꽃으로 세계를 아름답게 장식한다는 뜻이다. 그 다양한 꽃들이 한데 어우러져 조화를 이룬다. 이처럼 수많은 다양한 존재들이 서로서로 틈을 내어 자리를 같이하고 서로 드나들며 아름다운 관계를 형성한다. 이 세계는 한 송이 조그마한 들꽃이 다양한 꽃으로 핀 꽃밭 전체를 품고 있는 화엄의 세상이다. 이렇게 조화로운 꽃밭으로 온 세계를 장식하는 것은 보살행을 통해서 드러난다. 보살은 진리로 향하는 마음을 일으켜서 여러 스승들로부터 가르침을 들으며 모든 중생들을 붓다로 섬기면서 한발 한발 진리의 발걸음을 옮기는 자이다. 보살은 그렇게 이 세상을 아름다운 화엄의 꽃밭으로 장엄해 나간다. 우리가 보살이 되어 서로가 서로를 향해 닿으려고 발심하고 행동할 때, 그것은 붓다의 모습으로 살아 있으면서 숨을 쉬는 것이다. 그 순간 우리는 바로 서로에게서 붓다를 보게 되고, 붓다로 살게 되는 것이다.

우리 역사 속 인물인 의상(義湘, 625~702)은 중국으로 유학한 후 화엄 사상을 배워 신라에 화엄종을 전파한다. 그는 법장이 형으로 모셨다고 할 정도로 '해동화엄초조'로 불리며 한국불교에 미친 영향이 크다. 의상의 저술 『화엄일승법계도(華嚴一乘法界圖)』*에서 다음과 같이 화엄 사상의 핵심을 발견할 수 있다.

"하나 속에 일체이고 일체 속에 하나이며, 하나가 바로 일체이고 일체가 바로 하나이네. 작은 티끌 하나 속에 시방(十方)* 세계 머금었고, 일체 모든 티끌 속에 하나하나 그러하네."

이와 같이 화엄종은 모든 존재가 서로 조화롭게 어우러지면서 아름다운 관계를 형성하는 것을 중시한다. 저 티끌 세상에 우주 전체가 들어있고 우주는 티끌 세상을 품는다. 티끌과 우주가 서로를 품으며 그 아름다운 관계 맺음이 가능한 까닭은 서로를 붓다로 존중하고 이타적 삶을 지향하며 살아가는 보살행의 실천이 따르기 때문이다.

정토종

정토종(淨土宗)은 아미타불(阿彌陀佛, ⓢAmitabha)*의 구원을 믿고 염불(念佛)*을 통하여 서방정토(西方淨土)*의 실현을 추구하는 종파이다. 정토

---

*화엄일승법계도 : 의상이 화엄학의 법계연기 사상을 서술한 그림으로 나타낸 운문이다. 7언(言) 30구(句) 게송으로 법계연기 사상의 요체를 서술하였는데, 중앙에서부터 시작하여 54번 굴절시킨 후 다시 중앙에서 끝나는 의도된 비대칭(非對稱)의 도형으로 되어 있다.
*시방(十方) : 불교의 공간 개념. 동서남북과 동남, 서남, 동북, 서북, 상, 하를 모두 포함한 10개의 방향을 지칭한다.

종을 체계적으로 정립하여 발전시킨 사람은 담란(曇鸞, 476~542)이다. 이후 제3조 선도(善導, 613~681)에 이르러서 입으로 '나무아미타불*'을 부르며 염(念)하는 칭명염불(稱名念佛)이 널리 퍼져 타력 신앙으로서 정토교가 확립되기에 이른다. 불교는 한결같이 법에 의지하고 자신에 의지하라는 철저한 이성주의, 자력주의 정신과 특징을 띠고 있다. 하지만 정토사상에서는

경주 감산사 석조아미타여래상(719년), 국보 제82호(국립중앙박물관 소장)

자신의 힘보다는 마치 신과 같은 아미타부처가 도래하여 그가 지닌 힘에 대한 절대적 믿음에 기대어 구제받는 유신론적 종교사상과 유사한 특징이 나타난다.

왜 이런 타력주의적 성격을 띤 정토종파가 출현하게 되었을까? 바로 극한

---

*아미타불 : 불교에서 말하는 서방극락세계의 '영원하신 붓다'란 뜻으로, 무량수불(無量壽佛, ⑤Amitāyus), 무량광불(無量光佛)이라고도 부른다.

*염불 : 붓다의 모습과 공덕을 생각하면서 명호를 외워 가피력을 기원하는 불교의 가장 기본적인 수행법이다.

*서방정토 : 불교에서 멀리 서쪽에 있다고 말하는 하나의 이상향으로 아미타불의 국토인 극락세계를 말한다.

*나무아미타불(南無阿彌陀佛) : 아미타불에 귀의한다는 뜻으로 나무(南無)는 산스크리트어 'namo'의 음역으로 귀명(歸命), 귀의(歸依)한다는 의미이다.

의 괴롭고 힘든 상황에 처하여 자신의 힘으로는 깨달음을 실현할 수 없는 나약한 사람들, 지은 죄가 많아서 업장(業障)*이 두터운 범부를 의식하고 이들을 위한 정토종이 싹트게 된다. 정토사상은 모든 중생이 붓다가 될 수 있다는 대승불교의 풍토 속에서 맺어진 독특한 결실이다. 정토사상이 설해 지고 있는 경전은 현재 약 650여 부를 헤아리는 대승경전 중 200여 부로 서 전체 경전의 3분의 1 정도에 이른다. 이를 보면 정토교설이 대승불교에 서 어떠한 비중을 차지하고 있는가를 짐작할 수 있다.

정토사상에서 가장 중요한 개념은 '정토(淨土)'이다. 이것은 청정한 붓다 의 국토를 의미한다. 더러움, 사악함과 같은 것들이 사라지고 즐거움과 평 온함이 충만한 땅이라고 해서 극락세계라고도 부른다. 경전에는 미타의 서 방정토(西方淨土) 외에도 미륵보살의 도솔천(兜率天)정토, 약사여래보살의 유리광(瑠璃光)정토 등이 나온다. 그러나 이 중에서 가장 뛰어난 곳은 『무 량수경(無量壽經)』이나 『관무량수경』에서 제시한 아미타의 서방정토이다.

'아미타불을 모시는 전각' 영주 부석사 무량수전(국보 제18호).

정토사상은 이러한 서방정토인 극락세계로 의 왕생(往生)을 강조 한다. 왕생이라는 말은 '가서 태어난다'라는 뜻 이다. 죄 많고 어리석은 사람, 험한 세상을 살 아가는 사람들은 자신 의 힘으로 깨달음을 이

루기 힘들기 때문에 아미타부처의 힘을 빌려서 이 고단한 삶을 이겨나가고 죽어서는 정토에 가서 태어나고자 한다. 아미타부처는 극락세계에 사는 부처로서 그 생명이 무량하다고 하여 무량수불(無量壽佛)로 불린다. 이 아미타불을 간절히 부르면 구원을 얻는다. 바로 '나무아미타불~' 하면서 간절히 부르면서 염불하는 것이다. 아무리 죄악이 깊은 사람도, 어리석고 힘없는 사람들도 아미타불을 마음 다해 부르면 정토에 가서 태어난다는 점을 강조함으로써 정토종은 많은 사람들로부터 대중적 지지를 받았다.

선종

중국에서 발생한 많은 종파들이 각각 의거하는 경전에 입각해 종지(宗旨)와 종풍(宗風)을 수립하고 있는 데 비해 선종만은 붓다의 마음을 전하는 종파라 할 수 있다.

선종(禪宗)의 '선(禪)'은 산스크리트어 '드야나(ⓢdhyāna, 禪那)'를 음역한 것으로 '고요히 생각한다.'는 뜻이다. 오늘날 명상(冥想)과 유사하다. 물론 이러한 선 수행법은 선종이라는 한 종파에 국한되지 않고 모든 불교사상의 일관된 수행법이라고 볼 수 있다.

중국의 선종은 보리달마(ⓢBodhi-dharma, 菩提達磨, ?~528?)*가 중국에 들어오면서 시작된다. 물론 달마 이전에도 중국에 선은 있었다. 소승과 대승 계통의 선과 관련된 경전들이 전래되고 번역되어 후대 선종 사상에 커다란 영향을 미치게 된다.

---

*보리달마 : 남인도 향지국의 셋째 왕자 출신으로 인도의 28대 조사이자, 중국 선종의 1대 조사로 『이입사행론(二入四行論)』 등을 저술했다.

중국에서 선종이라는 명칭이 사용되기 전에는 능가종(楞伽宗), 동산종(東山宗) 등으로 불리는 종파들이 있었지만, 실질적인 개창조로 삼는 육조혜능(六祖慧能, 638~713)*이 등장하면서 선종으로 변하게 된다. 혜능이 등장하기 이전의 선의 흐름은 인도의 선이 중국의 선으로 정착되는 과도기적 과정, 즉 인도의 선이 중국의 선종으로 토착화되는 과정이다. 다시 말해서 달마 이후부터 혜능 이전까지의 선은 점차로 깨달아 가는 점오선(漸悟禪)이 돈오선(頓悟禪)으로 정착되는 과정이다.

특히 5조 홍인(弘忍, 601~674)에 이르러 그의 제자인 신수(神秀, 606?~706)는 단계적이고 점진적인 닦음으로써 선 수행 즉, 점수(漸修)를 강조하였으며, 혜능은 이와 달리 『금강경』을 근거로 실천적이고 즉각적인 깨달음인 돈오(頓悟)를 중시하였다. 이를 가리켜 '남돈북점(南頓北漸)*'이라고 한다. 이후 북종선은 점점 쇠퇴하고, 남종선이 발전하면서 선종이라 하면 혜능의 남종선을 지칭하는 말이 되었다.

보리달마로부터 전해진 선종은 역대 조사들의 이심전심(以心傳心)에 의한 사자상승(師資相承)*을 강조하고 조사들이 부처와 같은 위치를 점하기에 조사선(祖師禪)*이라 한다. 조사선은 중국 선종 가풍으로서 두드러진 특징이다. 특히 조사선에서 드러내는 불교의 진수는 어떤 경전의 문구에도 의하

---

*육조혜능 : 중국 당나라 시대의 선승이며 선종 제6조이자 남종선의 시조이다. 『육조단경(六祖壇經)』 등을 저술했다.

*남돈북점(南頓北漸) : 남종은 순간적, 북종은 단계적이라는 뜻으로 중국의 선종에서 남종의 가풍과 북종의 가풍이 서로 다름을 이르는 말이다.

*사자상승(師資相承) : 제자가 스승으로부터 정법을 받아 붓다의 가르침을 상호 계승한다는 뜻이다.

*조사선(祖師禪) : 불립문자·교외별전·직지인심·견성성불을 표방한 남종선을 말한다. 조사(祖師)는 선종에서 붓다를 대신하는 이상적인 인간형이다.

지 않고, 마음에서 마음으로 직접 체험에 의해서만 가르침이 전해진다고 말한다. 이를 선종의 4대 종지(宗旨)라고 하는데, 불립문자(不立文字), 교외별전(教外別傳), 직지인심(直指人心), 견성성불(見性成佛)이 그것이다.

선종은 믿는 자와 믿는 대상을 구분하여 존재하지 않는다. 정토종과 같이 아미타부처에 대한 신앙이나 구원을 강조하는 사상이 아니고, 부처와 동등한 입장에 서게 한다. 참선 수행을 통해서 '자신이 곧 부처'라는 일원적인 본래의 자기모습인 본성을 보게 될 때 깨달음에 이른 것이라고 본다. 즉, 선종은 마음 밖에서 깨달음을 구하는 것이 아니라, 마음 안에서 진실한 자아를 탐구하고 절대 주체의 자각성을 깨운다.

선종의 수행법은 선사들의 어록과 문자적 이해의 섭렵만으로 '직지인심' '견성성불'이 되지 않는다. 수행과 체험이 함께 하지 않으면 개념적 이해만으로 그 마음의 본질을 체득했다고 볼 수 없다. 그렇다고 하여 비판적 정신이 결여된 상태로 맹목적으로 벽만 보고 앉아 있는 수행만 열심히 한다고 해서 자각과 깨달음이 일어나는 것도 아니다. 선 수행의 시작은 철저한 실천에 앞서 정신적인 전환의 동기가 필요하다. 나의 마음과 의식 밖으로 향하던 그 활동을 돌려 내면으로 향하도록 하는 어떤 불만족스러움, 자기부정 등과 같은 문제 상황이 있기 마련이다. 이럴 때 마음 속에 늘 풀리지 않는 의심 덩어리[의단(疑團)]가 주어진다. 이것에 의지하여 생각과 정신을 몰두하여 깨닫도록 하는 것이다. 의단을 공안(公案) 또는 화두(話頭)*라고도 한다. 화두는 수행자에게 주어지는 일종의 과제이다. 일상에서 나도 모르게 이리저리 따지고 계산하는 사유작용을 끊어 주는 아주 커다란 궁금증이요, 근원적인 의심이다. 이 화두에 마음을 집중하면 분별작용이 멈추고

---

*화두(話頭) : 참선 수행자가 깨달음을 얻기 위하여 참구(參究)하는 문제로 공안(公案)·고칙(古則)이라고도 부른다.

마음이 편안해지며 궁극적으로 '자아의식'을 타파하고 깨달음에 이른다. 이것이 '간화선(看話禪)*'이다. 간화선이란 화두를 들고 이를 매순간 집중하여 마음의 본질을 파악하고 체득하는 수행법이다.

간화선의 실천과 달리 선종의 수행법으로 마음을 쉬게 하고 고요하게 하는 '묵조선(黙照禪)*'의 실천이 있었다. 묵조선은 본래 마음 바탕은 뚜렷하게 밝고 지혜로운 것인데, 번뇌 망상으로 인해 이러한 본성이 가려져 있으므로, 번뇌를 쉬고 묵묵하게 관찰하면 자연스럽게 본래 상태로 돌아가는 신령한 작용을 일으킬 수 있다고 한다. 그러나 간화선을 주창했던 대혜(大慧, 1089~1163)는 묵조선을 흑산(黑山) 아래 있는 귀신의 굴로 빠져들게 하는 선법이라는 혹평을 하였다. 물론 간화선에서는 화두가 생활과 의식에 밀착되어 있어야 하고, 수행자의 화두를 처리하는 선사들의 지도가 중요하다.

어쨌든 이 모두는 선의 궁극적 목적인 진실한 자아추구와 불성으로서 본래면목을 자각하는 깨달음을 위한 방법상의 차이일 뿐이다. 인도의 선정은 주로 나무 밑이나 굴속에서 고요하게 앉아 호흡과 내면의 정신작용 등에 집중하는 좌선이 일반적인 실천법이었다. 하지만 중국에서 발전한 선종은 백장 회해(百丈懷海, 720~814)가 노동 속에서 수행을 할 수 있는 청규(清規)*를 수립하고, 선 수행자들만의 선원(禪院)을 건립하면서 초기의 율종 사원에서 더부살이하는 것에서 독립하여 교단으로서의 명실상부한 위치를 점하게 된다.

---

*간화선(看話禪) : 화두를 들고 수행하는 참선법. '간(看)'이란 반조(返照)한다는 뜻이며, '화(話)'는 화두를 말한다. 우리나라 선 수행의 정통적인 방법이다.
*묵조선(黙照禪) : 간화선에 대응해 중국 조동종(曹洞宗)의 천동 굉지(天童宏智)가 주창한, 묵묵히 말을 잊고 본성을 관찰하는 방식의 수행법이다.

여러 불교종파의 두 분류 - 교종과 선종

지금까지 살펴본 중국에서 발생한 불교의 여러 종파들은 크게 교종(敎宗)과 선종(禪宗)으로 나누어 볼 수 있다. 교종은 경전에서 말하는 붓다의 가르침을 중시하고 선종은 경전 밖에서 전한 붓다의 마음을 중시한다. 또한 교종은 단계적으로 붓다의 가르침을 배우고 실천수행을 통해 점차적으로 깨달아 가는 점오(漸悟)를 주장하고, 선종에서는 바로 이 자리에서 자신의 청정한 마음을 보고 단번에 깨닫는 돈오(頓悟)를 내세운다.

교종은 특정 경전들을 토대로 하여 교리를 체계화하고 경전의 이해를 중시하는 이론 중심의 종파라고 할 수 있다. 중국의 경우 천태종, 화엄종이 대표적인 교종에 해당한다. 천태종은 『법화경』 화엄종은 『화엄경』을 중심 경전으로 삼고 각각의 교판을 통해서 이를 최고의 경전으로 보는 것임을 알 수 있다. 이와 같이 종파별로 인정하는 최고의 경전은 각기 다르지만, 경전을 중심으로 이론적인 이해를 중시하고 지혜를 강조한다는 공통점을 갖는다.

선종은 불교 경전의 이해를 중시하며 이론 위주의 종파인 교종을 비판한다. 중요한 것은 경전의 이해를 체득하는 깨달음인데, 교종이 경전 공부에 매달려 마치 책 속에 진리가 있는 것처럼 여기는 당시의 상황을 비판적으로 바라본 것이다. 선종은 참선을 통해 사물과 현상의 본성을 직관하고 그 속에서 진리를 깨닫는 실천 위주의 종파이다. 즉 문자나 경전에 구애받지 않고, 인간의 본래 마음과 본성의 직관을 통하여 성불한다는 것이 선종의 핵심 내용이다.

---

*청규(淸規) : 선원에서 청정한 대중들이 모두 함께 준수해야 할 규칙과 규율을 모은 것이다. 유명한 청규집으로는 중국 당나라 때 백장선사(百丈禪師)가 만든 『백장청규』 가 있다.

교종이 많은 경전에 대한 분석적 이해를 중시하는 까닭에 오랜 세월의 연구와 공부 과정에 시간을 할애한다면, 선종은 생활 속에서의 노동과 선적 직관을 중시한다. 그렇지만 교종이든 선종이든 연기, 무아, 공을 중시하고 괴로움에서 벗어남과 깨달음을 중요한 가치로 여긴다는 점은 동일하다. 이런 중요한 교리와 지혜는 교종이 중요하게 여기는 경전에도 있고 많은 선사들의 문답과 가르침에도 담겨 있다.

1. 천태종

1) 일념*삼천

"일심이 십법계*를 갖추고, 하나의 법계에는 또한 십법계를 갖추어 백법계가 되며, 백법계 중 하나의 법계가 각각 30종류의 세간[오음(五陰)·중생(衆生)·국토(國土) 등 3세간*에 각각 십여시(十如是)가 갖추어져 30세간이 된다]을 갖춤으로써 백법계는 3천종의 세간을 갖춘다.

이 삼천 세간이 한 생각하는 찰나의 마음에 달려 있다. 마음이 없다면 그만이지만 조금이라도 마음이 있다면 삼천세계를 갖춘다."

천태지의, 『마하지관(摩訶止觀)』 제5권, 대정신수대장경(이후 대정장) 46, p.54 上

---

*일념(一念) : 범부가 현실의 일상생활에서 일으키는 아주 미세한 미혹으로서 생각하는 마음을 뜻함. 따라서 이 일념은 진여심(眞如心)이 아니라 중생심(衆生心)의 일념을 말한다.

*십법계(十法界) : 열 가지 법계. 십계(十界)라고도 한다. 세계를 중생의 미혹과 깨달음의 정도에 따라 10종으로 분류하여, 지옥·아귀·축생·수라·인간·하늘[天]의 미혹한 세계와 성문·연각·보살·불(佛)의 깨달음의 세계로 나눈 것이다.

*삼세간(三世間) : 세 가지로 분류한 세간으로 삼종세간(三種世間)이라고도 한다. 중생의 색과 마음 등 모든 법을 색수상행식(色受想行識), 오온이 이루는 세간인 오음세간(五陰世間)과 중생이 의탁하고 사는 국토인 국토세간(國土世間), 그리고 중생세간(衆生世間)은 오온으로 이루어진 가명(假名)의 중생들이 각각 차별된 특성을 가지는 세간을 가리킨다.

*십여시(十如是) : 제법의 실상을 상(相)·성(性)·체(體)·역(力)·작(作)·인(因)·연(緣)·과(果)·보(報)·본말구경등(本末究竟等) 등 10가지 범주로 나타낸 것이

다. 다르지 않으므로 여(如)라고 하며, 어긋남이 없으므로 시(是)라고 한다. 붓다의 세계에서 지옥까지 10가지 세계 각각에 십여시가 갖춰져 있다. ① 여시상(如是相) : 표면에 나타난 모양. ② 여시성(如是性) : 변함 없는 내면의 바탕. ③ 여시체(如是體) : 바탕과 모양을 갖추고 있는 주체. ④ 여시력(如是力) : 주체 내면에 잠재한 힘. ⑤ 여시작(如是作) : 내면적 힘이 밖으로 나타난 작용 또는 조작. ⑥ 여시인(如是因) : 작용에 필요한 직접적인 제일 원인. ⑦ 여시연(如是緣) : 인(因)을 도와 과(果)를 낳게 하는 간접적인 보조 원인. ⑧ 여시과(如是果) : 인연으로 말미암아 맺어진 결과. ⑨ 여시보(如是報) : 과(果)에 의해 일어나는 갚음[報]. ⑩ 여시본말구경등(如是本末究竟等) : 상(相)부터 보(報)까지의 9여시(九如是)가 모두 동등한 실상이므로 궁극[구경(究竟)]에는 평등[等]하다는 뜻을 나타낸다.

2) 일심삼관

"한 생각 마음이 일어남에 즉 공(空)이고, 즉 가(假)이고, 즉 중(中)이라 함은 근(根)이나 진(塵)이 모두 법계며, 모두 필경공(畢竟空)이며, 모두 여래장(如來藏)이며, 모두 중도이다. 어째서 공이라 하는가. 모든 것이 인연으로 생(生)하니 인연으로 생한 즉 주체가 없고, 주체가 없는 즉 공이니라. 어째서 가라 하는가. 주체가 없이 생하니 곧 이것이 가이니라. 어째서 중이라 하는가. 법성을 벗어나지 아니하니 모두가 다 중이니라.

마땅히 알아라. 한 생각이 즉공, 즉가, 즉중이며 모두 필경공이며 모두 여래장이며 모두 실상이니라. 셋이 아니면서 셋이고, 셋이면서 셋이 아니며, 합하지도 않고 흩어지지도 않으면서 합하고 흩어지며, 합하지 않는 것도 아니고 흩어지지 않는 것도 아니며, 동일하지도 다르지도 않으면서 동일하고 다르니라.

비유하면 밝은 거울과 같으니 밝음을 비유함이 즉 공이요, 거울에 나타난 상을 비유함이 즉 가요, 밝은 거울을 비유함이 즉 중이라. 합하지도 않고 흩어지지도 않으면서 합하고 흩어짐이 완연하며, 하나, 둘, 셋이 아니면서 둘, 셋이 방해롭지 않느니라. 이 한 생각 마음은 세로도 아니고 가로도 아니어서 불가사의하니 단지 자기만 그러한 것이 아니라 붓다와 중생도 역시 또한 이와 같으니라. 화엄에 말하기를 마음과 붓다와 중생, 이 셋이 차별이 없다고 하니, 마땅히 알아라. 자기의 마음에 일체 불법을 구족하고 있느니라."

천태지의, 『마하지관』 제5권, 대정장 46, p.8 下~p.9 上

"일체 모든 가(假)가 실로 모두 공하여 공이 곧 실상인 것을 체득함을 공관에 들어간다[入空觀]고 이름하며, 이 공에 요달했을 때 보는 것이 중도에 계합하여 능히 세간 생멸의 법상을 알아서 여실하게 봄을 가관에 들어간다[入假觀]고 이름하며, 이러한 공의 지혜가 즉시 중도이므로, 둘이 없고 다름이 없음을 중도관[中道觀]이라 이름하느니라."

천태지의, 『마하지관』 제5권, 대정장 46, p.25 中

"만약 하나의 법(法)이 일체법이면 곧 인연으로 생(生)한 법이니 이것은 거짓 이름으로 가관(假觀)이요, 만약 일체법이 곧 하나의 법이면 나는 이것을 공이라고 설하니 공관(空觀)이요, 만약 하나도 아니고 일체도 아니면 곧 중도관이니라. 하나가 공(空)하여 일체가 공하면 가·중이면서도 공하지 않음이 없으니 다 공관이요, 하나가 가(假)이므로 일체가 가 되니, 따라서 공·중이면서도 가이지 않음이 없으니 다 가관이요, 하나가 중(中)이어서 전체가 중이면 공·가이면서도 중이지 않음이 없으니 다 중관이다. 곧 중론(中論)에서 설하는 부사의한 일심삼관(一心三觀)이니 모든 일체법도 또한 이와 같으니라."

천태지의, 『마하지관』 제5권, 대정장 46, p.55 中

3) 지관 수행

"비구가 만일 빈 들이나 나무 아래, 한적한 방 등에서 사유할 때는 어떤 법으로써 선정 사유에 정진해야 합니까?"

"빈 들이나 나무 아래, 한적한 방 등에서 사유하는 사람은 응당 두 가지 법으로써 선정 사유에 정진해야 합니다. 그것은 바로 지(止)와 관(觀)입니다."

『잡아함경』 권17 「동법경(同法經)」

"지(止)는 선정에 들기 위한 수승한 원인이고, 관(觀)은 지혜를 이루기 위한 바탕이다."

천태지의, 『수습지관좌선법요(修習止觀坐禪法要)』, 대정장 46, p.462 中

"법의 자성이 항상 적멸(寂滅)한 것이 곧 지(止)의 뜻이요, 적멸하면서도 항상 비추는 것이 곧 관(觀)의 뜻이니라."

천태지의, 『마하지관』, 대정장 46, p.18 下

2. 화엄종

1) 일체유심조

"만일 어떤 사람이 삼세의 일체 부처님을 알려면 마땅히 법계의 성품을 관할지니, 모든 것이 마음으로 된 줄을 보라."

[若人欲了知 三世一切佛 應觀法界性 一切唯心造]

(약인욕요지 삼세일체불 응관법계성 일체유심조)

"삼계는 허망하나니 단지 이 마음이 지은 것일 뿐이며, 12연분도 또한 마음의 작용에 의한 것이다."

[三界虛妄 但是心作 十二緣分 是皆依心]

(삼계허망 단시심작 십이연분 시개의심)

2) 마음은 뛰어난 화가와 같다

"마음은 뛰어난 화가와 같아서
 갖가지 사물을 그려내매
 일체 세계의 모든 존재는
 다 이와 같이 이루어졌네.

[心如工畵師 畵種種五陰 一切世界中 無法而不造]

(심여공화사 화종종오음 일체세계중 무법이불조)

마음과 같이 붓다 또한 그러하며
붓다와 같이 중생 또한 그러하니
마음과 붓다와 중생
이 세 가지에는 차별이 없네."

[如心佛亦爾 如佛衆生然 心佛及衆生 是三無差別]

(여심불역이 여불중생연 심불급중생 시삼무차별)

3. 정토종

1) 일심으로 염불하면 극락에 왕생할 수 있다

사리불이여! 극락국토에 태어나는 중생들은 모두 보살도에서 결코 물러나지 않는 이들이며, 그 가운데 이번 생을 마치면 성불하는 이들도 그 수를 헤아릴 수 없나니, 다만 한량없고 가없는 세월 동안 말해야 가능하다.

사리불이여! 이 말을 들은 중생들은 마땅히 저 국토에 태어나고자 발원해야 하나니, 이 모든 훌륭한 사람들과 한 곳에 함께할 수 있기 때문이다.

사리불이여! 적은 선근과 복덕의 인연으로는 저 국토에 태어날 수 없다. 사리불이여! 어떤 선한 마음을 내는 남자와 여인이 아미타불에 대한 말씀을 듣고 그 이름을 잊지 않고 지니되 하루, 이틀, 사흘, 나흘, 닷새, 엿새, 이레 동안 일심(一心)으로 흐트러지지 않으면 그 사람의 목숨이 다할 때 아미타불이 모든 거룩한 대중과 함께 그 앞에 나타난다. 이 사람은 목숨이 다하면 마음에 혼란 없이 곧바로 아미타불의 극락국토에 왕생한다.

사리불이여! 나는 이러한 이로움을 보기 때문에 이렇게 설하나니, 이 말을 들은 중생은 마땅히 저 국토에 태어나기를 발원해야 한다.

『아미타경』, 『불교성전』 368~369쪽

2) 법장비구의 서원

붓다가 법장비구에게 말하였다.

"법장비구여, 지금이야말로 그대의 서원과 수행의 결과를 대중에게 널리 알려 기쁘게 보리심을 일으키게 할 때이니라. 보살들은 이미 들은 대로 이

법을 수행해 그것으로 한량없는 큰 서원을 성취할 것이니라."

이에 법장비구가 부처에게 물었다.

"세존이시여, 오직 원하옵건대 제 말을 듣고 살펴주소서. 저의 서원을 자세히 말씀드리겠습니다."

　-(중략)-

"만일 제가 붓다가 될 때 시방세계의 중생이 지극한 마음으로 믿고 좋아해 저의 국토에 태어나고자 해서 열 번 염불했음에도 태어나지 못한다면, 저는 차라리 붓다가 되지 않겠습니다. 다만 오역죄(五逆罪)*와 정법을 비방하는 것은 제외입니다."

- 제18 십념왕생원(十念往生願)

"만일 제가 붓다가 될 때 시방세계의 중생이 보리심을 일으켜 모든 공덕을 쌓고 지극한 마음으로 서원을 일으켜 저의 국토에 태어나고자 하는데도 그들이 임종할 때 제가 대중과 함께 가서 그들 앞에 나타나지 못한다면, 저는 차라리 붓다가 되지 않겠습니다."

- 제19 임종현전원(臨終現前願)

"만일 제가 붓다가 될 때 시방의 중생이 저의 이름을 듣고 저의 국토를 생각한 뒤 많은 공덕의 근본을 심고 지극한 마음으로 회향해 저의 국토에 태어나고자 하는데도 그 목적을 이루지 못한다면, 저는 차라리 붓다가 되지 않겠습니다."

- 제20 회향개생원(回向皆生願)

『무량수경』, 『불교성전』 511~520쪽

*오역죄 ; ①부친을 살해함, ②모친을 살해함, ③아라한을 살해함, ④붓다에게

상해를 입힘, ⑤승가를 분열시킴. 이 다섯 가지 악행을 저지른 자는 반드시 무
간지옥에 떨어진다고 함

3) 아미타불과 서방정토

"마음자리가 깨끗하면 서방정토가 여기서 멀지 않지만, 마음에 깨끗하지
않은 생각이 일면 아무리 염불해도 그곳에 가서 태어나기 어렵다. -(중략)-
　생각 생각에 자신의 성품을 보아 항상 평등하고 곧고 바르면 손가락 튕
기는 사이에 문득 아미타불을 친견할 것이다."

혜능, 『육조단경』

4. 선종

1) 좌선이란?

"밖으로 모든 경계에 생각이 일어나지 않는 것을 좌(坐)라고 하고,
　안으로 자성(自性)을 보아 어지럽지 않는 것을 선(禪)이라 한다."

혜능, 『육조단경』

2) 조사선의 특징

"여러 조사께서 법을 전할 때, 처음에는 경율론 삼장의 가르침과 함께 했
지만 달마 조사께서는 오직 '마음'만을 전한 뒤 집착을 깨트려 근본 뜻이
드러나게 했다. 이른바 '문자적인 가르침 밖에서 따로 가르침을 전하고[교외

별전(教外別傳)], 문자에 기대지 않고[불립문자(不立文字)], 바로 마음을 가리켜[직지인심(直指人心)], 성품을 보게 하여 깨닫게[견성성불(見性成佛)]'한 것이다."

목암선경(睦庵善卿), 『조정사원(祖庭事苑)』 5권

3) 선정과 지혜의 관계

"여러분, 선정과 지혜는 무엇과 같겠는가? 마치 등불과 그 불빛의 관계와 같다. 등불이 있으면 곧 불빛이 있고, 등불이 없으면 곧 불빛이 없는 것과 같다. 등불은 불빛의 몸체이고 불빛은 곧 등불의 작용이다. 이름은 비록 두 가지지만 몸은 본래 둘이 아니다. 선정과 지혜의 법도 또한 이와 마찬가지다."

혜능, 『육조단경』, 『불교성전』 440쪽

4) 선은 어디에 있는가

선은 고요한 곳에 있지도 않고, 시끄러운 곳에 있지도 않으며, 생각해서 분별하는 곳에 있지도 않고, 일상생활에서 인연에 응하는 곳에 있지도 않다. 비록 그러하지만 고요한 곳, 시끄러운 곳, 생각해서 분별하는 곳, 일상생활에서 인연에 응하는 곳을 결코 버려서는 안 된다. 문득 눈이 열리면, 전부 자기 집 속의 일이다.

대혜종고(大慧宗杲) 『대혜어록』, 『불교성전』 443쪽

5. 선어록을 통해 본 신수와 혜능의 비교

1) 신수와 혜능

身是菩提樹(신시보리수)   몸은 보리수요
心如明鏡臺(심여명경대)   마음은 맑은 거울
時時勤拂拭(시시근불식)   늘 힘써 닦아
莫使有塵埃(막사유진애)   티끌 묻지 않게 하라. - 신수*

*마음의 본성을 거울에 비유하고 있다. 거울같이 맑은 본성 위에 번뇌의 먼지가 끼어 있기에 그 먼지를 부지런히 털고 닦으면 참마음에 이를 수 있다는 것이다. 점차로 닦아 나가는 점수(漸修)를 강조했다.

菩提本無樹(보리본무수)   보리나무 본래 없고
明鏡亦非臺(명경역비대)   거울 또한 틀이 아니네
佛性常淸淨(불성상청정)   불성은 늘 청정한데
何處有塵埃(하처유진애)   어디에 먼지 있으리. - 혜능*

*우리 마음에는 청정한 불성이 본래 구족되어 있기에 그것을 바로 깨치면 된다는 것이다. 곧바로 깨닫는 돈오(頓悟)를 강조했다.

혜능, 『육조단경』

2) 돈오점수

"자성에는 잘못됨도 없고 어리석음도 없고 어지러움도 없다. 순간순간 반야로써 비추어 보아 늘 법의 모습에서 벗어나 자유자재하게 마음대로 할 수 있는데, 세워야 할 무엇이 있겠는가? 자성을 스스로 깨달으면, 단박 깨닫고[頓悟] 단박 닦으니[頓修] 점진적으로 닦는 점차(漸次)는 없다."

혜능, 『육조단경』

6. 다양한 선(禪) 어록들

1) 양무제와 달마의 대화

양 무제가 묻는다.

"어떤 것이 성스러운 진리의 제일가는 이치인가[여하시성제제일의(如何是 聖諦第一義)]?"

"진리는 텅 비어 전혀 성스러울 것이 없소[확연무성(廓然無聖)]."

"그렇다면 짐을 대하고 있는 그대는 누구요?"

"나도 모르오[불식(不識)]."

"짐은 왕 위에 오른 이래 절을 짓고 경을 출판하며 사문들을 공양한 것이 셀 수 없는데 어떤 공덕이 있소?"

"아무 공덕도 없소[무공덕(無功德)]."

"어찌하여 공덕이 없는가?"

"그것은 인간과 신들의 세계에서나 받는 작은 결과일 뿐, 마치 그림자가 형상을 따르는 것과 같아서 있는 듯하나 실체가 아닌 것과 같소."

"그렇다면 어떠한 것이 진정한 공덕인가?"

"청정한 지혜는 묘하고 원만하여 본체가 원래 비고 고요하니, 이러한 공덕은 세상의 법으로는 구하지 못하는 법이요."

『조당집(祖堂集)』 2권

2) 바람도 아니요, 깃발도 아니요, 마음이 움직인다

어느 날 혜능(慧能) 선사가 '이제는 법을 펼칠 때가 되었으니 그만 숨어 살아야겠다.'라고 생각하여 산에서 나와 광주(廣州)의 법성사(法性寺)로 갔다. 마침 인종(印宗) 법사가 『열반경』을 강의하고 있었다.

그때 바람이 불어 깃발이 펄럭이는 것을 보고, 한 스님은 '바람이 움직인다.'고 하고, 또 한 스님은 '깃발이 움직인다.'고 해서 논쟁이 그치지 않았다.

혜능이 나서서 말했다.

"바람이 움직이는 것도 아니요, 깃발이 움직이는 것도 아닙니다. 스님들의 마음이 움직이는 것입니다."

이에 모든 대중이 놀랐다.

혜능, 『육조단경』, 『불교성전』 262쪽

3) 손가락 말고 달을 보라

어떤 사람이 손가락으로 달을 가리키면
가리키는 손가락을 따라 달을 보아야 하리.
달 대신 손가락만 바라본다면
달만 볼 수 없는 게 아니라
그 손가락까지 잃게 된다.
가리킨 손가락을 밝은 달로 여겼기 때문이다.

영명연수(永明延壽), 『종경록(宗鏡錄)』 92권

4) 벽돌을 갈아서 거울을 만들 수 있겠는가

마조(馬祖)는 전법원(傳法院)이라는 암자에 머물면서 매일 좌선을 했다. 남악(南嶽)은 마조가 법의 그릇임을 알아보고 곁에 가서 물었다.

"대덕은 좌선을 해서 무엇을 하려는 것입니까?"

"붓다가 되려고 합니다."

남악은 이 말을 듣고 바로 벽돌 하나를 잡더니 암자 앞의 바위에 갈기 시작했다. 이를 보고 마조가 물었다.

"벽돌을 갈아서 무엇을 하려는 것입니까?"

"거울을 만들려고 합니다."

"벽돌을 간다고 어찌 거울이 되겠습니까?"

"벽돌을 갈아서 거울을 만들지 못하거늘, 어찌 좌선을 해서 붓다를 이루겠습니까?"

"그러면 어찌해야 하겠습니까?"

"소가 수레를 몰고 가는 것과 같으니, 수레가 가지 않으면 수레를 때려야 옳겠습니까, 소를 때려야 옳겠습니까?"

마조가 대답이 없자, 남악이 다시 말했다.

"그대는 좌선을 배우는 것입니까? 앉은뱅이 붓다를 배우는 것입니까? 만일 좌선을 배운다면 선(禪)은 앉고 눕는 데 있지 않으며, 만일 앉은뱅이 붓다를 배운다면 붓다는 정해진 모습이 아닙니다. 머무름이 없는 법에서 취하거나 버리지 말아야 합니다. 그대가 만일 앉은뱅이 붓다라면 곧 붓다를 죽이는 일이니, 만일 앉는 모습에 집착한다면 진리를 통달하지 못할 것입니다."

도언(道彦), 『전등록(傳燈錄)』, 『불교성전』 241~242쪽

7. 수행법

1) 좌선하는 방법

좋은 일이든 나쁜 일이든 절대로 생각하거나 헤아리지 말아야 한다. 한 생각 일어나면 즉각 알아차리고, 알아차리면 곧 그 생각은 사라진다. 오래 오래 공부해서 모든 인연을 잊으면 저절로 마음이 한 덩어리가 된다. 이것 이 좌선하는 요령이다. 은밀히 말하자면 좌선은 마음을 편안하고 즐겁게 만 드는 법문인데, 사람들이 병에 많이 걸리는 것은 대체로 마음을 잘못 쓰기 때문이다.

이와같이 의미를 바르게 알고 좌선을 한다면 자연히 몸이 가볍고 편안해 지며, 정신이 상쾌하고 예리해질 것이다. 정념(正念)이 분명하고 법의 맛을 느끼면 마음이 고요해 청정하고 즐거워진다. 이미 마음을 깨달았다면 '용이 넓은 바닷물을 얻은 것과 같고 호랑이가 큰 산을 의지하는 것과 같다.'라고 말할 수 있다. 아직 깨닫지 못했더라도 마치 바람이 타오르는 불길을 불어 주는 것과 같아서 공부에 많은 힘을 들일 필요가 없다. 다만 긍정적인 마음 만 지닌다면 반드시 이 공부는 그대를 속이지 않을 것이다.

자각종색(慈覺宗賾), 『좌선의(坐禪儀)』, 『불교성전』 440쪽

2) 호흡 명상은 어떻게 하는가

어떤 것을 수식(數息)이라고 하는가? 수행하는 사람이 한가하고 사람이 없는 곳에 앉은 다음 마음을 잡아 생각에 얽히지 않게 하고, 들이쉬고 내 쉬는 숨을 열 번까지 헤아린다. 하나부터 둘까지 세다가 마음이 흐트러지 면 다시 하나부터 열까지 이르게 한다.

마음이 흐트러지면 다시 숨을 헤아려야 하나니, 이것을 수식이라고 말한다. 수행하는 사람은 이와 같이 밤낮으로 한 달이든 한 해이든 수식을 익혀 열 번째 숨에 이를 때까지 마음이 어지럽지 않게 해야 한다. 이것을 게송으로 말한다.

"숨 쉼에 움직이지 않음이 저 산과 같아
 들이쉬고 내쉬는 숨을 헤아려 열까지 이를 것이니
 낮과 밤, 한 달, 한 해를 게을리하지 말고
 이렇게 수행해서 수식을 지켜야 한다."

숨을 헤아리는 것이 안정되었으면, 서로 따르게 하는 수행을 해야 한다. 비유하면 어떤 사람이 앞에서 걸어가면 그림자가 뒤따르듯이 수행도 그와 같이해서 들이쉬고 내쉬는 숨을 따라 다른 생각이 없어야 한다. 이것을 게송으로 말한다.

"숨을 헤아려 마음이 안정되면 자유를 얻으니
 들이고 내쉬는 숨을 헤아리는 것이 수행이 된다.
 그 마음 서로 따르면 마음이 흐트러지지 않으니
 숨을 헤아려 마음을 조복하는 것을 서로 따른다고 한다."

『수행도지경』, 『불교성전』 438쪽

3) 선정의 의미

여러분, 무엇을 일러 선정이라고 하겠는가? 밖으로 분별된 모양을 떠남이 선(禪)이요, 안으로 어지럽지 않음이 정(定)이다.

밖으로 모양에 집착하면 안으로 곧 마음이 산란해지고, 만일 밖으로 모양을 벗어나면 마음이 산란하지 않게 된다. 본성은 스스로 깨끗하고 스스로 안정되어 있으나, 단지 경계를 보고 경계를 생각하기 때문에 산란하다. 그러나 만일 온갖 경계를 보고도 마음이 산란하지 않다면 그것이 바로 참된 정(定)이다.

여러분, 밖으로 모양을 벗어나는 것이 선(禪)이고, 안으로 산란하지 않는 것이 곧 정(定)이다. 그래서 밖으로 선(禪)이 되고 안으로 정(定)이 되면 그것을 곧 선정이라 말한다.

혜능, 『육조단경』, 『불교성전』 441쪽

6
한국불교의 특징과 현재적 의미는?
- 의상 원효 의천 지눌 서산을 중심으로 -

주요 용어

샤머니즘, 왕즉불, 기복불교, 무애행, 금강삼매경론, 대승기신론소, 일심, 진여문, 생멸문,

화쟁사상, 화엄일승법계도, 성기(性起), 상입상즉, 구산선문, 훈요십조, 천태종, 교관겸수, 교장,

담선법회, 정혜결사, 돈오점수, 정혜쌍수, 수심결, 청허집, 선가귀감, 사교입선, 활구(活句)

인도와 중국에서 유입된 불교는 한반도의 지리적 공간과 역사적 시간 속
에서 어떤 특징을 가지게 되었을까? 불교가 처음 수용되는 삼국 시대와
달리 통일신라에 이르게 되면 원효와 의상에 의해서 사상적 체계를 갖춘
한국불교의 면모를 나타내게 된다.
한국불교를 바르게 이해하기 위해서는 토착 신앙과 다른 종교와의 관계
설정 문제, 국가와 불교의 관계 문제, 신앙으로서 불교 문제를 복합적으로
고려해야 한다. 이를 바탕으로 시대별 불교 사상가들의 업적과 사상적 특
징 그리고 이들 사상의 현재적 의미에 대하여 생각해 보도록 하자.

불교 수용과 한국불교 성립

불교는 한국 사상과 문화의 중요한 근원 가운데 하나이다. 우리의 역사 기록에 의하면, 불교가 전래된 시기는 삼국시대이다. 이때부터 현대에 이르기까지 역사적 흐름 속에서 불교는 우리 사회에 영향을 미치고 일정한 역할을 해왔다.

삼국시대에 전래된 한국불교는 중국문화와 교섭 그리고 외교 관계 속에서 자리잡게 된다. 불교는 국가의 공인을 받으며 고구려, 백제, 신라 순으로 수용되었다.(가야국에는 해로로 삼국보다 더 이른 시기에 불교가 들어왔다는 설도 있다.) 이전까지는 하늘과 자연에 깃든 신에게 소원을 비는 주술 형태의 토속적인 샤머니즘[*]이 주류로 자리잡고 있었다. 불교는 고도의 사상체계를 갖추었기에 삼국은 이를 국가발전의 디딤돌로 삼았고, 샤머니즘의 사상적 한계를 극복하는 새로운 신앙체계로 떠오르게 된다. 전래 초기에 불교는 주로 왕실과 지배층을 중심으로 받아들여졌으나, 점차 대중의 종교적 염원과 갈망을 해소하는 통로로 민간에 널리 확산된다.

한국에 처음 불교가 들어올 무렵에는 중국에서 발달한 여러 가지 종파 불교들이 한꺼번에 유입되는 양상을 띠었다. 삼국은 이러한 불교사상을 본격적으로 이해해 나가면서 7세기 중반에는 높은 수준의 불교사상 체계를 정립하게 된다. 이 무렵에 크게 기여한 인물이 바로 원효(元曉, 617~686)와 의상(義湘, 625~702)이다.

원효는 삼국통일을 전후하여 잔혹한 전쟁을 경험하는 한편, 다양한 불교 종파들이 유입되어 서로 다투고 있는 상황을 목도하게 된다. 그는 이런 혼

---

[*]샤머니즘 : 초자연적인 존재와 직접적으로 소통하는 샤먼(shaman)을 중심으로 하는 주술을 통해 종교 행위를 했다.

란스런 상황을 극복하고자 일심(一心)사상을 중심으로 독창적인 불교사상 체계를 정립하고 동시에 불교의 대중화에도 크게 기여한다. 의상은 해동의 화엄학 대가로 중국에 알려질 정도로 화엄을 통해 원융사상을 체계화하고, 미타 신앙과 관음 신앙으로 일반 대중에게 다가가는 실천적 포교를 이끌었다. 신라 말기의 사회 변혁기에는 교학의 관념성을 비판하는 선종이 하나의 불교종파로 발전함으로써 새로운 문화를 형성한다. 이후 교학불교와 선불교는 서로 대립하면서도 상호조화를 모색하며 변화하는 시대에 적응해 나갔다.

고려 시대 불교는 귀족과 연계된 사원경제력 때문에 붓다의 본래 가르침마저 무색해질 만큼 타락한 모습을 보여주었고, 교단의 분열 그리고 선종과 교종의 대립이 재연되었다. 이때 의천(義天, 1055~1101)은 원효와 의상 사상을 다시 불러내어 조화를 모색함으로써 선교 대립을 해결하고자 한다. 그는 교학의 중심을 화엄에 두고 교학을 정비하면서 선종에 대해서 지속적으로 비판을 가한다. 이러한 과정을 거쳐 그는 교관겸수의 수행법을 강조하는 천태종을 개창한다. 천태종을 통해서 종파불교의 폐단을 극복하고 선교융합을 꾀하는 사상적 정비와 함께 교단을 재편하고자 했지만, 왕실을 배경으로 추진한 의천의 개혁은 전반적인 개혁이 되지 못했다. 지눌(知訥, 1158~1210)은 선교대립을 해결하기 위하여 새로운 이론체계로서 돈오점수론을 제창하고, 수행과 실천의 수선사 결사 운동을 일으켜 정혜쌍수를 대중과 함께 실천하는 수행의 모범을 보이며 불교개혁 운동을 성공적으로 이끌었다.

그러나 고려 말 불교는 무수한 외침을 받고 징변을 겪으면서 불법과 불심으로 외적을 물리치고자 하는 팔만대장경 조판 사업과 같은 국가적 대작 불사가 행해지기도 했다. 또한 민중들 사이에는 사회의 불안심리에 따라 기복 신앙과 공덕 신앙이 널리 퍼져나간다. 불교는 사상적 기반이 약화되고 사회적 기능이 축소되었다. 이때 성장한 고려 말기 신진사대부(新進士大夫)[*]는 유학(儒學)을 사회 기반이론으로 확립하기 위해 불교 비판론을 제기한다. 성리학(性理學)[*]을 정치 이념으로 국가를 수립한 조선 사회에서 불교는 사회적 역할이 축소된다. 하지만 내세의 안락을 기원하는 신앙으로서 불교의 명맥은 유지되었다. 서산대사 휴정(休靜, 1520~1604)은 이와 같은 열악한 종교적 상황에서 선 수행과 교학, 그리고 염불을 두루 강조하는 삼학일치론의 사상체계를 제시했다. 이후 이 체계는 조선불교의 특징으로 자리매김하게 된다.

한국불교를 이해하기 위한 몇 가지 문제들

한국의 역사 속에서 전개된 불교는 각 시대마다 시대적 과제를 고민하며 노력한 결과로서 '한국불교'의 면모를 갖추게 된다. 불교 내적으로는 사상체계와 학문적 역량을 갖추고, 외적으로는 시대적 상황과 유교, 도교와 같은 다른 사상과의 관계, 그리고 중국불교로부터 적절한 대응점을 찾아 새로운 사상으로 재구성하여 발전하는 과정에서 나온 것이다. 원효, 의상, 의천, 지눌, 휴정으로 대표되는 한국 불교사상가들은 공통적으로 '조화'와 '융합'을 중심 가치로 삼았다. 그러나 시대에 따라서 한국불교의 역할과 의의는 다

---

[*]신진사대부 : 고려 말에 새롭게 등장하여 조선을 건국한 정치세력으로 중소 지주 출신의 학자 관료들을 말한다.

[*]성리학 : 중국 송대에 들어와 공자와 맹자의 유교 사상을 '성리(性理), 의리(義理), 이기(理氣)' 등의 형이상학 체계로 해석하였는데, 남송의 주희에 의해 집대성이 이루어졌기 때문에 주자학이라고 부른다.

른 면모를 보인다. 이러한 한국불교를 올바르게 이 해하기 위해서 짚어봐야 할 세 가지 주요 문제들 이 있다.

첫째, 한국불교가 자리 잡는 과정에서 중요한 과 제는 토착신앙, 유교, 도 교와 같은 기존 신앙과

지리산 쌍계사에 있는 산신각

다른 종교와의 관계 설정 문제를 해결하는 것이었다. 불교는 이들을 배척하 여 완전히 밀어내는 대신 서로를 인정하고 수용하려는 포용적 태도를 견지 함으로써 이들과 함께 종교적 역할을 분담하며 사회적으로 영향을 미쳤다.

둘째, 한국불교를 이해하는 데 있어서 중요한 또 하나의 문제는 국가와 불교의 관계이다. '불교로써 국가를 보호한다.'는 호국불교나 불교가 왕의 권력 강화에 기여한 '왕즉불(王卽佛)*'과 같이 단편적으로 해석되어서는 곤 란하다. 일제강점기 이전까지 우리는 왕조체제를 유지하며 불교를 포함한 모든 종교들이 국가권력과 밀접한 관계를 맺어왔다. 불교가 종교로서 기능 했던 사회적 역할은 지배체제의 운영과 유지에도 기여했지만, 계층 간의 화 합을 추구하는 통합이념으로도 작동하였다. 이처럼 불교와 국가의 관계에 대해서는 역사 속의 시대 의식과 그 상황에 기반하여 이해해야 한다.

셋째, 죽은 자의 명복을 빌고 산 자들의 안녕과 행복을 기원하는 신앙으

---

*왕즉불 사상 : 중국 북조 시대에 유행한 '왕이 곧 붓다'라는 신앙으로 삼국 시대 등 고대국가의 지배자들이 정통성을 확립하기 위해 사용했다.

로서 불교를 어떻게 볼 것인가 하는 문제이다. 명복을 빌기 위해 다양한 공양물을 바치고 붓다께 기도하여 복을 구하는 신앙으로서 불교는 초기 수용 시기부터 현대까지 면면히 이어지고 있는 대중불교의 모습이며, 이것은 모든 종교에서 기본적으로 발견되는 공통된 속성이라고 할 수 있다. 물론 이러한 신앙 안에서는 출세간적 해탈이 경시되고 세간적 이익으로서 복이 강조되는 측면이 있다. 하지만 이를 '기복불교(祈福佛敎)*'라고 폄하하고 경직된 시각으로 이해하면 곤란하다. 불교의 출세간은 세간을 기반으로 하며 세간과 공존한다. 경제적 여유가 있는 상층민이나 생계를 유지하기 어려운 하층민 모두 각각 신앙으로서의 불교에 의지하여 더 나은 삶에 대한 염원과 기도를 통해 삶을 살아가고 있음을 알아야 한다.

신라 시대 불교 : 원효와 의상을 중심으로

통일신라 시대에 동아시아 모든 나라들은 공통적으로 불교를 신봉하였고, 신라와 당과 일본은 불교문화를 활발히 교류하였다. 불교는 국가 간의 외교정책에 활용되거나 천재지변과 외침 등 국가에 어려움이 있을 때 이를 극복하는 정신적 기반이 되었다. 신라 왕실에서는 고승을 국사로 책봉하여 나라의 스승으로 대우하며 정치자문을 구하기도 하였다.

신라의 승려들은 선진적 불법을 배우기 위해 중국으로 유학을 갔는데, 이를 통해서 통일신라 시대에는 교학이 크게 발전하게 된다. 또한 신라 말기에 선종이 크게 성장함으로써 한국불교는 교종과 선종이 함께 대등한 세

---

*기복불교 : 종교의 가장 기본적 출발이라고 할 수 있는 개인이나 가족의 안녕과 복을 빌기 위해 기도하는 불교신앙의 자연스러운 형태다.

력으로 발전하면서 서로 대립하는 조짐도 보였다.

여기서는 신라 불교의 전성기를 이끈 원효와 의상을 중심으로 그들의 삶과 사상을 살펴보자.

원효

육두품 출신인 원효는 왕족으로 태어난 의상과 함께 당 유학길에 올랐으나, 무덤 속 토굴에서 마신 해골물 경험을 통해 큰 깨침을 얻고 유학을 포기한 채 신라로 돌아온다. 원효의 깨침의 핵심 내용은 모든 것이 마음에 따라 일어나고 있다는 것으로, 그것은 자신의 인식과 삶의 방향을 질적으로 전환하는 강력한  체험이 되었다. 이 두 사람의 서로 다른 행보는 신라 불교의 커다란 두 흐름을 형성한다.

원효는 번뇌와 현실의 문제 속에서 새로운 깨달음을 얻은 계기로 인해 고답적인 이론공부보다는 신라 사회의 현실에 뛰어들기를 택한다. 왜냐하면 삼국통일 전후의 혼란한 시대에 전쟁으로 인한 수많은 사람들의 죽음과 굶주림과 노역으로 고통받는 민중

원효 스님

의 삶을 원효가 직접 목격했기 때문이다. 원효는 출가하여 젊은 시절에는 수행과 교학에 매진하여 삼장과 대승과 소승의 경전을 섭렵하고 화엄, 법화, 정토, 율, 유식, 중관 등 각 종파의 경론과 관련된 폭넓은 저술 활동을 펼친다. 그는 100여 부 240권이 넘는 저서를 남긴 대 저술가이기도 하다. 그러나 40대 이후에는 스스로를 소성거사(小性居士), 또는 복성거사(卜性居

士)[*]라 자처하고 무애행(無碍行)[*]을 하며 대중을 교화하는 데 힘썼다. 무애행은 원효의 교학이 이론을 위한 학문에 머무는 것이 아님을 보여주는 동시에 그 안에 담긴 불법이 진속일여(眞俗一如)와 원융무애의 정신임을 그의 삶으로 보여준 것이었다.

원효는 유학을 가지 않았기 때문에 종파나 분파적인 중국불교의 영향을 직접 받지 않았고 종합적이고 총체적인 사고로서 독창적인 불교관과 화쟁사상을 전개하여 불교사상 전체를 조감할 수 있었다. 그의 『금강삼매경론』[*]을 비롯해 『대승기신론소』 『십문화쟁론』 『화엄경소』 등의 많은 저술을 통해 교학의 독창성을 엿볼 수 있다. 이들 저술에서 일관성 있게 돋보이는 사상적 요체는 일심(一心)이다. 원효는 중관학파와 유식학파들이 공과 유를 두고 벌이는 논쟁에 대해 긍정하면서 스스로 부정하고, 부정하면서 긍정해야 한다고 하였다. 『대승기신론소』에서 "일심은 진여문(眞如門)과 생멸문(生滅門)[*]

---

[*]소성거사, 복성거사 : '소성'은 '마음이 작다'는 뜻이고, '복성'은 '아래 하(下)자도 못 된다'는 뜻으로 자신을 낮추어 붙인 칭호다.

[*]무애행(無碍行) : 『삼국유사』에 따르면 '무애'란 『화엄경』의 "일체무애인 일도출생사(一切無碍人 一道出生死)"에서 유래한 말이며 어디에도 걸림이 없는 자유자재한 삶 또는 어떠한 일에도 걸림이 없는 행위를 의미한다.

[*]금강삼매경론 : 신라의 고승 원효가 지은 『금강삼매경』의 해설서. 인도의 마명(馬鳴)·용수(龍樹)와 같은 고승이 아니고는 얻기 힘든 논(論)이라는 명칭을 받은 저작으로 원효의 세계관을 알려주는 대표적인 저술이다.

[*]대승기신론소 : 마명의 『대승기신론』을 원효의 독창적 해석으로 풀어낸 저술로 '일심(一心)' 혹은 '진여(眞如)' 또는 '대승(大乘)' 철학의 체계를 세움으로써 오늘날 불교 인문학의 지침이 되었다.

[*]진여문과 생멸문 : 진여문은 괴로움을 여읜 해탈로 가는 문에 비유한 것으로 모든 상대적인 모습을 떠나 불변하는 마음의 상태를 말하고, 생멸문은 번뇌와 무명 작용에 의해 중생 세계로 나아가는 문에 비유한 것으로 시비, 좋고 나쁨 등과 같이 마주하는 대상 인연에 따라 바뀌는 마음의 상태를 의미한다.

의 두 문을 가지고 있다. 진여문은 발생과 소멸이 없고, 증감이나 차별도 없는 절대적 본체이다. 생멸문은 발생과 소멸이 있고, 증감과 차별이 있다. 그러나 이 둘은 하나이면서 둘이고, 둘이면서 하나이다."라고 통합하였다. 예컨대 바다가 붓다의 마음이라면 파도는 중생의 마음이라서 중생의 마음 속에도 붓다의 마음이 있고, 붓다의 마음 속에도 중생의 마음이 있다는 것이다. 붓다의 마음 속에 담긴 중생의 마음이란 모든 대립과 분별을 떠난 한마음 자리에서 중생들의 슬픔과 고통을 알아차리고 그들을 향해 자비의 마음을 품는 역동적 열림과 걸림 없는 어우러짐을 일컫는다.

원효의 화쟁(和諍)사상*은 각 불교 종파 간의 시시비비를 따지는 끊임없는 논쟁과 현실 상황에서 벌어지는 권력 다툼을 극복하고 대립과 갈등을 해소하여 보다 높은 차원에서 조화롭게 통합시키는 데 기여하였다. 그의 화쟁에는 원융회통의 원리가 흐르는데, 원융은 원만하여 막힘이 없음을 뜻하고, 회통은 온갖 대립과 갈등을 해소하여 더 높은 차원에서 조화롭게 통합되는 것을 뜻한다. 더 높은 차원에서 조화롭게 통합되는 것을 원효는 일심(一心), 즉 한마음이라고 말한다. 이것은 획일적인 전체주의적 통합을 의미하는 것이 아니다. 이 한마음은 다름과 차이를 있는 그대로 인정하며 모두 포괄하고 있는 청정하고 맑은 샘과 같은 것으로서 서로 연결되고 어우러지는 관계 속에서 이루어진다. 모든 생명들은 이와 같이 붓다와 다름없는 한마음 자리를 지니고 있으며, 이 한마음에서 모든 것이 생성되고 전개되어 나온다.

그러나 우리는 보통 일심을 개인의 마음으로 좁혀 생각하기 쉽다. 원효의 일심은 광대한 우주적 마음을 가리키는 대승적 마음이다.『금강삼매경

---

*화쟁사상 : 어느 한 종파에 치우치지 않고 보다 높은 입장에서 모든 사상의 조화와 통일을 강조한 원효의 논리체계를 말한다.

론』에서 이 부분이 잘 드러나는데, "마음에는 가장자리와 특정 시기가 없다. 대승적 일심으로 되돌아가면, 마음의 본체는 두루 현존하므로 어느 방향, 어느 장소나 공간에 골고루 두루 있으므로 가장자리가 없다. 또한 과거, 미래, 현재에 두루 보편적으로 현존함으로써 특정 시기가 없다. 그러므로 이 마음에는 특정 시기가 없고, 여기저기의 구분하는 처소가 없다."고 하였다. 우주 법계를 시공적으로 관통하는 마음이 바로, 원효가 강조한 대승적 일심이다. 이 대승적 일심은 널리 세상을 포용하고 한계가 없기에 오묘하고 신령스럽다. 이런 마음을 체득하고 실천하며 살아가기 위해서는 수행이 필요하다. 시시때때로 변화하고 집착하는 마음이 우리 각각의 내면에서 일어나지만, 한편으로 우리는 이 대승적 마음이 펼치는 세상 속에서 살아가고 있다. 이런 자각과 깨침의 수행을 통해서만이 다름, 차이를 넘어서 자유자재하며 걸림 없는 마음이 열리게 된다.

그래서 원효는 걸림없이 무애박(無碍匏)을 두드리며 노래하고 춤추면서 이 마을 저 마을 구석구석 널리 불법을 전했다. 그 결과 사람들은 남녀노소 할 것 없이 '나무아미타불' 소리를 모르는 이가 없었다고 한다. 원효는 이렇게 노래하고 춤을 추면서 걸림 없는 마음을 강조하여 사람들을 생사의 괴로움에서 구해내고자 했다. 그는 모든 형식과 격식을 거부하고 한 마음의 맑은 샘물로 거슬러 올라가는 실천적 수행으로서의 무애행으로 민중을 향해 자비로운 마음을 펼치면서 불교의 대중화에 기여하였다.

의상

의상은 원효와 달리 왕족 출신의 승려로서 당나라 유학을 마친 후 고국으로 돌아와 화엄학의 체계를 세우고 부석사 등 화엄 10찰을 창건하는 등

많은 제자들을 배출한다. 그는 많은 저술을 남기지는 않았지만, 방대한 화엄경의 내용을 압축하고 요약하여 210자로 구성한 독창적 저술인『화엄일승법계도(華嚴一乘法界圖)』*, 일명 법성게(法性偈)를 남겼다. 법성게는 의상의 사상과 그 실천을 단적으로 보여준다.

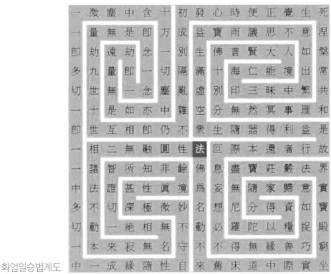

화엄일승법계도

법성게의 첫 구절은 "법성은 원융하여 두 모습이 없다[法性圓融無二相]." 이다. 법성에서 '법'은 일체 존재를 의미하고, '성'은 그 성품을 의미한다. 또한 '원융'이란 모든 이치가 하나로 융화되어 구별이 없어 걸림없이 무애함을 뜻한다. 이것은 곧 집착과 분별심이 모두 제거되어 스스로 청정한 상태를 의미한다. 그러므로 법성원융이란 모든 존재가 동등하다는 논리를 바탕에

---

*화엄일승법계도 : 의상이 화엄 사상의 요지를 7언 30구 210자의 간결하고 독특한 방식의 그림으로 표현한 것이다.

두고 존재 자체가 스스로 드러나는 것을 의미한다. 이는 깨달음의 경지에서 체득되어 드러나는 것으로 성기(性起)*라고 한다. 깨달음의 경지에서 스스로 드러난 존재 그 자체는 바로 여래의 출현과 같다.

그렇다면 어떻게 이 경지에 이를 수 있을까? 중생은 깨닫고자 하는 마음 즉, 보리심을 가지고 있다. 중생은 이 보리심을 통해 본래의 진실성에 눈뜨고 나면 모든 사물과 세계 전체의 진실성이 드러난다. 연기의 세계가 곧 성기의 세계로 바뀐다.

화엄의 핵심사상은 상입상즉(相入相卽)의 논리이다. '상입'은 조건과 작용을 의미한다. 즉, 한 조건이 힘을 가지면 다른 것들은 힘을 잃고 포용되고, 반대로 다른 것들이 힘을 가지면 한 조건은 힘을 잃고 다른 것에 포용된다는 의미이다. '상즉'은 서로 떨어질 수 없는 일체화된 관계에서 서로를 의지하여 동시적으로 성립하는 것을 말한다. '일즉다(一卽多) 다즉일(多卽一)'의 관계처럼 모든 사물들이 막힘 없이 서로 교차하며 존재한다. 이런 법계연기*론에서는 다양한 현상의 세계와 동일한 이치의 세계를 연결짓는 것이 가능하다. 하나와 전체가 같은 자격으로 서로 상호의존적 관계를 가짐으로써 상대를 인정하며 상호 성립된다. 이것은 개체 간의 평등을 의미하고 구성원들의 평등과 조화를 이끌어낼 수 있는 이론으로 해석될 수 있다.

또한 의상은 법성게에서 "중생 위한 보배 비가 온 허공에 가득하여 중생들은 제각각 근기 따라 이익을 얻는다[우보익생만허공 중생수기득이익(雨寶益

---

*성구설(性具說)과 성기설(性起說) : 성구설은 '성(性)'이란 '타고난 그대로'라는 뜻으로 천태종에서 이를 따라 본래부터 각기 다른 성품을 갖추었다고 주장했다. 성기설은 성이란 있는 그대로의 성품이 발현된 것이라는 뜻으로 화엄종에서는 이를 따르고 있다.
*법계연기 : 우주 만유가 천차만별이지만 모두 인연 따라 얽혀 있어 어느 하나도 독자적으로 존재하지 않는다는 화엄 사상의 철학적 구조를 나타내는 용어이다.

生滿虛空 衆生隨器得利益)].”고 하였다. 불법은 얼마든지 사람들을 이롭게 하는데 사람들은 근기 즉, 능력과 조건에 따라 그 보배를 얻는다는 의미이다. 자신을 위한 노력인 자리(自利)행과 함께 지속적으로 타인을 돕는 이타행을 실천하라는 가르침을 말한다. 이는 귀족이나 민중 모두에게 평등한 교의로서 얼마든지 적용할 수 있었다.

이처럼 의상의 화엄사상은 모든 존재가 서로 조화롭게 어우러지면서 아름다운 관계를 형성하는 것을 중시한다. 그 아름다운 관계 맺음은 서로를 붓다로 존중하는 보살행으로 잘 드러난다.

고려 시대의 불교 : 의천과 지눌을 중심으로

신라 말 불교를 주도한 선종은 그동안 교학 위주였던 한국불교의 성격을 변화시켜 선(禪)적 각성을 통한 새로운 불교를 열어간다. 구산선문(九山禪門)*이 한반도에 소개되어 선을 통해 마음을 직시하는 새로운 수행의 문을 열었다. 선종이 하나의 종파로 자리잡게 됨으로써 이후 한국불교는 복잡한 교리를 통하지 않고 마음을 직접 전하는 선의 정신과 문화가 뿌리내리게 된다.

고려 개국과 더불어 태조 왕건은 전란으로 피폐해진 민심을 달래고 화합으로 이끄는 데 있어서 훈요십조(訓要十條)*를 통해 불교의 역할을 강조하

---

*구산선문(九山禪門) : 신라 말부터 고려 초까지인 9~10세기에 당나라에 들어가 구법한 선승들이 귀국해 개산한 선종의 아홉 산문을 말한다.

*훈요십조 : 고려 태조가 그의 자손들에게 귀감으로 남긴 10가지 유훈. 이 중에는 다음과 같이 불교에 우호적인 내용이 다수 포함되어 있다. ①삼국통일의 위업이 모든 붓다의 보호에 힘입었으니 불교를 잘 위할 것. ②제멋대로 절을 더 창건하지 말 것. ③연등회(燃燈會)·팔관회(八關會) 등의 중요한 행사를 소홀히 다루지 말 것 등이다.

구산선문의 이름과 장소

고 불교를 존중하였다. 고려 중기에 이르러 고려불교는 다양한 종파가 정치세력과 연결되어 대립하기에 이르렀다. 이때 대각국사 의천이 나타나 종파와 선교의 통합을 도모한다. 그러나 고려 후기에 이르러서 선종과 교종의 갈등은 더욱 첨예화되었고 전반적으로 수행 풍토가 쇠락하는 경향을 보였다. 이러한 시기에 보조국사 지눌은 불교를 개혁하고자 다시 한번 선교일치 운동을 전개하게 된다. 의천이 교종의 입장에서 선종을 포용하여 통합하려고 하였다면, 지눌은 선종의 입장에서 교종을 융합하려고 하였다.

의천

의천은 고려 문종의 넷째 아들로 태어나 11세에 출가하여 청년시절에 『화엄경』을 강의할 정도로 빠른 학문적 성장을 이룬다. 선과 교가 대립하고, 귀족 중심의 불교 양상이 짙어지는 고려 사회에서 의천은 이를 비판하고 새롭게 교단 체계를 정립하려고 노력한다. 의천은 교학의 중심을 화엄에 둔다. 그는 먼저 신라 화엄종 전통을 재평가하여 의상과 원효 불교를 추앙하고 이들의 화쟁 정신을 계승하고자 하였다. 종래 화엄학의 부족한 실천성에 대해 비판하면서 동시에 교외(敎外)를 강조하며 교학 공부를 떠나 맹목적으로 수행하는 선종에 대해서도 비판한다. 의천은 선 수행이 부족한 화엄의 단점을 극복하고 종파 간의 심각한 대립을 해결하고자 기존의 선종 대신 천태종(天台宗)*을 개창하여 교단을 개편한다. 그가 천태종을 새롭게 세운 까닭은 좌선과 지관(止觀) 수행을 중시하는 천태종의 교리가 선종과도 통할 수 있다고 판단했기 때문이다.

의천이 내세운 수행법의 핵심은 교와 선을 같이 닦는 교관겸수(敎觀兼修) 또는 교관병수(敎觀竝修)이다. 여기서 관(觀)이란 선적 직관이나 통찰을 의미한다. 이리저리 흔들리는 마음의 작용을 멈추게 하고 존재의 실상을 통찰하는 수행법이다. 경전 공부와 함께 마음의 본래 모습을 찾는 관(觀)의 실천을 강조하는 것이 바로 교관겸수이다. 의천은 결국 교만 닦고 선을 없애거나 선만 주장하고 교를 버리는 것은 완전한 불교가 못 된다고 판단하고 천태종을 중심으로 여러 종파의 통합을 주도하게 된다.

또한 의천은 고려의 사찰들이 귀족들의 원당으로 전락하거나 정치 권력 투쟁에 이용되는 상황을 개혁하고자 내외겸전(內外兼全)을 표방하였다. '선'이 안[內]이라면 '교'는 밖[外]이기에 선과 교를 함께 구비해 나가자는 것이다. 화엄종을 비롯하여 교의만 닦는 종파들은 마음의 실체를 버리고 바깥

---

*천태종 : 대각국사 의천이 당시 혼란했던 고려불교를 하나로 통합하고 바로잡기 위해 6세기경 천태 지의가 개창한 천태종을 한국에 들여와 성립시킨 불교 종파이다.

에서 허망하게 진리를 찾아 헤매면서 실천성이 없다고 보았다. 선종처럼 참선에만 치우치는 종파들은 바깥의 현실은 외면하고 마음 안에서만 진리를 밝히려고 하기 때문에 현실을 소홀히 하게 된다고 보았다. 그런 까닭으로 의천은 귀족화되어 가는 고려의 불교를 민중불교로 확대하고자 노력하였지만 구체적이고 실천적인 개혁안을 내놓지 못하고 이념을 제시하는 경향으로 흐르면서 제대로 뜻을 이루지 못한다. 하지만 의천의 선교일치 운동은 이후 12세기 말 지눌을 중심으로 일어난 수선사 결사 운동과 백련사를 중심으로 일어난 신앙 결사 운동에 영향을 미친다.

의천은 무엇보다 당시까지의 교학 연구물들을 정리하여 방대한 교장(敎藏)[*]체계를 확립하고 이를 간행하는 일에 앞장선다. 이는 의천의 사상 근저에 여러 교학들이 궁극적으로는 하나로 통한다고 본 원효의 화쟁 정신과 일치하는 신념이 자리잡고 있

대각국사 의천의 교장(일본 동대사 소장)

었기에 가능했다. 의천은 동아시아의 불교학 전반을 체계적으로 정리하고자 노력했던 인물이라고 평가할 수 있다.

---

[*]교장(敎藏) : 의천이 11세기 말~12세기 초 송(宋)과 요(遼) 등 동아시아 각국에서 수집한 불교 각 종파의 경전 연구서를 수집하고 그 목록을 만들어 간행한 것이다.

지눌

지눌이 살았던 12세기 고려불교는 안팎으로 큰 어려움에 봉착한 시기이다. 밖으로는 계속되는 정변의 소용돌이 속에 불교가 함께 휩쓸리어 종교적 기강이 해이해졌으며, 안으로는 선과 교의 대립 또한 심하였다. 특히 1170년 무신들의 정변이 일어나면서 당시 민중과 유리된 채 지속되어 왔던 귀족불교로서의 교종은 설 자리를 잃는다. 무신정권은 안정된 정치적 기반을 확보하기 위해 그동안 소외되었던 소수 종파나 선종 중심의 교단 체계를 만들고자 지원한다.

이런 고려 후기의 상황에서 지눌은 8세에 구산선문 중 하나인 사굴산문에 출가한다. 그는 좋은 스승이 있는 곳이면 어디든 찾아가 공부하고 깨달음을 구할 수 있는 경론이나 어록을 배우는 수행을 쉬지 않았다. 그는 1182년 25세 되던 해 승과에 합격하고 개경의 담선법회(談禪法會)*에 참여하여 교단의 타락상을 직접 목도한다. 지눌은 이를 계기로 불교계가 처한 현실을 비판하고 산림에 은거하며 결사를 맺을 것을 다짐하고 승과 합격으로 보장받을 수 있는 지위와 명예를 버렸다. 경론 공부와 수행을 병행하며 불교 개혁운동을 뒷받침할 수 있는 이론적 체계를 마련한 후, 1188년 팔공산 거조사(居祖寺)에서 정혜결사(定慧結社)를 시작한다. 1190년 정혜를 닦는 결사를 권하는 글[권수정혜결사문(勸修定慧結社文)]*을 간행하여 출가자와 재가자를 막론하고 전국에 뜻있는 수행자들에게 동참할 것

---

*담선법회 : 고려 시대에 국가에 의해 개최된 법회이며 선에 대한 이치를 서로 논의하며 공부하고 참선도 함께 하면서 선풍(禪風)을 크게 선양하는 것에 목적이 있다.
*권수정혜결사문 : 지눌이 명종(明宗) 20년(1190)에 승려들이 선정과 지혜를 함께 닦을 것을 호소하면서 지은 책으로 『수선결사문(修禪結社文)』이라고도 한다.

정혜결사도량 팔공산 거조사 영산전

을 권한다. 이 글은 결
사에 동참하여 마음을
닦는 이는 근본 이치를
알아 무익한 논쟁을 그
치고, 선정과 지혜를 함
께 닦고 신행과 발원을
두루 수행하여 함께 깨
달음을 이루는 수행공
동체를 만들자는 약속이었다.

이러한 결사 운동을 이끌어가는 지눌사상의 핵심은 돈오점수(頓悟漸修)
와 정혜쌍수(定慧雙修)이다. 지눌은 『수심결(修心訣)』*에서 "우리의 성품의
바탕에는 본래부터 번뇌 없는 지혜가 저절로 갖추어져 있어 모든 붓다와
조금도 다르지 않다. 이것을 돈오(頓悟)라 한다. 본성이 붓다와 다름이 없
음을 깨닫기는 했지만, 끝없이 익혀온 버릇[습기(濕氣)]은 갑자기 없애기는
어렵다. 그러므로 깨달음을 의지해 닦고 차츰 익혀서 공이 이루어지고, 성
인의 성품 기르기를 오래 하면 성(聖)을 이루게 되니, 이를 점수(漸修)라 한
다. 마치 어린애가 갓 태어났을 때 모든 감관이 갖추어 있음은 어른과 조
금도 다르지 않지만, 그 힘이 아직 충실하지 못하기 때문에 얼마 동안의
세월을 지낸 뒤에야 비로소 사람 구실을 하는 것과 같다."고 했다. 이와
같이 돈오점수는 먼저 깨닫고 계속 수행하는 실천 수행론이다. 돈오는 우
리의 마음은 텅비어 있으나 본래 깨끗하고 존재의 실상에 어둡지 않은

---

*수심결(修心訣) : 고려 말에 지눌이 선종과 교종의 대립적 입장을 지양하고 인간의 참
다운 모습을 밝히고자 마음을 닦는 비결을 제시한 선(禪)의 이론서이다.

역량을 갖추고 있음을 단박에 깨치는 것을 말한다. 그러나 오랫동안 잘 못된 습관으로 아집의 때가 쌓여 있기에 그 때를 차츰차츰 제거해 나가 야 그 밝은 모습이 온전히 드러난다고 보았기 때문에 점수를 강조한 것 이다.

　지눌에 의하면, 선 수행의 궁극적인 목표인 깨달음[돈오(頓悟)]은 단순히 깨달음으로 그쳐서는 안되고 다시 점진적인 수행[점수(漸修)]으로 뒷받침되 어야 한다. 즉 단번에 깨친다고 해서 오묘하고 신비한 해탈이 완성되는 것 이 아니라 공성을 깨치고 실천수행을 지속해야 완전한 깨달음이 된다고 주 장했다. 지눌은 돈오를 통해 중생의 본래 마음이 오묘한 앎과 고요함도 함 께 있음[공적영지(空寂靈知)]을 깨닫고 난 후에야 진정한 수행이 이루어질 수 있다고 보았다. 또한 공부나 수행하는 사람들은 대개 문자로써 그 뜻만 을 취하고 늘 마주하는 어떤 인연의 경계에 걸려서 확실하고 완전한 깨달 음을 얻거나 유지하기 어렵다고 보았다. 그래서 점수를 강조한 것이다. 돈오 돈수(頓悟頓修)를 주장하는 중국의 마조 계통의 선풍에서 지눌이 제시한 돈오점수를 바라보면, 이는 낮은 단계의 깨달음론으로 비칠 수도 있다. 하 지만, 지눌은 점진적 수행의 실천으로써 본래 마음을 완전하게 밝히는 경지 의 삶으로 살아야 한다고 보았다.

　정혜쌍수는 선정과 지혜를 함께 닦는다는 의미이다. 『수심결』에서 지눌 은 "선정은 본체이며 지혜는 작용이다. 본체에 즉한 작용이므로 지혜는 선 정을 떠나지 않고, 작용에 즉한 본체이므로 선정은 지혜를 떠나지 않는다. 선정이 바로 지혜이므로 고요하면서 항상 알고, 지혜가 선정이므로 알면서 항상 고요하다."라고 하였다. 즉, 수행을 통해서 마음에 산란함이 없도록 하 는 것이 선정이고, 동시에 마음에 어리석음이 없도록 하는 것이 지혜이다. 그래서 지눌은 본래 청정하고 밝은 마음에 의지하여 물러섬이 없이 정진하 여 선정과 지혜가 온전히 드러나도록 점차 닦아나가는 수행을 해야 한다고 강조한다. 지눌의 이러한 회통정신 그리고 정교한 사상체계를 바탕으로 한 결사 운동은 이후 불교계 내부를 개혁하고 한국불교 조계종의 기초를 마련하였다.

조선 시대 불교와 서산

휴정(전남 해남군 대흥사 소장)

휴정은 평남 안주 출신으로 호는 청허(淸虛)이며, 서산(西山)인 묘향산에 오래 머물렀으므로 서산대사(西山大師)라고 한다.

유학을 정치 이념으로 삼은 조선은 승려의 출가를 억제하고 사원전을 축소하는 불교 억제 정책을 지속적으로 추진한다. 하지만 왕실을 비롯하여 민중들의 불교신앙은 끊김없이 면면히 이어졌다. 특히 죽은 이를 추모하는 종교적 역할은 여전히 불교가 담당하였다. 승려들의 출가는 제도적으로 부정되었지만 세조, 명종 때 문정왕후 등에 의해서 불교가 다시 부흥하면서 어느 정도 유지되었다.

휴정은 명종 때 문정왕후의 불교 부흥 정책으로 부활한 승과에 급제하여 불교계에 등장한다. 승과 시행은 몇 차례에 불과했지만 이 승과를 거쳐 휴정과 유정과 같은 인물이 불교계에 진출함으로써 16세기 후반 이후 불교를 활성화시키는 데 기여한다.

휴정은 33세에 승과에 급제하여 38세까지 승직을 맡다가 이후 금강산, 지리산, 묘향산 등에 들어가 여러 암자에서 수행에 힘쓴다. 휴정의 문집인 『청허집(淸虛集)』의 기록을 토대로 살펴보면, 이 기간 동안 휴정은 자신이 수행하고 있는 선의 전통을 확인하고 자신의 사상을 정립하여 수행에 매진하면서 많은 제자들을 양성하는 데 집중했던 것으로 보인다. 그러던 중 임진왜란이 일어나자 선조의 부름을 받고 전국의 승려들을 모아 승군을 총지휘하여 전란에서 국가를 구하는 데 크게 기여하게 된다. 휴정의 활동은 승군 규합을 통한 조선 시대의 불교계 위상 확보라는 현실적인 면보다 이후 조선 불교의 사상적 기반을 마련했다는 면에서 그 의미가 더 크다. 그의 저술인 『선교석(禪教釋)』 『선교결(禪教訣)』 『심법요초(心法要抄)』 『선가귀감(禪家龜鑑)』 등을 통해서 선과 교의 대립 문제에 대하여 휴정이 얼마나 치열하게 고민하였으며 또한 이를 체계적으로 정리하여 통합하고자 노력했는지 엿볼 수 있다.

휴정은 선과 교의 차이를 전제하고 이 차이의 전제 위에서 선법 위주의 선교겸수를 제안한다. 『선가귀감』[*]에서 휴정은 "세존께서 세 곳에서 마음을 전하신 것은 선지(禪旨)이고, 전 생애에 걸쳐 설하신 일체의 가르침은 교문(教門)이다. 그러므로 선은 부처님의 마음이요, 교는 부처님의 말씀이다."고 하셨다. 이에 덧붙여 "선과 교로 나뉜 갈래는 각각 가섭과 아난이다. 말 없음으로써 말이 없는 경지에 이르는 것이 선이요, 말로써 말이 없는 경지에 이르는 것이 교이니, 마음은 선법(禪法)이요, 말은 교법(教法)이다. 즉, 법은 비록 한 가지 맛이지만 견해는 하늘과 땅 사이만큼이나 엄청난 차이가 있

---

[*]선가귀감 : 조선 시대 서산대사 휴정이 50여 권의 경전과 조사어록에서 요긴한 것을 모아 1564년에 저술한 선불교의 지침서이다.

으니, 이것이 선과 교가 두 갈래 길로 갈라진 이유이다."라고 하였다.

또한 휴정은 선과 교의 차이를 밝히고 난 뒤, 교는 얕은 자국과도 같으며, 선은 깊은 뜻이라고 강설하면서 마음에서 마음으로 전하는 교외별전의 선지는 말이나 헤아림으로 얻어지는 것이 아니라 본바탕의 마음 근원에 직통해야 한다는 것을 강조한다.

하지만 휴정은 여기에서 그치지 않고 선과 교의 관계를 정리하는 단계로 나아간다. 『선가귀감』에는 이를 잘 보여주는 대목이 있다.

"그러므로 배우는 이는 먼저 붓다의 참다운 가르침[여실언교(如實言敎)]으로서 변하지 않는 것과 인연 따르는 두 가지 뜻이 곧 내 마음의 본 바탕과 형상이고, 단박 깨치고 오래 닦는 두 가지 문이 공부의 시작과 끝임을 자세히 가려 알아야 한다. 그런 연후에 교의를 내버리고 오로지 그 마음이 뚜렷이 드러난 한 생각으로써 참선한다면 반드시 얻는 바가 있을 것이다. 이른바 그것이야말로 탁월한 삶의 길이다."

이것은 휴정이 선과 교가 나누어질 수밖에 없다는 근원을 두고 있음에도 불구하고 선의 토대가 되는 교문을 배제하지 않았음을 보여준다. 그는 선교겸수를 위한 전 단계로서 즉, 선문에 들어가기 위한 준비단계로서 교문의 지식과 견해를 버리는 '사교(捨敎)'를 강조한다. 그러므로 휴정이 교문 자체를 부정한 것은 아니었다. 사교로써 교문의 필요성을 강조하고, 교문은 선문의 지혜를 취하여 선에 들어가는 입선(入禪)으로 나아가기 위한 수행 단계로 보았다.

이와 같이 선교의 관계에 대한 휴정의 관점을 정리해보면 사교입선(捨敎入禪), 선주교종(禪主敎從)이라 할 수 있다. 사교입선은 근기가 낮은 사람은 교학을 공부하여 불교의 교의를 안 다음 선문으로 들어가라는 뜻이다. 그리고 공부하고자 하는 사람은 누구든 먼저 이론을 살핀 후 이를 버리고 다시 선으로 들어가라고 하였다. 표면적으로는 선을 위주로 교를 융합하는 이른바 선주교종이지만, 교학의 중요성과 필요성을 인정하고 반드시 둘 다 실천 수행할 것을 강조한 것이다. 실제 선과 교는 서로 상호보완적이면서 필수적인 요소이지 결코 대립적인 것이 아니다.

또한 휴정은 선 수행 방법으로서 조사선, 즉 활구(活句)[*]를 참구(參究)하는 간화선을 강조한다. 이것은 한국불교 수행법의 역사적 전통을 다지는데 기여한 것으로 볼 수 있다. 그러면서도 염불, 간경, 참회 등 모든 수행법을 아울러 중시하였다. 선 중심의 입장에 서 있으면서도 여타 수행법들을 받아들여 근기에 따라 수행할 수 있도록 인정한 것이다. 『선가귀감』에서 그가 강조한 염불 수행의 자세는 다음과 같다.

"염불이라 하지만 입으로 하면 송불(誦佛)이고 마음으로 할 때 비로소 염불이 된다. 입으로만 부르고 마음으로 생각하지 않으면 도를 닦는 데에 무슨 소용이 될 것인가."

이러한 휴정의 수행체계는 선 중심의 선교일치에서 선·교·염불의 삼학일치론으로 규정되기도 한다.

휴정은 조선 시대에 이르러 희미해져 가는 법등을 다시 밝히고, 선과 교의 통합 이론을 제창하였으며 고려 시대부터 이어진 선교회통의 정신을 한국불교사상의 전통으로 굳건하게 다졌다. 또한 다양한 수행법을 수용하여 민중 속에서도 실천할 수 있는 불교의 길을 열어두고 간화선을 중심으로 한국불교의 전통적 수행법을 전승하였다. 무엇보다 선사로서 임진왜란과 같은 세속의 일도 외면하지 않고 전란에 참여하며 중생 제도의 길을 걸었

---

[*]활구 : '활구(活句)'란 살아 있는 언어이고 '사구(死句)'는 죽은 언어라는 뜻이다. 화두, 공안 등 선구(禪句)와 결부시켜서 보면, 사구는 기존의 '남의 것'이라고 여기는 과거형의 공안이나 화두를 가리키고, 활구는 현존의 '내 것'이라고 여기는 현재형 공안이나 화두를 가리킨다고 말할 수 있겠다.

다. 휴정은 일생 동안 현실적 삶 속에서의 중생 제도와 함께 교단의 보존 유지에 힘썼다.

한국불교의 특징과 현재적 의미

원효, 의상, 의천, 지눌, 휴정의 사상과 실천을 관통하는 한국불교의 특징은 크게 두 가지로 요약해 볼 수 있다.

첫째, 화쟁과 조화의 윤리적 삶이다. 한국에 불교가 전파되었을 때 중국에서 발전한 다양한 종파 불교가 한꺼번에 들어온다. 한국불교는 이러한 종파불교를 지양하고 서로 화합하여 조화를 이루며 어우러짐 속에서 상생하는 불교를 지향해 왔다. 즉, 회통(會通)불교적 특징을 보인다. 뿐만 아니라, 사찰에 가면 산신각이나 칠성각 등의 민간신앙과 도교를 포섭하여 다른 종교들을 포용하는 종교 융합적 태도를 보인다. 이러한 한국불교의 특징은 오늘날 사회에서 발생하는 다양한 갈등을 해소하는 지혜를 제공해 줄 수 있다.

둘째, 자신의 참된 본성을 깨치고 해탈을 추구하는 불교의 사상은 보살행을 통한 자비의 실천으로 현실에서 구현된다. 신라의 원효에서부터 조선의 휴정에 이르기까지 이들은 모두 자신의 밝은 본성에 대한 확고한 믿음과 자기 마음의 근본이 붓다와 다르지 않다는 자각 위에 수행을 이어 나갔다. 또한 그러한 깨달음에 입각하여 타자에게 자신을 열어 그들의 고통을 자신의 고통으로 여기고 그들에게 기쁨과 평안을 심어주고자 하였다. 이렇게 깨달음은 보살행과 분리될 수 없다. 불교의 깨달음은 타자에 대한 열림이기 때문이다.

이러한 한국불교의 특징은 물질적 욕망을 부추기는 현대사회에서 진정

한 자기 발견과 함께 소외된 자를 돕고 공동체를 이롭게 하는 지혜를 제공
해 줄 수 있을 것이다.

1. 원효의 사상

"무릇 한 마음의 자리는 유(有)와 무(無)를 떠나 홀로 청정하며
세 가지 공(空)의 바다는 진여와 세속을 융합하고 깊고 넉넉하다.
깊고 넉넉하여 두 세계를 융합하지만, 하나로 합일하지는 않으며
홀로 청정하여 유와 무 양변을 떠나되 가운데도 머무르지도 않는다.
… (중략) …

이와 같이 깨뜨리지 않되 깨뜨리지 않음이 없으며, 세우지 않되 세우지
않음이 없으니, 가히 이치 없는 지극한 이치요, 부정이되 큰 긍정이다."

「한국불교전서(韓國佛敎全書)」 1-604b, 원효, 『금강삼매경론(金剛三昧經論)』

"깨달음의 길은 넓고 확 트여 걸림이 없고 범주가 없다. 영원히 어떤 것
에 의거할 바도 없으므로 모두 마땅하지 않는 것이 없다. 그러므로 일체의
다른 견해도 다 붓다의 뜻이라 할 수 있다. 백가(百家)의 설이 옳지 않음이
없고 온갖 법문이 다 진리에 들어갈 수 있다. 그런데 자기가 조금 들은 좁
은 견해만 내세워, 그 견해에 동조하면 옳다고 하고, 그 견해에 반대하면
모두 잘못이라고 하는 사람이 있다. 마치 갈대 구멍으로 하늘을 보는 사람
이 갈대 구멍으로 하늘을 보지 않는 사람을 모두 하늘을 보지 않은 자라
고 하는 것과도 같다."

「한국불교전서」 1-583a, 원효, 『보살계본지범요기(菩薩戒本持犯要記)』

"이원적 대립을 떠난 자리는 참다운 진리라서 (무심한) 허공과 같지 않고,
성품이 스스로 신령스럽게 아는 작용[성자신해(性自神解)]을 하는 까닭에

마음이라 한다. 그러나 이미 둘로 분별할 것도 없는데 어찌 하나가 있다고 하겠는가? 하나도 없다면 무엇을 마음이라 하리오. 이러한 도리는 언어와 사유를 떠나 있기 때문에 어떻게 이름 지어야 할지 모르지만, 억지로나마 한 마음이라 일컫는 것이다."

「한국불교전서」 1-705a, 원효, 『대승기신론소(大乘起信論疏)』

"불성(佛性)에 대한 여섯 스승의 주장은 비록 불성의 전체 측면에서는 모두가 미진하지만, 각자 그 한 부분을 설명한다면 모두 그 뜻에 부합된다고 할 수 있다. 그러므로 경에서 마치 맹인들이 코끼리를 각각 설명하는데 비록 그 실재(전모)에 적중하지 못하나 코끼리를 설명하지 않은 것이 아니듯, 불성을 설명하는 것 또한 이와 같아서 여섯 가지 관점이 그대로도 전체적 사실이 아니지만 그 여섯 가지 주장을 벗어난 것도 아님을 알아야 할 것이다."

「한국불교전서」 1-539a, 원효, 『열반종요(涅槃宗要)』

"대승(大乘)의 진리에는 오직 한 마음만 있다. 한 마음 외에 다른 진리는 없다. 단지 무명(無明)의 어리석음으로 인해 이 한 마음을 모르고 방황하는 탓에 여러 가지 파랑을 일으켜 온갖 윤회의 세상이 생겨나게 되는 것이다. 그러나 비록 윤회의 파도가 일지라도 그 파도는 한 마음의 바다를 떠나는 것이 아니다. 한 마음으로 말미암아 온갖 세상 윤회의 파도가 일어나므로 널리 중생을 구원하겠다는 서원을 세우게 된다. (또한) 윤회의 파도는 한 마음을 떠나지 않으므로 한 몸이라는 큰 자비[동체대비(同體大悲)]를 실천할 수 있는 것이다."

「한국불교전서」 1-736c, 원효, 『대승기신론소』

"마음에 가장자리와 특정 시기가 없다는 것은 대승적 일심으로 되돌아가면, 마음의 본체[심체(心體)]가 두루 현존하여 시방에 골고루 있으므로 가장자리가 없고, 삼세에 두루하므로 특정 시기가 없다는 것이다. 삼세에 두루하므로 고금의 차이가 없고, 시방에 보편하여 여기와 저기라는 처소가 없다."

「한국불교전서」 45-115a, 원효, 『금강삼매경론』「진성공품(眞性空品)」

2. 의상의 법성게

법성원융무이상(法性圓融無二相) 법의성품 원융하여 두모습이 있지않고
제법부동본래적(諸法不動本來寂) 모든법은 부동하여 본래로 고요하네.
무명무상절일체(無名無相絕一切) 이름없고 모양없고 모든것이 끊어지니
증지소지비여경(證智所知非餘境) 증득하여 알수있지 다른경계 아니로다.
진성심심극미묘(眞性甚深極微妙) 참된성품 깊고깊어 지극히 미묘하니
불수자성수연성(不守自性隨緣成) 자기성품 고집않고 인연따라 이루나니
일중일체다중일(一中一切多中一) 하나속에 일체있고 일체속에 하나이며
일즉일체다즉일(一卽一切多卽一) 하나바로 일체이고 일체바로 하나이네.
일미진중함시방(一微塵中含十方) 작은티끌 하나속에 시방세계 머금었고
일체진중역여시(一切塵中亦如是) 일체모든 티끌들도 한결같이 그러하네.
무량원겁즉일념(無量遠劫卽一念) 한량없는 오랜시간 한찰나와 다름없고
일념즉시무량겁(一念卽是無量劫) 한찰나가 곧그대로 한량없는 시간이니
구세십세호상즉(九世十世互相卽) 구세십세 서로서로 둘이없이 하나이나
잉불잡란격별성(仍不雜亂隔別成) 뒤섞이지 아니하고 따로따로 이뤄지네.
초발심시변정각(初發心時便正覺) 처음발심 하는때가 깨달음을 이룬때며
생사열반상공화(生死涅槃常共和) 생사고와 열반락이 항상서로 함께하네.

이사명연무분별(理事冥然無分別) 이치현상 그윽하여 나눠지지 아니하니
십불보현대인경(十佛普賢大人境) 열부처님 보현보살 대성인의 경계일세.
능인해인삼매중(能仁海印三昧中) 부처님의 해인삼매 자재하게 들어가서
번출여의부사의(繁出如意不思議) 마음대로 드러냄이 헤아릴수 없음이라
우보익생만허공(雨寶益生滿虛空) 중생위한 보배비가 온허공에 가득하여
중생수기득이익(衆生隨器得利益) 중생들은 제각각 근기따라 이익얻네.
시고행자환본제(是故行者還本際) 그러므로 수행자가 본래자리 되돌아가
파식망상필부득(叵息妄想必不得) 망상심을 쉬려하는 분별조차 내지않고
무연선교착여의(無緣善巧捉如意) 조건없는 좋은방편 마음대로 펼쳐내어
귀가수분득자량(歸家隨分得資糧) 본래집에 돌아가서 분수따라 자량얻네.
이다라니무진보(以陀羅尼無盡寶) 다라니의 다함없는 보배를 사용하여
장엄법계실보전(莊嚴法界實寶殿) 법계의 진실한 보배궁전 장엄해서
궁좌실제중도상(窮坐實際中道床) 실제의 중도자리 오롯하게 앉았으니
구래부동명위불(舊來不動名爲佛) 옛적부터 부동함을 부처라고 이름하네.

『불교성전』 659~661쪽

3. 의천의 사상

"진리는 말이나 형상이 없지만 말이나 형상을 떠나지도 않는다. 말과 형상을 떠나면 미혹에 빠진 것이며, 말과 형상에 집착하면 진리에 미혹한 것이다. 다만 세상에는 완전한 재주를 갖춘 이가 적고, 사람은 아름다움을 다 갖추기 어렵다. 그래서 교를 배우는 이는 자성을 밝히는 일을 버리고 문자와 경계를 따라 밖으로만 구하려 하며, 선(禪)을 닦는 사람은 일체의 인연을 잊고 안으로 마음만 밝히기를 좋아한다. 이는 다 치우친 고집이며, 두 가

지 극단에 함께 막혀 있으니, 이는 마치 토끼 뿔은 실재하지도 않는데, 한 쪽에서는 길다고 우기고, 다른 한쪽에서는 짧다고 우기는 것과 다름이 없고, 눈병이 나서 헛보이는 허공의 꽃이 짙은가 옅은가를 다투는 것과 같다."

「한국불교전서」 4-531b~531c, 의천, 『대각국사문집(大覺國師文集)』 권3

"다행히도 지난 세월 인연 덕으로 선지식을 두루 찾아뵙다가 나의 스승인 정원(淨源)법사 문하에서 교관(敎觀)을 전수 받게 되었다. (스승이) 가르침을 베풀던 여가에 일러주시길, '관(觀)을 배우지 않고 오직 경전만 보는 이는 비록 인과(因果)를 듣더라도 성덕(性德)을 사무치지 못할 것이며, 경전을 알지 못하고 오직 관을 배우기만 하면 비록 성덕을 깨닫더라도 곧 인과를 분별하지 못할 것이니, 그러므로 관을 배우지 않을 수 없고, 경을 익히지 않을 수 없다.' 내가 교관에 마음을 극진히 하는 것은 이 말씀을 가슴 속에 간직하고 있기 때문이다."

「한국불교전서」 4-556b~556c, 의천, 『대각국사문집』 권16

4. 보조 지눌의 사상

"내 들으니 '땅으로 인하여 넘어진 사람은 땅으로 인하여 일어난다. 그러므로 땅을 떠나 일어나려는 것은 이룰 수 없는 것이다.' 하였다. 한 마음이 미(迷)하여 가없는 번뇌를 일으키는 이는 중생이요, 마음을 깨달아 가없는 묘한 작용을 일으키는 이는 붓다다. 미(迷)함과 깨달음이 다르지만 중요한 것은 모두 한 마음으로 말미암는 것이다. 마음을 떠나 붓다가 되려는 것은 될 수 없는 일이다."

「보조전서(普照全書)」 p.7, 지눌, 『권수정혜결사문(勸修定慧結社文)』

"선정과 지혜 두 말은 바로 삼학(三學)을 줄인 말로 갖추어 말하면 계율과 선정과 지혜이다. 계율이란 잘못을 막고 악을 그친다는 뜻으로 삼악도(三惡途: 지옥, 아귀, 축생의 길)에 떨어짐을 면하게 하는 것이요, 선정이란 이치에 맞추어 산란한 마음을 거두어 잡는다는 뜻으로 갖가지 욕심을 뛰어넘게 하는 것이며, 지혜란 법으로 공(空)을 관(觀)한다는 뜻으로서 묘하게 생사를 벗어나게 하는 것이다. 그러므로 번뇌가 없는 성인이 처음 수행할 때에 이것을 배웠기 때문에 삼학이라 하는 것이다."

「보조전서」 p.12, 지눌, 『권수정혜결사문(勸修定慧結社文)』

"이 성품의 바탕에는 본래부터 번뇌 없는 지혜가 저절로 갖추어져 있어 모든 붓다와 조금도 다르지 않다. 이것을 돈오라 한다. 본성이 붓다와 다름이 없음을 깨닫기는 했지만, 끝없이 익혀온 버릇[습기(濕氣)]은 갑자기 없애기는 어렵다. 그러므로 깨달음을 의지해 닦고 차츰 익혀서 공이 이루어지고, 성인의 모태(母胎) 기르기를 오래하면 성(聖)을 이루게 되니, 이를 점수라 한다. 마치 어린애가 갓 태어났을 때 모든 감관이 갖추어 있음은 어른과 조금도 다르지 않지만, 그 힘이 아직 충실하지 못하기 때문에 얼마 동안의 세월을 지낸 뒤에야 비로소 사람 구실을 하는 것과 같다."

「보조전서」 p.34, 지눌, 『수심결(修心訣)』

"선정은 본체요 지혜는 작용이니, 본체의 작용이기 때문에 지혜는 선정을 떠나지 않고, 작용의 본체이기 때문에 선정은 지혜를 떠나지 않는다. 선정이 곧 지혜이기 때문에 고요하면서 항상 알고, 지혜가 곧 선정이기 때문에 알면서 항상 고요하다."

「보조전서」 p.39, 지눌, 『수심결(修心訣)』

"나는 높은 뜻을 지니고 마음을 닦는 자들이 깊고 자세하게 숙고하기를 청하노라. 내가 누누이 선오후수(先悟後修)의 본말(本末)의 이치를 가리는 이유는 초심자로 하여금 스스로 비굴하지도 말고 스스로 높이지도 말아 분명하게 그 곡절을 스스로 알아 끝까지 혼란에 빠지지 않게 하려는 것이다. 글에 이르기를 '지금 (자기의) 본래 마음이 항시 신령스럽게 알고 있음을 갑자기 깨닫는 것은 (물의) 불변하는 젖은 성품을 아는 것과 같다. 마음에 미혹함이 없어 무명(無名)을 떠나니 마치 바람이 갑자기 그치는 것과 같다. 깨달음 후에는 자연히 사물들에 관여하는 일이 점차 그치게 되리니 마치 파랑이 점차 가라앉는 것과 같다.'고 하였다. 자신의 몸과 마음을 계(戒)와 정(定)과 혜(慧)로써 돕고 훈습하면 점점 자유롭게 되고 나아가서는 신통력도 막힘이 없게 되어 많은 중생을 널리 이롭게 하리니, 그러한 자를 붓다라고 부르는 것이다."

『보조전서』 p.157, 지눌, 『법집별행록절요병입사기』

5. 서산대사 휴정의 사상

"세존께서 세 곳에서 마음을 전하신 것은 선지(禪旨)이고, 전 생애에 걸쳐 설하신 일체의 가르침은 교문(敎門)이다. 그러므로 '선은 부처님의 마음이요, 교는 부처님의 말씀이다.'라고 하는 것이다."[세존삼처전심자 위선지; 일대소설자, 위교문. 고왈, 선시불심, 교시불어(世尊三處傳心者, 爲禪旨; 一代所說者, 爲敎門. 故曰, 禪是佛心, 敎是佛語)]

[평] 세 곳이란 다자탑 앞에서 앉아 계시던 자리를 반을 나누어서 앉도록 하신 것이 첫 번째요, 영산회상에서 꽃을 들어 보이신 것이 두 번째요,

사라쌍수 아래에서 관 밖으로 두 발을 내어 보이신 것이 세 번째이다. 가섭이 선의 등불을 별도로 곧장 받았다는 말은 이것을 가리킨다. 일생 동안 설하신 말씀이란 49년간 오교(五敎)를 설하신 것을 가리킨다. 인천교·소승교·대승교·돈교·원교가 그 다섯 가지이니, 제자 아난이 바다처럼 드넓고 깊은 부처의 가르침을 널리 흘러 통하게 하였다는 것은 이것을 말한다. 그러므로 선과 교 두 가지 모두의 근원은 부처님이시고, 선과 교로 나뉜 갈래는 각각 가섭과 아난이다. 말이 없는 경지로부터 말이 없는 경지에 이르는 것이 선이요, 말이 있는 것으로부터 말이 없는 경지에 이르는 것이 교이니, 마음은 선법(禪法)이요 말은 교법(敎法)이다. 즉, 법은 비록 한 가지 맛이지만 견해는 하늘과 땅 사이만큼이나 엄청난 차이가 있으니, 이것이 선과 교가 두 갈래 길로 갈라진 이유이다.

「한국전통사상총서」 제3권, pp.81~82, 휴정, 『선가귀감(禪家龜鑑)』

"선(禪)이나 교(敎)나 일념(一念)에서 일어난다. 심의식으로 미치는 경계는 사량의 영역에 속하는 것이니 교이며, 심의식으로 미치지 못하는 경계는 참구(參究)의 영역에 속하는 것이니 선이다."[선교기어일념중. 심의식급처, 즉속사량자, 교야; 심의식미급처, 즉속참구자, 선야(禪敎起於一念中. 心意識及處, 卽屬思量者, 敎也; 心意識未及處, 卽屬參究者, 禪也)]

「한국전통사상총서」 제3권, p.277, 휴정, 『심법요초(心法要抄)』

제2장　　현대사회와 불교윤리

현대사회는 삶의 전 영역에서 전통사회에서 경험하지 못한 다양한 윤리적 문제에 직면하고 있다. 특히 이러한 현대사회의 문제들은 대체로 주체성과 고유성에 천착해왔던 서양의 철학적 전통과 인간성을 상실한 물질 만능주의에서 비롯되고 있다. 불교는 어디로 향해가야 할지 모르는 사람들에게 현대사회의 대표적 문제인 삶과 죽음, 인간과 자연과의 관계, 정의로운 분배, 물질주의 시대의 소비, 인공지능(AI), 평화와 공존 등의 문제에 대하여 나침반이 되어 줄 지혜를 제공해 준다. 그리고 지혜의 핵심에는 우리는 모두 서로 의존하며 변화의 시대를 함께 사랑하고 존중해야 한다는 붓다의 가르침이 있다.

1
삶과 죽음

주요 용어

삶과 죽음, 에피쿠로스, 플라톤, 하이데거, 공자, 장자,

불교, 선인선과, 악인악과, 고성제, 여래, 응공, 무주상보시

인간이 고민하는 삶의 가장 중요한 문제는 죽음에 대한 문제이며, 공포이다. 죽음에 관한 문제는 동시에 삶의 문제이자 삶에 대한 두려움이다. 두려움은 필연적으로 고통스럽다. 동서양의 다양한 사상은 이러한 죽음의 문제를 성찰하였다. 특히 불교는 오래전부터 생로병사라는 삶과 죽음의 문제를 꿰뚫으며, 삶과 죽음을 두려움이 아닌 삶의 기회로서 살아가야 한다는 지혜를 말한다.

1) 서양 윤리 사상에서 바라본 죽음

죽음에 대한 공포와 두려움은 시간과 공간을 넘어서는 고통이다. 그렇기에 동서고금을 막론하고 의학의 발달과 무관하게 죽음을 어떻게 바라보고 삶을 살아가야 할 것인가에 대한 종교적, 철학적 질문과 대답, 담론이 지속되고 있다. 죽음을 바라보는 동서양의 대표적 입장으로는 서양의 플라톤, 에피쿠로스, 하이데거 등이 있으며 동양에서는 유교의 공자, 도가의 장자, 불교의 석가모니 등의 입장이 있다.

그럼, 동서양의 윤리 사상에서 죽음에 관한 입장 중 서양적 입장을 먼저 살펴보도록 하자.

서양 철학의 시작과 끝이라는 평가를 받고 있는 플라톤(Platon, B.C.E. 428~347)은 육체에 갇혀 있는 영혼이 죽음을 통해 영원불변한 이데아의 세계로 들어가는 것으로 보았다. 그에게 죽음은 비로소 인간이 간절히 바라는 지혜를 얻을 수 있는 해방이며, 육체의 어리석음으로부터 벗어나 순수해지는 순간이다. 플라톤은 영혼의 감옥인 육체에 집착하기보다는 인간 이성이 추구해야 하는 참, 완전함, 불멸의 선의 이데아를 향한 삶이 인간이 추구해야 하는 삶임에 분명하다.

다음으로 헬레니즘 시대의 대표적 쾌락주의 윤리학을 내세운 에피쿠로스(Epicouros, B.C.E. 341~270)는 죽음을 가장 두려운 악으로 보았다. 감각적 경험을 토대로 합리적으로 쾌락을 선, 고통을 악이라고 생각한 그에게 있어 죽음은 경험하지도 않은 것임에도 불구하고, 인간에게 가장 큰 두려움을 주는 것으로 명백한 악이다. 그는 죽음을 산 사람에게는 아직 죽음이 오지 않았고, 죽은 사람은 이미 존재하지 않기 때문에 감각할 수 없는 것, 즉 경험할 수 없는 것으로 두려워할 필요가 없음을 역설한다. 그리하여 부질없는 고통에서 벗어나고 육체적인 쾌락에 집착하지 않는 지속적, 정신적 쾌락의 삶을 강조했다.

마지막으로 서양의 대표적 실존주의 철학자인 하이데거(Heidegger, M. 1889~1976)는 죽음에 대한 자각을 통해 삶을 보다 의미 있고 가치 있게 살아갈 수 있다고 말한다. 그는 인간을 '현존재(現存在)'로 다른 존재와 구분한다. 현존재는 내던져진 구체적 시간과 공간의 세상 속에서 느끼며, 관계하는 존재이며 '죽음으로 향하는 존재'라고 명명한다. 하이데거는 이미 태어났기에 죽기에 충분한 유한한 존재, 즉 죽음과 함께 삶을 살아가는 존재인 인간은 자신의 죽음으로 미리 앞서 달려가 미래의 자신의 가능성을 투사하고, 그 가능성 앞에서 자신의 존재가능성을 기획하여 현재를 주체적으로 살아가야 한다고 본다.

2) 동양 윤리 사상에서 바라본 죽음

동양 및 한국의 윤리관에 지대한 영향을 미친 유교의 공자(孔子, B.C.E. 551~479)는 죽음보다는 인(仁)과 예(禮)로서 살아가는 현실적 삶을 중요시한다. 특히, 공자는 죽음에 대한 두려움보다 단 하루를 살아도 사람다움을 실현하는 삶을 살아갈 것을 강조한다. 그래서 공자는 "아침에 도(道)를 들으면 저녁에 죽어도 좋다.(朝聞道夕死可矣)"라는 결연한 의지, 단호한 각오를 다진다. 이는 부모조차 사랑하지 않는 무도(無道)한 백 년보다 서로 화목하게 사람답게 사는 하루가 진정한 삶이라는 것을 역설하는 것이다. 이를 통해 살아 숨 쉬는 현실 속에서 도덕적으로 충실한 삶을 살아가야 하며, 죽음 앞에서도 의(義)를 취해야 한다는 사생취의(捨生取義)의 유교적 사생관, 윤리관을 확립하고자 했다.

도가의 대표적 사상가인 장자(莊子, B.C.E. 365?~270?)는 삶과 죽음을 차별하는 인간의 사고방식을 근본적으로 바꿀 것을 말한다. 현재 살아가는 삶은 모든 만물이 그러하듯이 변화의 과정으로서 봄, 여름, 가을, 겨울이 운행하는 것과 같다. 장자는 자신의 아내의 죽음에도 슬퍼하지 않았던 이야기를 통해, 죽음 이전에 삶도 없고, 삶 이전에 형체도, 기운(氣)조차 존재하지 않았다는 것을 강조한다. 결국 죽음은 자연의 현상이므로 슬퍼할 필요가 없는 일이다. 도의 입장에서 생과 사, 선과 불선, 미와 추 등 그 어떤 것도 차별하지 말아야 한다는 장자의 태도는 우리 스스로 차별적 인식의 태도로 절대적 자유의 삶을 구속하지 말아야 한다는 것을 일깨워 준다.

3) 불교 윤리사상에서 바라본 죽음

마지막으로 불교의 죽음관을 살펴보도록 하자. 고등학교 윤리 교과서에서는 불교의 죽음관을 '윤회의 과정'에서 인간이 겪는 또 다른 삶의 과정이자, 현세에서 이루어지는 선행과 악행이 죽음 이후의 삶을 결정한다고 보았다. 이른바, 선인선과(善因善果) 악인악과(惡因惡果)로서 죽음을 설명하고 있다.

근본적으로 불교에서 죽음은 세존(世尊)인 석가모니마저도 피할 수 없는 연기적 삶의 과정이다. 인간이 태어나면 늙고 병들고 죽는 것은 당연한 일이다. 이것이 바로 사성제의 첫 번째 깨달음인 고성제(苦聖諦)이다. 하지만 생로병사의 고통과 번뇌가 있었기에 열반의 깨달음도 있는 것이다. 그래서 『잡아함경(雜阿含經)』에서는 "늙고 병들고 죽는 일, 이 삼법(三法)의 세 가지 고통이 세상에 없었다면 여래(如來), 응공(應供), 등정각(等正覺)은 세상에 나타날 수 없다."라고 말한다.

결국 죽음은 그 자체로 고통이 아니라 깨달음을 위한 삶의 핵심 과정이

*여래(如來, tathāgata) : '따타'(tathā)와 '아가따'(agata)의 합성어로 진리에 도달한 사람(如去), 진리로부터 온 자(如來)란 뜻이다. 붓다가 자기 자신을 지칭할 때 사용한 말이다.

*응공(應供, arhat) : 마땅히 공양을 받을 만한 자라는 의미에서 '응수공양(應受供養)'의 뜻. 붓다 당시 최고의 수행자에게 주어진 호칭으로 아라한(阿羅漢)이라고 한다.

*등정각(等正覺, samyak-sambuddha) : 바르게, 평등하게 깨달았다는 의미에서 정등각(正等覺), 정변지(正遍知)라고도 한다.

자, 삶의 기회이다. 또한 불교의 죽음은 집집마다 누구나 겪는 일로서 보편적 현상이다. 그렇기에 자신과 자신이 사랑하는 죽음을 부정하는 갈애(渴愛)는 어리석음일 뿐이고, 결국에는 걷잡을 수 없는 분노에 치닫게 되고 결국은 극심한 고통에 빠지게 한다.

앞서 언급한 것처럼, 불교의 관점에서 볼 때 죽음은 '윤회의 과정'에서 생명체가 겪는 불가피한 과정이며, 오온(五蘊: 色受想行識)이 해체되어 사대(四大: 地水火風)로 돌아가는 과정이다. 다시 말해서, 인간의 몸과 의식은 다섯 가지

끼사 고따미에게 죽음의 보편성을 일깨워 주는 석가모니

의 쌓임, 즉 오온으로 표현되며, 오온은 연기적(緣起的)으로 형성된 것이므로 고정된 실체가 없으며 변화를 피할 수 없다. 연기적으로 형성된 모든 것은 생주이멸(生住異滅), 즉 생겨나서 얼마 동안 머무르다가 변화되고 소멸된다. 그러나 불교의 죽음은 완전한 단멸(斷滅)이 아니다. 왜냐하면 인간은 근본적으로 불성(佛性)의 존재이며, 이 불성은 영원히 무너지지 않는 생명의 근본이기 때문이다. 이러한 불성을 깨달아 완전히 실현한 사람이 석가모니이며, 그의 뒤를 잇는 수많은 수행자들이 또한 체험을 통해서 증언을 해왔다.

서산대사(1520~1604)는 『선가귀감(禪家龜鑑)』에서 불성을 '참마음'으로 표현하면서 다음과 같이 말하고 있다.

"참마음은 어떠한 형상이 없으므로 오지도 않고 가지도 않으며, 이 몸이 생길 때 그 성품이 생겨나는 것도 아니요, 이 몸이 죽을 때도 그 성품이 없어지는 것이 아니다. 지극히 맑고 고요해 마음과 경계가 하나다. 오직 이와 같이 관찰해서 단박에 깨치면 삼세(三世: 과거, 현재, 미래)의 인과에 얽매이지 않는다. 이런 사람이야말로 세간을 초월한 자유인이라고 할 수 있다."

그러나 불성을 깨달아 합일되지 못한 사람은 전생부터 살아온 삶의 과정에서 생긴 업(業, Karma)에 따라 다시 태어나야 한다. 인과법칙(因果法則)의 지배를 받는 것이다. 대승불교 이론에서 중관사상과 더불어 쌍벽을 이루고 있는 유식사상(唯識思想)은 윤회의 과정에 대해 이론적으로 잘 설명하고 있다. 유식학(唯識學)은 팔식설(八識說)을 제시하는데, 안식(眼識: 시각의식), 이식(耳識: 청각의식), 비식(鼻識: 후각의식), 설식(舌識: 미각의식), 신식(身識: 촉각의식), 의식(意識: 앞의 5가지 식을 총괄하는 의식), 말나식(末那識: 자아의식), 아뢰야식(阿賴耶識: 모든 업을 포함하는 근본의식)이 그것이다. 아뢰야식은 모든 삶의 과정이 입력되어 있다가 기회와 조건을 만나면 출력된다. 그리고 우리가 생명을 마감할 때 우리의 육신과 의식을 이루고 있던 오온은 흩어지지만 아뢰야식만은 소멸하지 않으며, 아뢰야식이 스스로 지니고 있는 업의 힘에 따라 다음 생(生)을 받게 된다는 것이다.

이상과 같은 불교의 죽음관에서 다음과 같은 윤리적 함의를 끌어낼 수 있다.

첫째, 우리가 현세에서 지은 모든 것은 우리가 죽은 뒤에도 우리에게 과보로 다가온다. 이를 『잡아함경』에 있는 다음 게송이 가장 간단명료하게 표현하고 있다.

"전생의 일을 알고자 하는가[欲知前生事] 금생에 받고 있는 것이 그것이다[今生受者是]. 내생의 일을 알고자 하는가[欲知來生事] 금생에 짓는 일이 그것이다[今生作者是]."

우리가 이러한 이치를 깊이 받아들인다면 윤리적인 삶을 살기 위해 자발적으로 노력하게 될 것이다.

둘째, 죽음은 오온으로 태어난 존재들에게 필연적인 과정이다. 따라서 죽음에 대해 지나친 공포를 가지거나, 육신의 생존을 위해 지나치게 연연할 필요도 없다. 죽음에 대한 지나친 공포나 육신에 대한 지나친 애착은 연기의 진리를 모르는 어리석음의 소치일뿐만 아니라, 그로 인하여 다른 사람들이나 생명체들에게 부담과 고통, 희생을 야기하는 행동을 하게 될 가능성이 크다. 우리가 연기법의 이치를 깊이 관찰하여 오온(五蘊)으로 이루어진 무상(無常)한 육체적 생명에 대한 집착을 내려놓을 수 있으면, 편안한 마음으로 죽음을 받아들일 수 있고, 다른 사람들, 생명체들에게 주는 부담이나 고통을 최소화할 수 있다.

셋째, 우리가 마음공부를 하여 궁극적으로 오온을 벗어난 참마음을 깨달아 생사의 굴레에서 벗어나고자 노력하는 삶을 살아간다면, 우리는 육신의 생사를 넘어서 진화해 나갈 것이며, 죽음은 이러한 영원한 진화의 한 과정에 불과하게 될 것이다.

한마디로 말하면, 불교에서 바라본 늙고 병들고 죽는 일은 누군가에게는 깨달음의 씨앗이고, 누군가에게는 고통의 불씨인 것이다. 따라서 불교에서는 어리석은 불멸(不滅)을 바라기보다는 깨달음을 통해 다시는 윤회하지 않는 불사(不死)의 삶을 살아감으로써 생명에 대한 집착과 죽음의 고통에서 벗어나 모든 생명에게 그 어떤 것에도 머물지 않는 사랑과 자비를 베풀 것을 강조한다.

2
인간과 자연과의 관계

주요 용어

인간중심주의, 아리스토텔레스, 데카르트, 베이컨,

동물중심주의, 레건, 싱어, 테일러, 전일적 사고, 연기적 자연관,

불성, 자타불이, 자리이타, 방생, 불살생, 오계, 동체대비

서양 철학과 문화의 오랜 전통은 이성과 신앙을 토대로 형성되었다. 이러한 토대는 이 세상과 만물을 바라보는 것도 이성을 가진 인간, 신의 은총을 받은 인간이라는 인간중심주의 세계관으로 드러난다. 인간중심주의 세계관은 자연을 도구화하여 인간의 물질문명을 발달시켰지만, 동시에 인류와 자연 모두 공멸의 위기를 초래한 원인이 되었다. 불교에서는 인간과 자연 만물을 연기적 관점에서 모두 하나로 바라본다. 작은 티끌 속에도 우주가 담겨져 있다는 붓다의 가르침은 오늘날의 생태 위기를 극복할 지혜를 제공한다.

1) 서양의 인간중심주의 자연관

현재 인류 전체가 안고 있는 가장 심각한 문제가 환경오염과 생태계의 파괴라는 점에는 이론의 여지가 없다. 지금 이 순간에도 지구의 곳곳에서는 환경 재앙이 계속 진행되고 있다. 이런 상태로 진행되어 간다면 결국 지구는 앞으로 50년을 넘기기 어렵다는 진단이 나오기도 한다.

이와 같은 자연환경 파괴라는 심각한 상황에 이르게 한 주된 원인은 무엇일까?

서양의 오랜 역사는 아리스토텔레스(Aristoteles, B.C.E. 384~322) 이래로 꾸준히 인간만을 대자연의 주체로 인정하는 전통을 가졌으며, 근대의 데카르트(Descartes, 1596~1650)는 동물을 자동기계 정도로 여기거나, 베이컨(Francis Bacon, 1561~1626)은 관찰과 실험의 대상으로만 여겼다. 이러한 자연과 인간을 구분하는 이원론적 형이상학은 자연을 대상화하고 도구적 가치만을 인정하는 인간중심적 사고와 함께 극단적인 이기주의와 공리주의적 입장과 결합하여 과학기술문명의 발달을 가져 왔다. 그러나 과학기술은 가치중립적이기 때문에 과학 그 자체가 인류를 환경위기에 빠뜨렸다고 볼 수는 없다. 이성에 바탕을 둔 과학화와 산업화가 우리의 삶을 더 나은 방향으로 진보, 진화, 발전시킬 것이라는 단선적인 역사관, 과학을 인간의 욕망을 충족시키기 위한 수단으로만 삼는 인간의 어리석음에서 문제가 발생한 것이다.

데카르트의 기계론에 영향을 받은
프랑스의 발명가이자 예술가인 자크 드 보캉송의 오리

2) 서양의 인간중심주의 자연관의 반성

21세기를 살아가는 인류는 생태적 위기와 직면하게 되면서 새로운 자연관을 요구하고 있다. 인간의 욕망 실현을 위한 인간 중심의 문화에서 자연 생태계와 공존하는 문화로의 전환이 요청되고 있다.

자연은 인간 삶의 조건이며 신비를 간직한 세계이다. 자연이 없다면 인간은 숨을 쉴 수도 없고, 삶의 기본 조건인 의식주도 얻을 수 없을 만큼 자연은 신비스러우면서도 인간의 삶에 필수적이다. 인간에게 삶의 조건이면서 삶 그 자체인 자연은 인간에게 감동, 두려움, 경외감 등 다양한 경험을 제공한다.

최근 서구에서는 이러한 생태적 위기 속에서 '모든 물질은 유기적으로 연결되어 있다.'는 전일(全一)적 사고가 나타나기는 했지만, 대체로 개체론적 입장에서 싱어, 레건, 테일러 등 주요 환경론자들은 쾌고감수능력, 삶의 주체, 생명체라는 개체의 고유한 특성을 이유로 들며 동물, 생명체도 인간이 자연 속에서 살아가는 것처럼 도덕적 권리를 존중받아야 한다는 입장을 내세우고 있다.

피터 싱어,
오스트레일리아, 1946년~

톰 레건,
미국, 1938년~2017년

폴 테일러,
미국, 1923년~2015년

3) 불교의 연기적 자연관

특히 불교에서는 모든 존재들은 상호의존 관계를 맺고 있다는 연기론에 입각하여 자연을 전일적 관점에서 바라본다. 그리고 모든 존재에 불성(佛性)이 내재한다고 봄으로써 자연 그대로 평등하게 바라본다. 또한 인간이 자연과 불가분의 관계를 맺고 있으며, 자연과 인간이 서로 뗄 수 없는 자타불이(自他不二)의 관계성 안에서 존재한다는 것을 깨닫게 한다.

연기법의 관점에서 본다면, 지금 우리의 삶 위에 놓여 있는 일체 모든 존재와 존재가 만들어 내는 상황들은 예외 없이 수많은 인연들이 화합함으로써 일어난다. 어떤 한 가지 일이 일어나더라도 그것은 홀로 일어나는 것이 아니라, 이 우주법계의 일체 모든 존재가 참여하고 도운 것이다. 나무에 초록의 새순이 돋아나는 것조차 그 나무 혼자서 초록을 틔우는 것이 아니라, 흙과

물과 바람과 햇살, 나아가 일체의 모든 존재가 크고 작은 연관관계 속에서 크고 작은 도움을 주었기 때문에 거기에서 그렇게 싹을 틔울 수 있었던 것으로 본다.

불교에서 연기의 가르침을 설명한 대표적인 경전 구절로 "연기(緣起)를 보는 자는 법(法: 진리)을 보고, 법을 보는 자는 연기를 본다.(『맛지마 니까야 M28:28』)"라는 말이 있다. 주석서에 의하면, 여기서 '연기를 보는 자'란 조건[緣]을 보는 자란 말이고, 그 '법을 본다'는 것은 조건 따라 생긴 법들을 본다는 말이다. 즉 법을 본다는 것은 이 세상 그 어떤 것도 홀로 존재하지 않는다는 원리를 깨닫는 것이다. 이는 불교가 기본적으로 이 세상을 연기적

관점, 즉 전일적 관점에서 바라본다는 것을 분명히 보여주고 있다. 마치 어느 시인의 노래처럼, 대추 한 알도 저절로 붉어질 리는 없는 것이다. 그 속에 태풍, 천둥, 벼락, 한 소녀의 울음소리까지도 인연되어 붉어지고 익어가는 것이다.

앞서 언급한 것처럼, 불교는 연기법에 따라 자타불이를 강조한다. 이는 자연스럽게 불교의 자리이타(自利利他)로 이어진다. 그리고 자리이타의 정신을 실천하는 방법으로 방생(放生)을 적극적으로 실천할 것을 가르친다. 이를 통해 오계(五戒) 중 하나인 불살생(不殺生), 비폭력을 인간뿐만 아니라 동물에게까지 적극적으로 적용하게 된다.

사실, 불교에서 말하는 중생(衆生)은 유정물(有情物)로서 생명을 가지고 있는 모든 생명체를 말한다. 영어로 'sentient beings'로 표기된다. 오늘날 가장 대표적으로 동물을 존중하는 윤리적 입장을 취하고 있는 싱어(Peter Singer, 1946~)는 동물도 감각을 하는 존재로서 고통을 느끼므로 동물에게 고통을 가하는 행위는 중지되어야 한다고 말한다. 싱어가 말하는 감각을 느끼는 존재, 쾌고감수능력이 있는 존재는 불교에서 말하는 중생, 유정물과 동일하다고 할 수 있다.

따라서 불교에서 계율을 지키며 동체대비(同體大悲)의 자비를 실천하여 모든 생명체들을 고통에서 해방시키는 것은 지극히 당연한 입장이다.

『범망경(梵網經)』에서는 '모든 흙과 물은 모두 나의 옛 몸이고 모든 불과 바람은 모두 다 나의 진실한 본체이다. 그러기에 늘 방생하고 세세생생(世世生生) 생명을 받아 항상 머무는 법으로 다른 사람도 방생하게 해야 한다. 만일 세상 사람이 축생을 죽이려 하는 것을 보았을 때 마땅히 방법을 강구하여 보호하고 그 괴로움을 풀어주어야 한다.'고 설하고 있다.

불교의 연기적 관점으로 본다면, 바위, 흙, 물, 바람 등 무정물이 존재하지 않으면 생태계는 존재할 수 없고 유정물들도 생존할 수 없다. 서로 떼려야 뗄 수 없는 것이기 때문에 불교는 유정물만이 아니라 무정물까지도 생명이며, 모든 자연은 불성을 지닌 붓다라고 생각한다. 그러나 오늘날 인간만이 유일하게 모든 자연의 지배자라는 그릇된 생각은 무정물을 오염시키며 훼손하고 파괴해왔고, 유정물들의 서식지를 파괴하고 멸종에 이르게 만들었다. 오늘날의 환경위기는 인간 행위의 과보이며, 그 과보는 연기의 이치를 보지 못하는 것에서 비롯되었다. 작은 티끌 안에도 온 세계가 있다는 것을 바르게 인식해야 한다.

신라의 고승인 의상(義湘, 625~702)은 화엄사상을 간추려 표현한 『법성게(法性偈)』에서, "일중일체다중일 일즉일체다즉일 일미진중함시방 일체진중역어시(一中一切多中一 一卽一切多卽一 一微塵中含十方 一切塵中亦如是)"라고 하였다. 이를 풀이하면, '하나 속에 일체가 있고, 일체 속에 하나가 있으며, 하나가 일체이고 일체가 하나이다. 한 티끌 가운데에 시방세계가 담겨있고 낱낱의 티끌마다 시방세계 들어 있다.'라는 뜻이다.

정리하자면, 인간이 자연을 어떻게 바라보는가에 따라 그 관계와 결과는 확연한 차이가 나타난다.

불교의 연기적 세계관은 한 티끌과 온 세계를 운명공동체로 보는 전일적 입장을 명백히 한다. 불교는 개체적 입장에서 유정물과 무정물을 엄격히 구분하는 것과 자연 중 일부 주체가 다른 객체를 수단화하고 대상화하는 것에 반대한다. 지구촌의 환경위기를 극복하기 위해서는 식물과 동물과 같은 생물뿐만 아니라 자연생태계를 인식하는 데 있어서 새로운 상상력과 적극인 자세가 필요할 때이다.

3
직업윤리와 바른 노동

주요 용어

직업, 자아실현, 자아존중감, 노동, 막스 베버,

소명의식, 정진, 백장회해, 정명, 복전

직업은 단지 생계를 유지하는 수단이 아니라 자아를 실현하고, 공동체 일원으로서 사회에 참여할 수 있게 한다. 이러한 직업의 중요성은 동서양을 막론하고 성실한 자세와 윤리 규범을 말하고 있다. 그러나 서양의 대표적 사상가인 막스 베버는 그리스도교 전통에 입각하여 현대적 개념의 직업 윤리를 체계화하면서 불교를 포함한 동양의 직업 윤리를 자본주의 사회에 적합하지 않다고 폄훼하였다. 하지만 불교는 직업과 노동을 복전을 일구는 것이자 수행의 한 방편으로 삼고 있으며, 서로 함께 잘 사는 세상을 지향한다.

1) 직업의 의미와 막스 베버의 직업윤리

직업은 인간이 한 사회 공동체에서 살아가면서 자신의 능력이나 재능에 따라 일정 기간에 종사하며 경제적 재화를 얻는 지속적인 활동을 의미하며, 인간은 직업 활동을 통해 올바른 자아실현, 자아존중감, 인격을 형성하여 행복한 삶을 살아갈 수 있게 한다. 하지만 오늘날 우리 사회에서 겪고 있는 일자리 부족과 정규직, 비정규직 등으로 구분되는 심각한 노동불안의 문제, 자본주의가 물신화되어 버리는 상황 속에서 직업에 대한 올바른 윤리관을 정립하기란 쉽지 않다. 그렇기에 직업에 대한 올바른 윤리관이 정립되어야 할 필요가 있다.

독일의 사회, 역사,
정치학자 막스 베버

현대적 의미의 직업윤리를 대표하는 학자는 막스 베버(Max Weber, 1864~1920)이다. 베버는 그의 대표적 저서인 『프로테스탄티즘 윤리와 자본주의 정신』을 통해서 서양의 자본주의의 발전과 그리스도교적 전통, 즉 칼뱅주의의 형태로 드러난 프로테스탄티즘이 자본주의 정신과 조화를 이루는 핵심적인 가치와 태도의 원천이라고 주장한다. 소위 칼뱅의 직업소명설은 직업은 신이 각 개인에게 내린 소명(召命)이며, 소명으로서의 직업에 성실하게 된다면 이웃에게 사랑과 신의 영광을 실현할 수 있다는 주장이다. 이러한 주장은 성실한 삶을 통해 직업적으로 성공하고 개인이 부를 축적하는 것이 신의 축복의 징표라는 입장으로 이른바 청부(淸富)적 입장을 취한다. 베버는 이러한 청부적 입장의 칼뱅의 직업소명설이 서양의 종교적 정신과 세속적 자본주의를 조화시키며 발전시켰다고 본다. 그러나 베버는 동양에서는 이러한 직업윤리가 존재하지 않는다고 보고, 특히 불교가 속세와 세속적 욕망을 폄훼하고 명상과 같은 탈속적인 것을 강조하거나 모호성을 지닌다고 비판한다.

2) 불교의 직업윤리

막스 베버의 주장과 달리 불교에서의 노동은 단지 신체적 활동으로 국한되지 않는 정신적이고 심리적인 노력의 의미를 지닌 것으로서 수행의 한 과정으로서 정진(精進)이다.

주지하는 바처럼, 불교의 연기적 세계관은 예외가 있지 않으며, '일즉다 다즉일(一卽多 多卽一)'의 불이적 입장에서 개인과 사회 전체가 어떠한 경우에도 분리되어 있지 않다. 그렇기에 불교에서의 노동은 자신의 행복과 남의 행복을 함께 도모하는 수행이며, 우리가 받고 있는 수많은 은혜에 보답하는 과정이다. 이는 백장회해(百丈懷海, 749~814)의 '하루 일하지 않으면, 하루 먹지 않는다.(一日 不作 一日不食)'의 가르침 속에 잘 담겨져 있다. 내가 수고하지 않으므로 덕을 쌓지 않고, 남의 덕으로만 살아가는 것은 있을 수 없는 일이다.

또한 칼뱅이 신의

일과 수행이 둘이 아니라는 것을 알기에 울력(運力)하는 스님들의 모습

소명으로서의 직업에 귀천이 없다고 주장하는 것처럼, 불교 역시 직업에 대한 귀천이 없다고 단언한다. 불교에서는 "태어남에 의해 천민이라는 것도 없고, 태어남에 의해 바라문이라는 것도 없다. 행위에 의해 천민이고, 업에 의해 바라문이다."라고 강조한다. 이는 고귀함이란 신분에 의한 것이 아니라 사회적 직분을 얼마나 성실하게 수행하는가라는 업에 따라 그 귀천이 나타난다는 것이다. 그렇기에 팔정도의 정명(正命: 바른 생계수단)은 우리가 목숨을 유지하기 위한 방식이 다른 이를 살생하거나 상해를 입히는 불명예스러운 것이어선 안 된다고 안내한다. 잘못된 생계유지는 참다운 노동도 삶도 아니며, 오히려 번뇌의 고통을 야기할 뿐이다.

연기적 관계 속에서 존재하는 자아를 강조하는 불교에서는 노동에 의해 얻은 소유물에 대해서도 배타적 권리보다는 공생을 위한 수단으로 바라본다. 그렇기에 『숫타니파타』에서는 "많은 재산과 황금과 양식을 지닌 사람이 맛있는 것을 혼자 누린다면 이것이 파멸의 문이다."라고 가르친다.

불교의 직업윤리, 노동관을 정리하자면, 노동은 성실하게 정진해야 할 수행의 과정으로서 연기적 관계 속에서 복전(福田)을 일구는 과정이다. 그러한 직업에 귀천이 있을 수 없으며, 생명을 살리는 행위로서 스스로 귀해질 뿐이고 그렇지 않으면 정명(正命)이 아니다. 불교는 복전을 일구며 살아가는 노동을 통해 너도 잘 살고, 나도 잘 사는 세상, 우리 모두가 행복한 공존의 삶을 살아갈 수 있다고 본다.

4
정의로운 분배

주요 용어
소유권, 분배정의, 자유주의 정의관,
노직, 롤스, 중도, 전륜성왕, 정법

개인의 소유권을 생명권만큼 소중하게 여기는 서양의 자본주의, 경제적
자유주의는 국가와 개인을 대립적 관계로 규정한다. 그렇기에 국가가 경
제적 불평등을 조정하고 복지를 위해 개인의 소유권에 개입하여 분배하
는 정책은 기본적으로 최소화해야 한다는 입장이다. 이에 비해 불교는 정
법에 따른 분배정책을 추구하고, 그 분배정책은 가난하고 궁핍한 사람들
에게 적극적 복지를 펼쳐주는 것이다. 이러한 불교적 분배정책은 전체 공
동체의 삶을 건강하고 안정적으로 만들어 준다고 강조한다.

1) 서양의 자유주의 분배정의

현대사회의 많은 사람들은 공정하고 자유로운 경쟁을 통해 자신의 사적 소유재산을 형성하고 그 소유권을 보장받는 사회를 상식적이고 정의로운 사회로 생각한다. 하지만 누구나 당연히 동의할 만한 이러한 사회에 대한 생각은 정의를 논하는 사상가들마다 무엇이 공정하고 자유로운 경쟁이며, 국가는 사적 소유를 어디까지 보장해야 하는지에 따라 입장이 다르다.

이러한 문제에 관심을 가진 서양의 대표적 사상가들로는 이른바 자유주의 정의관을 대표하는 사상가인 노직(Nozick, R., 1938~2002)과 롤스(Rawls, J., 1921~2002)가 있다. 그러나 이들 모두 개인의 자유를 기본적으로 중요하게 생각하지만, 노직은 국가에 의한 강제적인 재분배 정책에 원천적으로 반대하며 소유권을 최대한 보장해야 한다는 입장을 주장한 것에 비해, 롤스는 개인의 기본적 소유권을 보장하는 입장을 취하면서도 최소수혜자에게 실질적 기회를 부여해야 한다는 입장을 가지고 분배 정의 실현을 위한 재분배에 찬성한다.

2) 불교의 경제정의

불교는 고통으로부터 자유로워지는 것을 목표로 하고 있다. 그러기 위해 불교는 어떤 쪽이 과하거나 부족한 양극단을 지양하는 중도(中道)의 삶을 통해 탐욕과 집착, 어리석음이라는 삼독심에서 벗어난 삶을 살아야 한다고 가르친다. 불교의 중도의 삶은 경제정의 즉, 소유권과 분배 정의에도 적용된다. 불교에서는 소유권에 대한 입장은 기본적으로 세속적 집착에서 벗어날 것을 강조하지만, 경제적 관점에서 부를 추구하는 것은 악이 아니다. 오히려 극심한 가난은 사람들에게 제대로 된 삶을 이루지 못하게 한다고 본다.

　　오늘날 우리는 가난과 부채로 극단적 상황에 처하거나 선택을 하는 비참한 현실을 목격하게 되는데, 불교에서도 가난과 부채는 세상의 가장 비참한 일이라고 본다. 즉 불교는 경제적 부는 인간의 삶을 적정하게 하는 삶의 수단이라는 상식을 전제하며, 또한 성실한 노동으로 얻은 부의 축적을 허용하고 있다. 다만 중요한 것은 그것을 어떻게 만들고 사용하느냐이다. 하지만 비록 부가 도덕적인 방식으로 만들어지고 자신과 타인에게 유익하게 사용되더라도 부에 대한 탐욕적인 태도를 지녀서는 안 되는 것이다.

3) 불교의 분배정책

　　다음으로 불교에서의 분배정책에 대해 살펴보자. 불교에서는 깨달음을 얻은 통치자는 사람들이 가난하지 않도록 통치해야 할 의무를 지닌다. 이와 관련해서 『전륜성왕사자후경(轉輪聖王師子吼經)』에서 정법(正法)에 따르는 통치와 정법에 따르지 않는 통치를 비교하며 국가의 분배정책은 어떠해야 하는가에 대한 입장을 살펴볼 수 있다. 먼저, 정법에 따르는 군주의 다스림은 "보초와 감시자를 세워야 하고, 가족, 군대, 귀족들, 종속국가들을 진리에 따라 살 수 있도록 해야 한다. 또한 마을과 동족, 수행자와 성직자, 들짐승과 날짐승을 위해 살아야 한다. 왕국에서 만연된 범죄를 막고, 궁핍한 사람들에게 재물을 나누어야 한다."고 말한다. 또한 통치자가 자비의 윤리로서 국가의 철학을 바로 세우고 정법에 입각한 이상적 통치를 하게 된다면, 사람들의 수명은 연장되어 아름답고 평화롭게 살아갈 수 있게 된다고 말한다. 이러한 불교의 사상은 통치자는 보초와 감시자를 통해 범죄와 전쟁을 방지하며 사회적 약자를 보호하기 위한 적극적 노력을 해야 한다는 점에서 노직의 이상국가인 야경국가식 최소국가와는 대비가 된다. 노직에 의하면 "최소국가가 분명히 유토피아는 아니지만, 유토피아를 위한 골격으로서 영감 고취적"이라고 주장한다.

그러나 통치가 정법(正法)에 의하지 않고, 가난한 사람들에게 재산을 분배하지 않는다면, 외로운 노인, 궁핍한 사람들이 가난으로 고통을 받게 되며, 가난으로 인해 도둑질을 하게 된다. 또한 가난을 해결하지 않고 단지 도둑질하는 사람들에게 벌을 주어 다스린다면, 나라는 더욱 도덕적으로 타락하여 강도가 생기고 무기가 생겨나 살생이 늘어나고 도둑질하려는 사람은 더욱 더 많아진다. 그리고 거짓말[妄語]과 욕설[惡語], 이간질하는 말

전륜성왕의 이상을 몸으로 보여준 성군(聖君), 아쇼카

[兩語], 간교한 말[奇語] 등의 악업이 횡행하게 된다. 그렇게 되면 사람들은 8만세까지 되었던 수명이 10세로 줄어들게 된다.

흥미로운 것은 정법을 따르지 않는 통치자는 처음에는 가난으로 도둑질하는 사람들에게 더 많은 재산을 주어 도둑질을 하지 못하게 만들려는 방법을 사용한다. 그렇게 하면 도둑질할 이유가 사라질 것이라는 판단이었다. 하지만 그러한 방법이 효과가 없다는 것을 자각한 통치자는 강한 처벌로써 통치를 하게 된다. 이를 통해 알 수 있는 불교에서 주장하는 국가의 분배정

책은 먼저 도둑질을 할 이유를 근본적으로 제거하는 것이 우선이라는 점이다. 도둑질이 발생한 후, 사후처방적 대처는 연기적 인과의 법칙에 어긋난다는 점이다. 또한 통치자가 깨달음을 위한 수행을 잘못할 경우 그 피해는 국가적 재앙을 불러 일으킨다는 점도 확인할 수 있다.

요컨대, 불교의 정법에 따르는 입장에서 오늘날의 분배정의로 적용하여 살펴본다면, 안전한 사회를 위한 안전망을 확보하고, 사회의 기본적 가치를 연기적 관계로 설정하고 탐욕이나 집착으로 흐르지 않도록 경계하며, 모든 사람들이 가난이라는 고통에서 벗어날 수 있도록 사회, 경제적 약자를 위한 분배 정책에 적극적으로 나서야 한다는 입장을 취한다. 집이 없는 가난한 사람들에게 불교는 그 고통에서 벗어날 수 있게 해 주어야 한다. 불교는 집도 절도 없는 사회를 반대한다.

5
물질주의 시대의 소비

주요 용어

소비, 보드리야르, 기호 소비, 무관심의 절정,

아귀도, 오관게, 삼독, 승가공동체, 평등사상법

생산과 더불어 소비는 인류의 생존을 위한 필수적 활동이다. 그러나 인류는 오랜 기간 생산은 부족하였고 소비는 절제되어야 했다. 그러나 산업혁명 이후 빠르게 증가한 생산량이 소비를 압도하게 되면서 소비는 보여주기식 기호 소비로 전환되고 있으며, 소비는 절제되지 않고 있다. 이로 인해, 소비는 비인간화를 넘어 생태의 위기를 초래하고 있다. 불교는 연기를 바탕으로 탐욕에서 벗어나 쌀 한 톨의 무게를 우주의 무게로 인식할 것을 강조하며, 인간과 자연의 지속가능한 발전이 이루어지도록 만들어 주는 지혜를 제공한다.

1) 기호를 소비하는 현대인의 소비

인류는 소비를 통해 생존할 수도 있고, 다양한 욕구를 해결한다. 그리고 인류는 오랜 기간 생존을 위한 의식주의 생필품 공급의 부족으로 인하여 빈곤을 겪어왔다. 그러나 산업혁명 이후, 생산의 산업화와 분업이 효율적으로 이루어지며 생산량의 급격한 증대가 이루어졌다. 이를 통해 생산과 수요가 적정화 되었으며, 이제는 수요보다는 생산의 양이 월등히 많은 시대를 맞이하고 있고, 생존을 위한 소비를 경제적 부담 없이도 충분히 할 수 있는 사회로 전환되었다.

그럼에도 불구하고 사람들은 물질에 대한 소외감, 빈곤감에서 벗어나지 못하고 있다. 그 이유는 보드리야르(Jean Baudrillard, 1929~2007)가 지적하듯이 소비의 목적이 생존을 위한 것, 필요에 따른 소비가 아니라 기호가치(記號價値)로 전환되었기 때문이다.

프랑스의 철학자이자 사회학자,
장 보드리야르

보드리야르의 기호가치란 사람들이 소비가 물건의 기능이나 용도가 아니라 기호(記號)를 소비하는 것, 즉 이미지 보여주기 식의 소비를 하는 것이다. 이러한 사회에서는 마르크스적 의미의 상품 가치인 필요, 유용성의 가치로서의 상품 소비보다 자신의 계급의 차이를 보여주는 이미지, 기호로서의 상품 소비를 중심에 둔다.

예컨대, 기능적으로 멀쩡한 의류, 냉장고, 텔레비전, 스마트폰 등은 버려지고 새로운 디자인의 의류, 명품 가방과 시계 등을 더 선호하는 사회가 되었다. 더 많은 부를 가진 사람들은 자신의 부를 과시하기 위한 차별화된 상품을 소비하며 우월함을 증명하려는 공격적 소비를 하고, 상대적으로 경제적으로 부족한 사람들도 부유한 계층과 동질화되려고 하고 소비문화에서 소외되지 않으려고 방어적 소비를 한다.

이러한 소비문화는 우리가 사는 사회를 풍요하지만 빈곤한 사회, 불행한 사회, 만족하지 못하는 사회로 만들고, 인간의 가치를 인간 그 자체에서 찾기보다는 상품을 소비함으로써 찾는다는 점에서 인간을 소외하게 만들고 있다. 이를 극복하기 위한 방식으로 보드리야르는 '무관심의 절정', 즉 자본주의의 유혹에도 동요하지 않는 철저한 무관심으로 탐욕적인 자본주의를 내부로부터 서서히 파괴[내파(內破), implosion]해야 한다고 주장한다.

2) 탐욕의 소비문화 : 아귀도의 비유

사발을 들고 배고픔에 고통받는 아귀의 모습(국립중앙박물관 소장 탱화 부분도)

불교는 아귀도(餓鬼道)를 통해 이러한 탐욕으로 인한 고통의 소비사회를 경계해야 한다는 점을 강조하고 있다. 아귀도는 악업으로 죄를 지은 사람, 돈을 많이 밝히는 사람, 욕망은 넘쳐 탐욕에 빠지되 자비를 베풀지 않는 사람들이 가는 곳이다. 이곳에 사는 아귀 귀신들은 몸은 크지만 목구멍은 바늘구멍만 하다. 그래서 음식과 물을 절대로 먹지 못하고 설령 먹을 수 있다고 해도 음식이 다 불에 타버리고 언제나 굶주림의 고통에서 벗어나지 못한다. 또한 여자 아귀는 굶주림으로 인해 임신을 해도 아이를 낳고 잡아 먹기를 반복한다. 결국 자신이 소화할 수 있는 것을 모른 채, 무작정 더 많은 것을 탐하는 것은 끝없는 고통이며, 부모와 자식이라는 천륜마저 끊게 만드는 어리석음임을 알 수 있다. 이는 오늘날 탐욕적 자본주의 체제의 끝없는 과시적 소비문화, 불필요한 소비문화, 열등감을 자극하는 소비문화를 성찰할 수 있게 해주는 직접적 비유가 되어 준다.

또한 불교에서의 소비에 대한 기본적 가르침은 연기를 깨닫고 탐욕, 성냄, 무지의 삼독심에서 벗어나 자비를 위한 삶의 과정이다. 이러한 사상은 절에서 공양할 때 먼저 외우는 게송인 오관게(五觀偈)를 통해 어떠한 마음 자세로 생존을 위해 필요한 음식을 섭취해야 하는지를 분명히 한다.

오관게는 다음과 같다.

계공다소양피내처(計功多少量彼來處) : 이 음식이 어디서 왔는가
촌기덕행전결응공(忖己德行全缺應供) : 내 덕행으로는 받기가 부끄럽네.
방심이과탐등위종(防心離過貪等爲宗) : 마음의 온갖 욕심 버리고
정사양약위료형고(正思良藥爲療形枯) : 몸을 지탱하는 약으로 알아
위성도업응수차식(爲成道業應受此食) : 도업(道業)을 이루고자 이 공양을
　　　　　　　　　　　　　　　　　　받습니다.

3) 쌀 한 톨의 무게, 우주의 무게

불교에서는 이 세상에 존재하는 아주 작은 것이라도 온 우주의 인연이

담겨져 있다고 본다. 그래서 쌀 한 톨의 무게를 옛 스님들은 일미칠근(一米 七斤)이라고 했다. 쌀 한 톨을 만들기 위해 농부는 일곱 근의 땀을 흘려야 한다는 것이다. 하지만 가르침의 핵심은 태양, 바람, 흙, 계절의 변화 등이 조화를 이룰 때 가능하기에 쌀 한 톨의 무게는 온 우주의 무게이며, 온 생명의 무게로 인식하라는 것이다.

'밥이 하늘입니다'(이철수 판화)

따라서 한 끼의 식사는 온 우주의 생명이 바쳐져 내게 오는 것이기에 함부로 대할 수 없으며 과하게 식탐을 낼 수 없다. 소박한 식사만으로도 충분하다. 또한 음식을 먹는 자신이 쌀 한 톨이라도 먹을 만큼의 덕행을 했는지 그 자격을 생각하며 다시 한번 자신에게 주어진 한 끼의 식사에 대한 고마움을 되새기게 된다. 또한 밥을 먹는 것이 몸을 지키는 약으로 여겨 탐욕, 성냄, 어리석음의 삼독을 버리고 마음을 깨달아 세상에 고통받는 모든 이들을 위한 삶을 살기 위한 각오가 포함되어 있다.

마찬가지로 불교에서의 의복은 날벌레부터 몸을 지키고 추위를 막기 위해 입는 것으로서 결코 계급을 구분하기 위해 입는 기호가 아니다. 만약 계급을 구분하기 위한 옷을 입는다면 그것은 탐진치의 삼독에서 벗어나지 못한 것이다.

그래서 붓다는 출가를 결행할 때부터 화려하고 보배로운 옷을 버리고 거칠고 해진 옷을 입었으며, 깨달은 후에도 낡고 더러운 옷 조각을 기워 입는 분소의(糞掃衣)를 입었다. 분소의는 버려진 옷감 조각을 흙과 분뇨를 이용해 염색하고 기워서 만든 옷이다. 이러한 옷을 입는 것은 결코 부끄러운 일이 아니다. 승가공동체는 모두 평등한 공동체이다. 소박한 옷을 입음으로써 누구나 쉽게 입을 수 있고, 복장을 차별화하지 않음으로써 평등사상과 더불어 대중은 서로 의지하며 화합해야 한다는 의식을 담아내고 있다.

앞서 오늘날 자본주의가 생산력을 고도로 발전시켜 온 동시에, 탐욕적 자본주의 체제는 소비의 문제를 필요의 소비문화에서 기호 가치를 소비하는 문화로 변신하며 사람들을 빈곤과 고통으로 몰아넣고 있다는 것을 살펴보았다.

이러한 소비는 최소한의 비용으로 최대한의 이익을 창출해야 한다는 서양이 추구해 온 오래된 합리성마저 의심스럽게 한다. 그렇기에 환경, 사람, 지속 가능성 등을 위한 윤리성을 토대로 한 소비는 더 요원하다. 보드리야르가 무관심의 절정을 통해 비인간적 자본주의 체제를 유지하기 위한 탐욕적 상업 광고의 마케팅, 기호소비 지옥에서 벗어나기 위해 노력해야 한다고 했다면, 불교는 연기(緣起)를 자각하고 세상에 고마워하며 나 역시 세상에 이로움을 주는 삶을 살아야 한다는 지혜를 강조하고 있다.

6
인공지능과 불교

주요 용어
인공지능(AI), 불성, 조주선사, 업식,
디지털 휴먼, 메타버스, 능가경, 자비

4차 산업혁명을 맞이한 현대사회는 인공지능(AI)과 메타버스가 일상화되는 세상으로 빠르게 변모되고 있다. 특히 인공지능과 메타버스는 우리들에게 인간의 정체성과 세계의 모습에 대한 혼란과 고민을 안겨준다. 불교는 전통 사상임에도 불구하고, 인공지능과 메타버스의 시대를 직면하는 방법과 윤리적 질문들에 대해 지혜를 제공해 준다. 그것은 인간은 보다 인간답게 살아야 한다는 것이며, 또한 현실과 가상의 세상을 구분하기보다는 우리가 살아갈 세상을 자비로운 세상으로 만들어야 한다는 것이다.

1) 인공지능의 시대와 풀어야 할 과제

21세기 사람들의 일상을 변화시킨 가장 큰 기술적 혁명은 인공지능의 확산이다. 인공지능이란 1956년 다트머스 회의(Dartmouth Conference)로 알려진 모임에서 만들어진 신조어 'Artificial Intelligence'로서 흔히 AI라고 말한다. 초기 인공지능을 연구한 학자들은 컴퓨터가 체스 세계 챔피언이 될 것이고, 아름다운 음악도 작곡할 것이라고 예상하였다. 그 예상은 세계 최고의 바둑기사 이세돌과 알파고와의 대결에서 알파고가 이세돌을 이기면서 현실이 되었다. 특히 인간의 직관이 필요한 게임이자, 무한한 경우의 수를 가진 바둑에서 알파고가 이긴 것은 인류에게 신선함보다는 충격으로 다가왔다. 인공지능은 알고리즘(algorithm)

을 통해 개인의 일상을 파악하고 있다. 이는 편리하지만 인간에게 불안을 야기한다. 또한 인공지능은 시간이 갈수록 인간의 모습을 하고 합리성, 논리성과 더불어 감성을 갖추면서 다가오게 될 것이며, 이로 인하여 인류는 예상하기 어려운 문제에 직면할 것이다.

특히 윤리적 측면에서 살펴본다면, 도덕적 딜레마 상황에서 인공지능 로봇이 도덕적 결정을 내리도록 해야 하는가의 문제가 대두된다. 즉, 인공지능 로봇에게 자율적으로 행동할 수 있는 자격을 부여해야 하는가의 문제로서 도덕적 행위자로 인정해야 하는가의 문제를 생각하지 않을 수 없다. 그렇다면 '인공지능 로봇은 과연 도덕적 결정을 내릴 수 있는 실재인가?', '누구의 도덕 혹은 어떠한 도덕을 구현해야 하는가?', '그 책임을 또한 물을 수 있는가?'의 문제 역시 뒤따르게 된다. 이러한 철학적 문제를 해결하지 않고서는 기술의 진보를 낙관적으로만 볼 수는 없다.

2) 인공지능에도 불성(佛性)이 있는가?

　최근 불교에서도 인공지능에 대한 관심을 가지고 다양한 주제를 탐구하고 있다. 가장 핵심적인 질문이라고 할 수 있는 문제로서 인공지능은 도덕적 결정을 내릴 수 있는 실재로서 인정해야 하는가를 불교적으로 바꾸어

말한다면, '인공지능 로봇에도 불성이 있을까?'이다. 이와 유사한 불교적 질문은 '개에게도 불성이 있는가?[狗子無佛性]'에 대한 조주(趙州, 748~835)선사의 대답 '없다[無]'이다. 즉 4차 산업혁명의 시대에 우리가 더 관심가져야 할 것은 불성의 유무 문제가 아니라 불성이 있는 존재 '되기'로 변모되어야 한다는 것이다. 미래사회의 인공지능 로봇과 인간의 정체성이 어떤 식으로 규정될지, 어떻게 변화할지 쉽게 단정할 수 없다. 하지

수많은 화두를 제시한
중국 당나라 조주선사

만 개처럼 사는 업식(業識)으로는 불성이 없다고 단호하게 말한 조주선사의 가르침에서 볼 수 있는 것처럼, 축생(畜生)보다 못한 인간의 삶을 되돌아보아야 할 것이다. 인간이 축생만도 못하게 날로 흉포해지는 동안 인공지능 로봇이 인간보다 더 숭고한 감정과 지성을 갖추게 되는 경우를 생각해 볼 수 있을 것이다. 인간, 생명, 기계의 차이점과 경계가 모호해지는 순간 나는 누구인가, 또는 무엇인가에 대한 화두가 떠오른다. 주의를 기울여 봐야 할 것은 불성이 머무는 소재(素材)가 아니라 그 불성 자체가 흐르는 모습인 것이다.

3) 메타버스 시대를 어떻게 살 것인가?

인공지능의 발달은 디지털 휴먼을 만들어 낸다. 디지털 휴먼은 컴퓨터 그래픽으로 만들어진 디지털 공간에서의 가상 인간을 말한다. 그리고 이러한 디지털 휴먼은 우리들의 일상뿐만 아니라 메타버스라는 가상의 공간에서 활동을 한다. 디지털 휴먼뿐만 아니라 실제 사람들도 메타버스라는 가상의 공간에서 부동산을 팔고 사며, 회의, 공연, 쇼핑 등의 활동을 한다. 그렇다면 우리는 이 메타버스를 어떻게 바라봐야 할까?

파라미타 청소년협회, 메타버스 가상공간서 연합캠프 개최(2021년)

메타버스에서는 다양한 사건들이 벌어진다. 사람들이 매 순간 선택하고 의미를 부여하며 이야기를 만들어간다. 이러한 과정은 인간에게 경험과 추억을 만들어 주며, 상호작용을 통해 자신만의 감정을 쌓아가며, 그 감정을 공유하는 행위를 되풀이 한다. 그렇기에 메타버스는 단순한 현실의 복제품이 아니며, 또 다른 세계로 볼 수 있다.

그렇다면 어떻게 메타버스 시대를 살아갈 것인가. 현실은 현실대로, 메타버스는 메타버스대로 경계가 없으므로 인간에게 의미가 있다. 후기 대승불교의 경전인 『능가경(楞伽經)』에서 설하는 것처럼, "물과 거울 속에 비추어진 자신의 모습에 놀라는 사람처럼, 등불과 달빛 속에서 자신의 그림자를 타인으로 오해하는 것처럼" 모든 존재와 현상은 마음이 투사된 것이고 오직 분별일 뿐이다. 메타버스가 구현하는 매혹적인 색과 형상, 소리, 감촉들도 다름 아닌 우리의 마음에서 시작된 것이다. 메타버스가 구현하는 다양한 법계에 대해 집착할 것도 없고 외면할 이유도 없다. 다만 현실세계든 메타버스든 그 법계가 펼쳐질 때마다 허망한 분별을 일삼는 것을 경계할 일이다. 우리가 원본이라고 믿는 현실세계든, 가상이라고 믿는 메타버스든 어차피 마음의 분별 작용이다. 그보다 중요한 것은 '인간의 마음에 어떤 가치를 담아낼 것인가?'라는 질문일 것이다. 예를 들자면, 메타버스에서 '초월'의 'meta'가 아니라, '자비'라는 의미의 'metta'가 온 세상을 뒤덮는 자비 세상인 'metta-verse'를 염원하는 것이 바람직하다.

요컨대, 인공지능 시대에 던져진 많은 메타 윤리적 질문들에 대해 불교적 입장은 가상과 현실의 엄밀한 구분에 집착하기보다는 있는 그대로의 현상을 차분하게 바라보며, 자신의 삶의 의미와 우리가 존재하는 세계에서 어떻게 자비로운 세상으로 만들 것인가에 대한 고민을 잃어서는 안 된다는 점을 강조한다.

7
평화 공존의 윤리

주요 용어

전쟁, 평화, 아힘사,

평화적 수단에 의한 평화, 소극적 평화, 적극적 평화,

불살생, 연기, 동체대비

인류는 끊임없이 평화를 바라지만, 역사는 끊임없는 갈등과 전쟁으로 점철되어 있다. 이러한 평화에 대한 갈망은 이른바 '평화학'이라는 학문 분야가 생겨났고, 그 서양적 선구자로 요한 갈퉁이 손꼽힌다. 요한 갈퉁은 평화는 평화로운 방법으로 이루어져야 한다고 주장하고, 자신의 평화학에 큰 영향을 준 사상이 연기적 관계를 강조하는 불교라고 말하고 있다. 불교는 연기를 바탕으로 불살생의 계율을 중시하며 동체대비의 사랑의 실천을 강조한다.

1) 평화의 의미

인류의 오랜 소망 중 하나는 평화로운 세계 안에서 자유와 평등의 권리를 존엄하게 누리며 행복하게 살아가는 것이다. 그러나 인류는 평화를 파괴하는 폭력과 전쟁을 끊임없이 자행해 왔으며, 때로는 그러한 비인간적 행위들을 역사적 흐름 속의 부득이한 과정으로 당연시하며 받아들이기까지 한다. 분명한 것은 전쟁보다 더 잔인한 인권 유린은 없다는 사실이며, 그만큼 평화는 더 간절하다.

'평화'는 다양한 어원을 가지고 있다. 평화의 일반적인 어원을 살펴보면, 먼저 민족, 폴리스 간의 전쟁 상태에서의 일시적 평화, 휴전 기간을 의미하는 헬라어 '에이레네(eirene)'가 있고, 전쟁을 막기 위한 정치, 군사력 등의 무력을 통한 억압적 소강 상태, 평정 상태인 '팍스(pax)'가 있다. 이 둘의 평화개념은 일시적, 소극적 평화개념이다. 다른 평화개념으로는 지속적인 평화와 사회적 정의가 실현되는 평화인 히브리어의 '샬롬(shalom)', 아랍어 '살라암(salaam)'이 있다. 또한 생명체를 살해하거나 해(害)하는 모든 직접적, 간접적인 행위를 금하는 불교의 불살생 정신이 담긴 '아힘사(ahimsā)'가 있다. 이러한 평화개념은 현상으로 나타난 폭력의 문제를 근본에서부터 해결하고자 하는 적극적 평화개념을 포함하고 있다. 오늘날 우리가 바라는 평화는 단지 직접적 폭력이 없는 상태가 아닌, 폭력의 원인이 되는 구조적 폭력과 그 폭력을 정당화하는 문화적 폭력이 사라진 평화이다.

2) 요한 갈퉁의 평화이론

이러한 평화의 문제를 학문적으로 체계화한 학자는 요한 갈퉁(Johan Galtung, 1930~)이다. 갈퉁의 평화이론의 핵심은 "평화적 수단에 의한 평화"이다. 이는 폭력은 폭력을 부르며, 평화는 평화를 부른다는 말로 압축될 수 있는데, 어느 영화의 대사처럼,

노르웨이의 사회학자 요한 갈퉁

'폭력이 옳다면 사랑과 평화는 설 자리가 없다.'는 주장이다. 즉 팍스 로마나, 팍스 시니카, 팍스 아메리카나 등과 같은 특정 패권국가의 정치, 권력의 힘으로 침묵시키는 방법으로는 진정한 평화는 실현될 수 없으며, 전쟁과 무력적 폭력의 원인을 제거해야 한다고 본다.

갈퉁은 폭력과 평화의 개념을 구체화한다. 그에게 평화란 소극적 평화와 적극적 평화로 구분된다. 소극적 평화란 신체에 가해지는 직접적이고도 현재적인 폭력으로서 전쟁, 테러, 폭행 등을 예로 들 수 있다. 적극적 평화란 사회, 경제적 측면의 구조적 폭력의 부재로서 빈곤, 억압, 인종차별, 사회적 불공정, 나쁜 정치와 법률 등을 예로 들 수 있다. 주목할 것은 직접적 폭력의 경우 폭력의 주체인 가해 당사자가 분명하기 때문에 규제와 억제, 처벌이 용이한 반면, 간접적 폭력의 경우 폭력의 주체가 불분명하기 때문에 규제와 억제, 처벌이 쉽지 않다. 여기에 종교와 사상, 언어와 예술, 과학과 법, 대중매체 등의 폭력적 문화는 직접적 폭력과 구조적 폭력을 정당화하는데 이를 문화적 폭력이라고 부른다. 갈퉁에게 평화란 모든 종류의 폭력, 직접적 폭력, 구조적 폭력, 문화적 폭력의 감소와 소멸이며, 이를 이루는 과정은

비폭력적으로 이루어져야 한다. 이러한 갈퉁의 평화 이론에 영감을 주고 배경이 되어 준 것 중 하나가 불교이며, 불교의 연기론은 갈퉁의 입장과 조화를 이룬다.

3) 불교의 동체대비의 평화사상

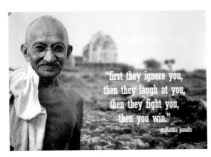

"first they ignore you,
then they laugh at you,
then they fight you,
then you win."
mahatma gandhi

간디의 비폭력 불복종 운동

앞서 언급한 것처럼, 불교적 평화는 아힘사, 불살생의 정신에 잘 담겨있다. 이 불살생의 정신은 폭넓은 의미를 담고 있어 단지 갈퉁이 말한 직접적 폭력의 제거뿐만 아니라 구조적 폭력, 문화적 폭력으로 인한 살생 및 상해 등이 모두 제거된 평화이다. 그렇기에 불교는 모든 형태의 생명을 해치지 않는 행위, 상처를 내거나 해를 입히지 않는 행위와 같은 직접적 폭력을 금하고, 잔학 행위나 억압적 사회 제도, 차별과 멸시를 불러일으키는 폭력의 배경인 구조적, 문화적 폭력에 반대한다. 이를 위해 불교에서는 오계(五戒)를 지켜 타인에게 해를 끼치는 결과를 초래하지 않게 하고, 타자에게 해를 끼치지 않는 것을 넘어 적극적인 자선을 권장하며 평화를 위한 제도적 개선을 위해 노력할 것을 권면한다.

평화에 대한 불교의 이러한 입장은 연기(緣起)로부터 비롯된다. 이 세상에 존재하는 모든 것은 서로 연결되어 상호의존적으로 존재하고 드러날 뿐, 그 어떤 것도 독립적으로 존재할 수 없다. 평화와 폭력의 문제 역시 연기를 떠나 해결할 수 없는 과제이다. 불교적 입장에서 갈등, 폭력, 전쟁 등의 원인은 연기적 실상을 제대로 보지 못하는 무지와 '나'와 '너', '우리'와 '우리 아님'과 같은 구별과 집착으로부터 비롯된다. 따라서 무엇보다 중요한 것은 우리가 사는 세상이 연기적 관계 속에서 존재하며, 자아조차도 불변하는 독립적 실체가 아님을 분명하게 자각하는 것이다. 이러한 자각은 폭력 없는 세상에서 모든 존재가 서로 사랑하고 평화롭게 살아가기 위한 전제조건이다.

"이것이 있으므로 저것이 있고, 이것이 없으면 저것도 없으며, 이것이 생기면 저것도 생겨나고, 이것이 없어지면 저것도 없어진다."라는 연기론의 기본 원리를 확실히 깨달아야 한다. 이러한 깨달음의 관점에서 바라보아야 폭력의 문제가 폭력의 주체, 객체 간의 현재적 갈등과 충돌에만 국한되지 않는다는 점을 명백히 이해할 수 있게 된다. 시간적으로는 과거 없는 현재, 미래가 없는 것이며, 폭력이 있으므로 폭력이 만들어지는 것은 지극히 당연한 사실이다. 따라서 불교에서는 평화를 위한 노력의 주체에 자타가 따로 있지 않으며, 평화를 실현하기 위해 우선적으로 탐진치에서 벗어나려는 지속적인 노력이 강조된다.

또한 불교는 현재 발생하는 폭력의 문제, 고통에 대해서 막연한 인과의 논리만을 추상적으로 따지지 않는다. 불교에서는 현실에서 겪는 생생한 고통을 독화살에 맞은 상황에 비유한다. 우리의 생명과 평화를 위협하는 폭력 앞에서 독화살의 독이 무엇이고, 누가 쏘고, 어디에서 왔으며, 무엇으로 만들었는가 등을 따지는 것보다는 신속히 독화살을 뽑고 치료하는 것이 더 시급한 문제라는 것이다. 이는 폭력 앞에서 신속하고 엄정한 대처와 실천을 해야 한다는 의미를 담고 있으며, 동시에 그릇된 논리와 분별망상으로 살아 있는 사람들을 사지로 몰아서는 안 된다는 의미를 담고 있다. 요컨대, 불교의 평화 사상은 연기에 대한 깨달음과 동체대비의 사랑의 실천이다.

제3장　불교 인문학과 윤리

이 단원은 한국불교의 가장 중요한 교재인 『수심결』과 『금강경』에 대한 이해를 돕기 위한 내용으로 꾸며졌다. 그런데 『수심결』과 『금강경』은 우리의 일상적인 마음의 상태인 분별하는 의식의 마음을 넘어선 근원적인 깨달음의 마음, 즉 '에고(ego: 자아의식)'와 '분별식(分別識)'이 사라진 무분별(無分別)의 마음을 가르치고 있으므로 우리의 논리적, 분별적인 생각으로는 이해하기 어렵다. 그래서 독자들이 텍스트의 의미를 스스로 통찰할 수 있도록 대화의 형식으로 서술하였다.

호기심 박스

1. 수심결에서 말하는 '참마음'은 무엇인지 알아보자.
2. 무엇이 우리의 순수하고 자유로운 본래 마음을 가리고 있는지 알아보자.
3. 현대사회에서 정(定)과 혜(慧)를 함께 닦아야 하는 이유를 알아보자.
4. 보살의 길을 걷고자 하는 사람들은 어떠한 마음을 내야 하는지 알아보자.
5. 금강경에서 말하는 깨달음의 의미와, 깨달음을 얻는 방법에 대해 알아보자.
6. 금강경에 나타난 가르침이 현재 우리의 삶에 어떤 의미가 있는지 생각해 보자.

1
『수심결(修心訣)』의 이해

주요 용어

지눌, 수심결, 참마음, 명상, 표상, 명색, 공, 표상적-언어적 지식,

정서적 집착, 소지장, 번뇌장, 불성, 돈오점수, 정혜쌍수, 성문, 연각, 보살, 불,

육신통, 공적영지, 정견

지눌의 『수심결(修心訣)』은 불교 수행자들은 물론, 일반인들의 마음공부의 지침서로서 널리 읽혀왔다. 우리 현대인들은 현란한 이미지들과 폭주하는 정보의 홍수 속에서 생각과 자의식(自意識)의 과잉으로 힘들어 하고 있다. 그런데 이러한 밖으로 향하는 생각과 그에 상응하여 형성된 자아의식(自我意識)이 우리의 본래 마음을 완전히 망각하도록 만들었다고 지눌은 말하고 있다. 우리가 밖으로 향하는 생각과 자아의식을 내려놓을 수 있을 때 본래의 참마음이 드러나며, 이것이 '진정한 자기'라고 지눌은 가르친다. 이처럼 참마음을 깨달아 참다운 자기를 회복함으로써 삶의 진정한 주인으로 사는 길을 보여 주는 글이 수심결이다.

1) 『수심결(修心訣)』이란 무엇인가?

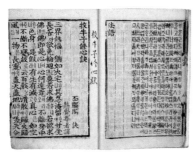

목우자수심결(보물 제770호)

『수심결』은 고려 시대의 승려 지눌(知訥, 1158~1210)*이 쓴 수행의 지침서입니다. 지눌은 불일보조국사(佛日普照國師), 또는 줄여서 보조국사(普照國師)라는 왕이 내려준 시호(諡號)로도 잘 알려졌지요. 지눌은 선(禪: 마음 수행)과 교(敎: 경전 공부)의 어느 한쪽에 치우치지 않은 선교겸수(禪敎兼修)를 주장하고 스스로 실천하였으며, 나아가 모든 불교의 교리와 수행방법을 하나로 꿰뚫어 통합하는 원효대사(元曉大師)의 통불교(通佛敎) 사상을 계승하여 한국불교의 전통을 확립한 분입니다.

수심결은 지눌이 초심자들에게 수행에 대한 안내를 위해 쓴 글로, 수심(修心)은 '마음을 닦는다'라는 말이고, 결(訣)은 '비결' 즉, 핵심 요점정리 정도의 의미이니 수심결이란 '마음을 닦는 일에 대한 요점정리'를 의미합니다.

수심결은 우리가 참마음을 망각한 상태에서 살고 있으며, 그래서 마음공부를 통해 우리 본래의 마음인 참마음을 회복해야 한다는 것을 이해시키는 내용을 담고 있습니다. 나아가 수심결은 참마음을 회복하기 위한 방법에 대한 안내도 제공합니다.

---

*지눌 : 황해도 서흥(瑞興) 출신으로 8세 때 출가하여 1182년(명종 12) 승과에 급제한 후 선교 합일의 이론을 정립하여 정혜결사(定慧結社) 운동을 전개하고 송광사를 중심으로 새로운 선풍을 일으키다 입적하였다. 저서로는 『수심결』 외에도 『권수정혜결사문』, 『진심직설』, 『계초심학인문』, 『원돈성불론』, 『화엄론절요』, 『간화결의론』 등이 있다.

2) '참마음'이란 무엇인가?

그러면 『수심결』 공부를 시작해 보겠습니다. 수심결 첫 구절은 다음과 같이 시작됩니다.

"삼계를 윤회하는 고통은 마치 불난 집과 같은데, 어찌 그대로 참고 머물면서 그 오랜 고통을 받으려 하는가."

이 구절에서 지눌은 사람들이 세상을 살아가며 마음으로 느끼는 고통을 말하고 있습니다. 우리 자신들도 마음속에 나름대로 괴로움이 있지 않을까요? 그런데 수심결은 진정한 나의 마음을 회복하면 괴로움에서 벗어날 수 있다고 말하고 있습니다. 이것이 무슨 의미인지 알아보겠습니다.

불교에서는 우리가 일상적으로 겪으면서 자꾸 변화하는 마음들, 즉 기쁘고 슬프고 화나고 짜증이 나는 등의 감정은 참된 마음이 아니라고 합니다. 자꾸 다른 것으로 변해 버리니 어떤 것을 자기의 마음이라고 하겠습니까?

그런데 "그 모든 마음들이 다 내 마음이 아닌가?" 하고 반문할 수도 있겠지요. 이 말도 아주 틀린 말은 아닙니다. 그런데 한번 생각해 봅시다. 우리의 마음은 화난 마음이 되었다가도 화가 가라앉으면 화나기 이전의 마음으로 돌아가고, 즐겁고 흥분된 마음이 가라앉으면 또 이전의 마음으로 돌아가지요. 그렇다면 나의 본래 마음은 화난 마음도 아니고 즐거운 마음도 아닙니다. 우리가 이랬다저랬다 하는 감정적으로 동요하는 마음에만 몰입하여 불쾌한 마음을 멀리하고 즐거운 마음이 되려고만 하면 불쾌하지도 않고 즐겁지도 않은 마음의 상태는 지루하게 느껴질 수 있습니다. 그런데 이러한 감정적 동요가 없는 마음이야말로 우리의 본래 마음입니다. 다음 두 이미지를 비교해 보세요.

첫 번째 이미지처럼 잔잔하고 동요가 없을 때가 우리의 본래 마음이라

그림1   그림2

는 것입니다. 그러면 파도가 치듯이 동요하는 마음은 자기의 마음이 아닌
가요? 그것도 자기 마음이 아니라고 할 수는 없겠지요. 마치 파도가 잔잔해
지면 바닷물로 돌아가듯이 말이지요. 그런데 파도가 자기가 파도인 줄만 알
고, 원래 바닷물이라는 것을 모른다면 말이 되나요? 우리가 자신의 계속 동
요하고 변화하는 마음에만 몰입하여 그러한 마음이 전부인 줄 알면 파도가
자신이 본래 바닷물임을 모르는 것과 다르지 않을 것입니다.

　동요하는 마음도 본래의 고요하고 청정한 마음에서 일어난 것이므로, 언
젠가는 다시 고요한 마음으로 돌아갑니다. 파도가 거세게 칠 때도 파도 아
래에 있는 깊은 바다는 고요하듯이, 우리의 마음이 분주하게 요동칠 때도
우리 내면 깊은 곳에는 고요하고 청명한 마음이 있습니다.

　그런데 문제는 우리가 변화하는 마음에 계속 몰입하면서 그것이 전부인
것처럼 생각한다는 것이지요. 그래서 우리는 변화하지 않는 본래의 마음
상태에 가까워지면 오히려 지루하고 따분하다고 느끼면서 그 상태로부터
곧바로 벗어나려고 즐거운 자극을 주는 것을 찾아 나섭니다. 그런데 즐거움
이 있으면 반드시 뭔가 불쾌한 것이 따라옵니다. 안 그렇습니까? 이것이 왜
그런지 생각해 보기로 하겠습니다.

　우리는 끊임없이 우리에게 즐거움을 준다고 믿어지는 외부에 있는 대상

들을 추구합니다. 그러나 우리가 원하는 것은 그렇게 마음대로 얻어지지도 않을 뿐 아니라, 막상 얻어지더라도 기대했던 것만큼의 즐거움을 느끼지 못하는 경우도 많습니다. 누군가가 국산 중형 세단을 새로 구입하여 시험 운전을 하면서 신바람이 났는데, 자기 주변의 잘 아는 어떤 사람이 람보르기니를 샀다는 얘기를 막 듣게 된다면 기분이 어떻게 될까요?

우리는 원하는 외부 대상인 슈퍼카의 획득이 우리에게 즐거움을 준다고 생각하지만, 사실은 그렇지 않습니다. 즐거움과 불쾌함은 우리의 주관적 마음 상태에 달린 것입니다. 그렇기 때문에 즐거움을 얻는 가장 쉬운 방법 중의 하나는 약물을 통해 우리의 마음을 환각 상태에 빠뜨리는 것입니다. 그러나 이것은 몸과 마음의 건강을 해치는 일이니 절대로 해서는 안 되는 일이죠.

불교에서는 우리의 행복과 불행은 나 자신과 외부 세계 사이의 관계에 달려 있다고 말합니다. 그런데 우리는 자신의 마음을 잘못 알고 있으며, 또한 외부 세계도 올바로 알고 있지 못하다고 말합니다. 자신을 오해하고 있으며 세계에 대해서도 착각하고 있다는 것입니다. 만일 그것이 사실이라면 우리가 느끼는 행복과 불행도 착각적인 것이 될 수밖에 없는 것입니다. 그렇다면 우리가 우리 자신의 마음과 외부 세계에 대해 무엇을 잘못 알고 있다는 것일까요?

먼저, 자기 마음을 잘못 알고 있다는 점에 대해서는 위에서 이미 이야기했습니다. 변화하는 마음을 자기 마음의 전부인 것으로 잘못 알고 있는 것이지요. 세계에 대한 오해도 이와 직결되어 있습니다. 위에서 마음의 상태를 파도와 잔잔한 호수에 비유했지요. 파도치듯이 출렁거리는 마음으로 세계를 있는 그대로 볼 수 있을까요? 그럴 수 없겠지요. 그러나 잔잔한 호수 같은 마음으로 세상을 보면 있는 그대로를 비추어 볼 수 있겠지요. 그래서 동서를 막론하고 참다운 지혜를 얻기 위해서는 평정(平靜)한 마음*이 되어야 한다고 보았던 것입니다.

마음의 평정을 얻기 위해 우리의 선조들은 동서를 막론하고 생각과 감정을 내려놓는 훈련을 해 왔으며, 이를 선(禪) 또는 명상(Meditation)이라고 부릅니다. 그런데 이렇게 하다 보면 세상일에 무관심해지고 무감각해진다고 생각할 수도 있습니다. 그러다가 경쟁 사회에서 낙오자가 되어 버린다고요. 그러나 그렇지 않습니다. 현대인들은 필요 이상으로 과도한 생각과 감정의 소용돌이 속에 살고 있으며, 이러한 생각과 감정의 과잉이 우리를 힘들게 하는 측면이 분명히 있습니다. 그래서 내려놓는 훈련만으로도 고통이 줄어들고 행복지수가 올라갑니다. 나아가, 이에 못지않게 중요한 것은 우리가 자신의 생각과 감정을 내려놓으면 놓을수록 마음이 잔잔해져서 모든 것을 있는 그대로 비추는 거울처럼 모든 것을 있는 그대로, 편견 없이 바라볼 수 있고 깊이 꿰뚫어 볼 수 있게 된다는 것입니다. 직관적인 지혜가 생기는 것이지요. 이러한 지혜는 21세기의 화두로 떠 오르고 있는 '창의성' 향상에 직결됩니다. 이것은 현대의 많은 명상 수련가들이 공통으로 말하고 있는 것입니다. 세계적인 미국기업인 구글, 애플 등에서 명상을 권장하고 있는 이유가 여기에 있습니다.

마무리를 지어 보겠습니다.

수심결에서 말하는 참

구글 직원들이 명상수행하는 모습

---

*평정(平靜)한 마음 : 빨리어 우뻬카(Upekkha, 평정심)를 뜻하며, 어떤 존재 현상에도 끌려가지 않은 분별심이 없는 마음, 선입견이나 편견에 흔들릴 수 없는 평온이나 공평무사하고 중립적인 마음 상태를 말한다.

마음은 우리가 본래부터 가지고 있는 청정한 마음으로, 우리의 표면적인 마음이 여러 가지 생각과 감정으로 요동을 칠 때도 우리 내면 깊은 곳에서 동요하지 않고 고요하게 머무릅니다. 이러한 참마음을 깨달아 항상 그 자리에 머물 수 있으면, 변화하는 마음에 휘둘리지 않게 됩니다. 그러므로 괴로움에서 벗어날 수 있다고 수심결은 가르치고 있습니다.

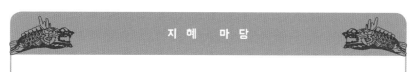

지 혜 마 당

선(禪) 또는 명상의 차이

선(禪)이란 용어는 산스크리트어 '드야나(dhyāna)'를 음사하여 선나(禪那)라고 하며, 사유수(思惟修)라고 한다. 음사와 의역을 합하여 선정(禪定)이라고도 한다. 특정한 대상에 대한 집중에서 오는 마음의 고요함을 의미한다. 일반적으로 참선(參禪) 수행을 한다는 것은 선정과 지혜를 함께 닦는 것을 말한다.

명상(冥想)은 영어권에서는 '메디테이션(meditation)'이란 용어로 번역한다. 즉 '눈을 감고 차분한 마음으로 깊이 생각함'이다. '차분한 마음'으로는 첫 번째 선정의 의미와 연결되고, '깊이 생각함'은 두 번째 지혜의 작용을 말한다. 이런 점에서 선과 명상은 서로 그 의미가 다르지 않다. 최근에는 '집중(concentration) 명상'이나 '통찰(insight, mindfulness)명상'이란 용어가 그 좋은 사례이다. 요즘음 사용하는 '멍 때린다'는 것도 넓은 의미에서 명상의 일종이라고 할 수 있다.

3) 우리는 왜 참마음을 망각하게 되었을까?

위에서 우리는 호수와 같은 평정한 마음이 우리의 본래 마음이라는 것을 보았습니다. 그러면 이번 장에서는 왜 우리가 본래의 참마음을 잘 모르고 살게 되었는지에 대해 알아보겠습니다.

우리의 일상적인 마음의 상태는 계속 동요하고 변화하고 있기에 세계를 있는 그대로 볼 수 없습니다. 우리는 보통 언어를 통해 세계를 인식합니다. 좀 더 엄밀하게 말하면 언어로 세계의 사물들을 표현하기 위해서 먼저 사물들에 대한 고정된 이미지를 만듭니다. 이것을 철학에서는 표상(表象)*이라고 부릅니다.

예를 들면 '사슴'이라는 언어개념을 만들기 위해서 사슴에 대한 정해진 이미지가 먼저 만들어져야 합니다. 이를 표상화라고 합니다. 그러나 실제의 사슴들은 매우 다양하며 움직이고 변화하고 있지요. 사슴이라는 '이미지'만으로는 그 모든 다양함을 담을 수 없습니다. 표준화, 범주화, 고정화된 사슴의 이미지가 있어야 하며, 이 이미지와 '사슴'이라는 명칭이 합쳐질 때 사슴이라는 언어개념이 생깁니다. 우리의 인식은 모두 표상화와 언어화의 결과입니다. 이것을 불교에서는 명색(名色, nama rupa)*이라고 부릅니다. 표상은 색(色)에 해당하고 언어는 명(名)에 해당한다고 볼 수 있지요.

사실 불교에서는 명색이라고 말하지만, 철학적으로 보면 표상이 먼저 이루어지고 이 표상에 언어가 결합되는 것이니 색명(色名)이라고 해야 맞습니다. 그런데 우리의 인식내용을 명색이라고 하든, 색명이라고 하든 간에 그것은 우리의 파악방식일 뿐, 실재(reality)와 일치하지 않는다는 것이 공(空, sūnyatā)*의 의미입니다. 우리가 세상을 표상화하고 언어화하면서 인식한 것은 실상이 아닙니다.

---

*표상(表象) : 표상은 독일어로 'Vorstellung'인데 'Vor-'란 '앞에'를 뜻하는 접두사이고, 'stellung'은 '세우다'를 뜻하는 stellen의 명사형이다. 따라서 표상(Vorstellung)이란 '우리 자신이 우리의 의식 앞에 세워놓은 무엇'을 의미하며, 요컨대 우리가 우리의 의식에 떠올리고 있는 모든 이미지나 생각들(ideas)을 말한다.

*명색(名色: nama rupa) : 12연기 중의 하나를 가리키며, 인도 고전인 『우파니샤드』에서는 현상세계의 명칭(nama)과 형태(rupa)를 의미한다. 불교에서 명(名)은 심적인 것, 색(色)은 물질적인 것으로 '정신과 물질'의 복합체를 가리킨다.

예를 들어서, 우리가 '사슴'이라는 표상적-언어적 지식을 가지고 있다고 해서 실제 살아서 움직이고 있는 사슴들을 있는 그대로 아는 것이 아닙니다. 그런데도 우리는 '사슴'이라는 표상적-언어적 지식을 가지고서 '사슴' 자

체를 안다고 생각합니다. 이것은 착각적 앎이며, 그래서 공(空)입니다. 동물원에서 실제 사슴을 보면서 우리는 자동적으로 이전에 의식에 저장해 두었던 사슴에 대한 표상적-언어적 지식을 떠올리면서 "그래, 저게 사슴이지."라고 하는 것입니다.

그런데 그런 지식이 어떻게 처음 생겼을까요? 아마도 여러분은 아주 어렸을 때 어머니나 할머니가 그림책에 있는 '사슴'을 가리키면서 "이게 사슴이야, 사슴!" 하면 여러분도 "사슴!" 하고 따라했을 것입니다. 그러다가 나중에 동물원에 가서 실제 사슴을 보면서 "저기, 사슴!" 하면서 환호했겠지요. 즉 여러분의 의식 속에 저장된 사슴의 이미지와 명칭이 외부 세계의 사슴과 연결되면서 동일시(identification)가 일어나는 것입니다. 그러나 '이미지+명칭'이 '실제 대상'과 참으로 동일한 것은 아니라는 것을 잘 생각해 보아야 합니다.

이렇게 하여 우리의 마음에는 지속적으로 많은 표상적-언어적 지식들이 입력되어 자리를 잡게 되며, 이러한 지식이 많이 쌓이면 쌓일수록 우리의 마음을 촘촘히 지배하게 됩니다. 우리는 어려서부터 모든 것을 표상과 언어

---

*공(空) : 산스크리트어 'Śūnyatā'의 한역으로 '모든 현상은 인(因)과 연(緣)이 화합해서 생겨난 것이기 때문에 거기에는 아(我)라는 실체는 존재하지 않는다.'고 주장한 불교의 기본 사상이다.

로 파악해서 의식에 저장해 왔습니다. 그러면서 동시에 이 표상적-언어적 지식들이 가리키는 대상(object)들에 대해 좋아하거나 싫어하고, 사랑하거나 미워하며, 집착하거나 배척해 왔습니다. 이렇게 우리가 인식하고 집착하는 것은 우리의 마음에 지속적으로 입력이 되며, 이렇게 입력된 것은 기회와 조건을 만나면 출력이 됩니다. 불교에서는 이러한 정서적 집착을 번뇌(煩惱)*라고 부르고, 지속적으로 입력된 것을 업(業)*이라고 하며, 기회와 조건에 따라 나타나는 것들을 인연(因緣)이라고 하지요.

이상에서 설명한 것을 정리해 보겠습니다.

우리의 마음에는 표상적-언어적 인식[분별식(分別識)]과 이 인식의 대상에 대한 정서적 집착[번뇌(煩惱)]들이 지속적으로 입력되어 왔으며, 이러한 인식과 집착이 우리의 마음을 촘촘하게 지배하고 있습니다. 그 결과 우리는 이러한 인식과 집착에 물든 마음을 자신의 마음으로 여기게 되었습니다. 여기에는 우리가 학교에서 익힌 많은 지식들과 우리 사회에서 이른바 과학적 지식이라고 불리는 지식도 포함됩니다. 그러나 표상적-언어적 인식은 매우 불완전하며 왜곡되어 있고 고정된 것이며, 한마디로 착각적인 인식입니다. 따라서 표상적-언어적 지식의 대상들에 대한 정서적 집착 또한 허망한 감정의 노예놀음이며 결국 우리를 고통과 불행으로 이끕니다.

그래서 우리는 우리의 순수하고 자유로운 본래 마음을 가리고 있는 이러한 표상적-언어적 인식과 이 인식의 대상들에 대한 정서적 집착의 장애

---

*번뇌(煩惱) : 산스크리트어 'kleśa' 또는 빨리어 'kilesa'를 번역한 말로 '괴롭히다', '물들이다, 더럽힌다'라는 뜻이다. 그 본질적 성질이 고요하지 않아서 생긴 마음작용들을 말한다.
*업(業) : 인도의 힌두교와 불교에서 사용하는 산스크리트어 'Karma'의 한역으로 몸과 입과 뜻으로 짓는 말과 동작, 생각 등의 모든 일상적 행위를 말한다.

에서 벗어나야 하는 것입니다. 이러한 장애를 불교에서는 소지장(所知障)과 번뇌장(煩惱障)*이라고 부릅니다. 지눌은 이와 같은 모든 장애에서 벗어난 순수한 참마음인 불성(佛性)을 체험하는 것을 견성(見性)이라고 합니다. 즉 우리의 본래 성품을 본다는 의미이지요. 그리고 견성을 하여 자신의 본성을 완전히 회복한 사람을 붓다라고 부릅니다.

4) 참마음을 회복하면 어떻게 될까?

앞 장에서는 우리가 일상 중에 표상적-언어적 지식(분별)과 대상에 대한 정서적 집착의 지배를 받고 있기 때문에 일상 중에 참마음을 쓰면서 살지 못하고 있다는 것에 대해 알아보았습니다. 그렇다면 이러한 분별과 번뇌를 벗어난 본래의 순수한 마음이란 무엇일까요? 어떤 때 우리는 좀 더 순수한 마음이 될까요?

지눌은 순수한 참마음이 바로 붓다의 특성, 즉 불성(佛性)이라고 말합니다. 그리고 이러한 불성이 우리 각자에게 갖추어져 있다고 말합니다. 그렇다면 불성이 도대체 어디에 있을까요? 지눌은 이에 대해 수심결에서 다음과 같이 답변을 합니다.

"그대가 배고프고 목마른 줄 알며, 춥고 더운 줄 알며, 성내고 기뻐하는 것이 도대체 무엇인가? 또 이 육신은 지(地), 수(水), 화(火), 풍(風)의 네 가

---

*소지장(所知障)과 번뇌장(煩惱障) : 중생의 해탈을 방해하는 근본적인 장애이다. 소지장은 분별하는 의식이 근본 마음을 가로막는 것을 말하고, 번뇌장은 정서적 집착이 우리의 참마음을 가로막고 있는 것을 말한다.

지 인연이 모여서 된 것이므로 그 바탕이 무감각해서 감정이 없는데, 어떻게 보고 듣고 지각하고 알겠는가. 보고 듣고 지각하고 아는[견문각지(見聞覺知)] 그것이 바로 그대의 불성이다."

보고 듣고 지각하고 아는 것이 불성이라면 우리 모두가 불성을 지니고 있는 것이고, 그러면 우리가 모두 붓다가 아닌가요? 그렇기도 하지만 그렇지 않기도 합니다. 왜 그럴까요? 앞 장에서 사용했던 비유로 다시 돌아가 봅시다. 파도가 자신이 본래 바다인 줄 모르듯이, 우리가 자신이 본래 붓다인 줄 모른다면 깨달은 자로 살 수가 없는 것입니다.

왜 그렇게 된 것인지는 앞 장에서 조금 이야기를 했습니다. 표상적-언어적 인식(분별식)과 이 인식의 대상들에 대한 정서적 집착(번뇌)이 우리 본래 마음에 지속적으로 입력되고 있고, 그 입력된 것이 기회와 조건에 맞추어 계속 출력되고 있습니다. 우리는 그렇게 입력되고 출력되는 의식을 '나(ego)'라고 생각하고 있습니다. 그러면서 그 입력되고 출력되는 그 바탕 자체는 모르고 있는 거죠. 파도가 자신이 파도인 줄만 알고 본래 바다인 줄은 까맣게 모르고 있는 것과 같습니다.

그러다가 파도가 갑자기 멈추면 잔잔한 바다로 돌아가 자신이 본래 바다였음을 알게 되겠지요. 마찬가지로 분별식과 번뇌가 갑자기 멈추면 본래의 참마음을 알아차리게 된다는 것인데, 이를 지눌선사는 돈오(頓悟)라고 했습니다. 즉 '문득 깨닫는다'라는 뜻이지요. 그런데 돈오를 하더라도 이전에 입력된 수많은 표상적-언어적 인식과 정서적 집착이 쉽게 없어지지 않고 계속 출력이 되어 나에게 영향을 미치니 이를 점차적으로 다스려 나가야 한다고 하였습니다. 이것이 지눌선사가 말하는 점수(漸修), 즉 '점차적으로 닦아 나간다'라는 뜻입니다. 그래서 본래의 마음을 회복하여 지혜롭고 행복한 삶을 살아가려는 수행방법을 돈오점수(頓悟漸修)*라고 한 것입니다. "단박에 깨닫고 점차로 닦아 나간다."라는 말입니다. 이를 지눌선사는 수심결에서 다음과 같이 비유를 들어 설명합니다.

"마치 어린애가 갓 태어났을 때 모든 감각기관이 갖추어 있음은 어른과 조금도 다르지 않지만, 그 힘이 아직 충실하지 못하기 때문에 얼마 동안의 세월을 지낸 뒤에야 비로소 사람 구실을 하는 것과 같다."

그렇다면 여기에서 "깨달은 사람의 삶은 어떠한가?" 하는 의문이 떠오릅니다. 이 물음은 "왜 깨달음을 추구해야 하는가?" 하는 물음과 연결되어 있습니다. 깨달은 상태가 현재의 상태보다 더 좋은 줄을 알아야 깨달음을 추구할 터이니까요. 불교 경전에 의하면 깨달음을 이룬 성위(聖位)를 크게 네 단계, 즉 성문(聲聞)*, 연각(緣覺)*, 보살(菩薩)*, 불(佛)*로 나누고 있고 뒤로 갈수록 더 높은 성위이며, 이에 따라 신통 능력도 커진다고 말하고 있습니다. 그리고 기본적으로 성문의 최고 지위인 아라한(阿羅漢)이 되면 육신통을 얻는다고 합니다. 육신통에 대해 간단히 설명해 보겠습니다.

---

*돈오점수(頓悟漸修) : 선종에서 단번에 진심의 이치를 깨친 뒤에 번뇌와 오랜 습기를 제거해 가는 수행법이다. 지눌은 '돈오 이후 점수의 문(門)은 더러움을 닦는 것만이 아니요, 다시 온갖 행을 겸해 닦아 나와 남을 아울러 구제하는 것'이라고 하여 이타행의 실천을 강조하였다.

*성문(聲聞) : 불법을 듣고 스스로의 해탈을 위하여 출가한 수행자. 성문의 최고 경지는 아라한이다.

*연각(緣覺) : 홀로 수행하여 연기법을 깨달은 수행자. 벽지불(辟支佛) 또는 독각(獨覺)이라고도 한다.

*보살(菩薩) : 깨달음을 구하여 중생을 교화하려는 구도자로 대승불교의 이상적인 인간상을 말한다.

*불(佛) : 스스로 깨달음을 구현하여 깨달음의 작용이 자신과 타인들, 삼라만상에 두루 미치는 궁극의 각자(覺者)를 말한다.

① 천안통(天眼通) : 인간 세상의 모든 것을 꿰뚫어 볼 수 있을 뿐만 아니라 천상세계, 유명세계(幽冥世界: 귀신과 혼백의 세계)까지도 볼 수 있는 능력
② 천이통(天耳通) : 인간 세상과 천상세계, 유명세계의 모든 언어, 음성을 자유자재하게 들을 수 있는 능력
③ 신족통(神足通) : 원하는 어느 곳이든 자유자재하게 오고 갈 수 있는 능력
④ 타심통(他心通) : 다른 사람이나 동물들의 마음 상태를 아는 능력
⑤ 숙명통(宿命通) : 과거와 전생의 모습과 일들을 아는 능력
⑥ 누진통(漏盡通) : 번뇌의 근본을 통찰하여 끊어 버림으로써 다시는 번뇌의 미혹에 빠지지 않는 능력

그런데 천안통부터 숙명통까지는 성위에 도달하지 못한 평범한 사람도 명상수행을 통해 얻을 수 있다고 합니다. 그러나 모든 번뇌가 사라지는 누진통만은 아라한이나 붓다와 같은 해탈의 경지에 도달한 자만이 얻을 수 있다고 합니다. 아라한이나 붓다는 진정으로 모든 번뇌를 끊고 깨달은 분이란 뜻이지요. 그러면 참마음을 깨달아서 번뇌로부터 해탈한 사람의 마음 상태는 어떠할까요?

지눌선사는 영지불매(靈知不昧: 신령스럽게 알며 어둡지 않음), 또는 공적영지(空寂靈知)*라고 표현합니다. 표상적-언어적 인식과 이러한 인식 대상들에 대한 정서적 집착이 착각임을 알아서 이로부터 벗어난다면 우리의 마음을 채우고 있던 분별과 번뇌가 사라질 것이니 텅 비고 고요해질 것입니다. 그

---

*공적영지(空寂靈知) : '텅 비우고 알아차릴 때 지혜가 드러난다.'는 뜻으로 불교 진리의 본질적 속성을 단적으로 표현한 말이다.

런데 그 가운데에 신령스럽게 아는 지혜가 빛을 발한다는 것입니다. 이것이 우리 마음의 본래적인 능력이고 작용이라는 것이지요. 공적영지의 마음을 회복하면 누진통을 얻은 것입니다. 누진통을 얻으면 나머지 다섯 가지 신통들도 저절로 얻어진다고 합니다. 그런데 지눌은 수심결에서 돈오(頓悟)를 한다고 단박에 신통이 얻어지는 것은 아니고, 점수(漸修)의 과정에서 점차로 얻어진다고 말합니다.

"얼어붙은 못이 모두 물인 줄은 알지만, 햇빛을 받아야 녹고, 범부가 곧 붓다인 줄을 깨달았지만, 법력(法力)으로써 익히고 닦아야 한다. 얼음이 녹아서 물이 흘러야 몸을 씻을 수 있고, 망상이 다해야 마음이 신령하게 통(通)해 신통광명의 작용을 나타낼 수 있다. 그러므로 신통 변화는 하루아침에 이루어지는 것이 아니고, 점점 익혀감으로써 나타나는 것임을 알아야 한다."

그러나 지눌선사는 신통력만을 얻기 위해서 수행하는 것은 오류에 빠지기 쉬움을 경계합니다. 만일 우리가 누진통을 얻지 못하고 오신통만을 가지고 있다면 어떻게 될까요? 누진통을 얻는다는 것은 번뇌, 즉 이기적 욕망과 집착을 벗어나는 것을 의미합니다. 그런데 우리가 누진통을 얻지 못하고 오신통만을 얻으면 보통 사람들의 수준을 크게 넘어서는 비범한 능력을 갖추게 되겠지만, 이러한 능력을 우리의 이기적 욕망의 충족이나 미워하는 사람들을 해치는 데 사용하게 될 가능성이 클 것입니다. 우리가 어벤져스(Avengers)와 같은 능력을 얻게 된다면 그 능력을 다른 사람들, 다른 생명들을 절대로 해치지 않는 방향으로만 사용할 수 있을까요?

그래서 지눌선사는 신통력은 수행자에게 있어서 지말(枝末)에 불과하다고 말합니다. 올바른 수행자는 오로지 자신의 본래의 참마음, 즉 불성을 회복하는 데에 집중해야 합니다. 그래야 모든 것에 치우침이 없는 지혜를 얻어서 자신의 커다란 능력들을 자신과 타인들, 다른 생명체들을 위해 올바로 사용할 수 있게 될 것입니다. 이렇게 되면 진짜 대인배의 삶을 살 수 있지 않을까요?

5) 깨달음을 얻는 방법

앞 장에서 우리는 지눌선사가 돈오점수에 대해 말하는 것을 살펴보았습니다. '점수돈오'가 아니고 '돈오점수'이니 문득 깨닫는 것이 우선입니다. 우리는 일상적 삶의 과정 속에서도 무엇인가가 문득 깨달아질 때가 있습니다. 어린 시절에 엄마가 너무 엄하게 학업을 강요하고 몰아붙이는 바람에 힘들어하고 엄마를 미워하는 마음까지도 가졌다가 어느 시점에 가서 엄마의 진심이 문득 느껴지면서 미워하는 마음을 풀게 되는 경험을 할 수도 있을 것입니다. 이러한 것도 일종의 돈오(頓悟)입니다.

또는 치킨을 좋아하던 사람이 도살되기 위해 트럭에 실려 가는 수백 마리의 살아있는 닭을 보고 측은한 마음을 일으킨다면, 그 사람은 문득 좀 더 순수한 본래의 마음으로 돌아간 것입니다. 그런데 진정한 돈오는 이보다 한 걸음 더 나가야 합니다. 미워하는 마음, 측은한 마음이 일어나는 바탕, 그 뿌리를 알아채야 합니다. 수심결에 다음과 같은 대화가 나옵니다.

"그대에게 한 문(門)을 가리켜 근원에 들어가게 하리라. 그대는 지금 까마귀 울고 까치 지저귀는 소리를 듣는가?"
"예, 듣습니다."
"그대는 그대의 듣는 성품을 돌이켜 들어보라. 얼마나 많은 소리가 있는지."

"이 속에 이르러서는 어떤 소리도, 어떤 분별도 얻을 수 없습니다."

"참으로 기특하다! 이것이 관세음보살께서 진리에 드신 문이다. 다시 그대에게 묻겠다. 그대가 말하기를, 이 속에 이르러서는 어떤 소리도 어떤 분별도 얻을 수 없다고 했는데, 얻을 수 없다면 그때는 공허(空虛)가 아니겠는가?"

"본래로 공하지 않으며 환히 밝아 어둡지 않습니다."

"그러면 어떤 것이 공하지 않은 실체인가?"

"모양이 없으므로 표현할 수도 없습니다."

"이것이 모든 부처와 조사들의 생명이니 다시 의심하지 말라."

우리가 소리를 귀로 듣는다고 생각하지만, 사실은 귀를 통해 듣는 또 다른 그 무엇이 있습니다. 듣는 작용을 일으키는 그 바탕은 듣거나 분별하지 않는 자리입니다. 그런데 듣거나 분별하지 않는다고 하여 아무것도 없는 공허가 아니라 환히 밝아 어둡지 않다는 것입니다. 이를 지눌선사는 공적영지(空寂靈知)라고 표현하는 것입니다. 참마음인 불성은 견문각지(見聞覺知)의 작용을 통해 그 실재가 알려지지만, 참마음의 실체를 체험하기 위해서는 견문각지의 작용을 되돌려서 견문각지가 일어나는 자리를 보아야 합니다. 이를 지눌선사는 회광반조(廻光返照), 즉 '빛을 돌이켜 거꾸로 비춘다'라고 말합니다.

다른 예를 들어보겠습니다. 어떤 일로 짜증이 확 났을 때, 심호흡을 한 번 하고 내면으로 돌이켜 짜증이 난 곳을 보세요. 짜증을 내는 그 바탕에는 짜증이 없습니다. 짜증을 내는 것은 분별과 번뇌의 마음입니다. 이 마음이 참마음을 덮고 있습니다. 그러나 파도가 일어날 때 파도가 바다에서 일어남을 알아채듯이, 짜증이 날 때 얼른 마음의 시선을 돌려서 짜증이 일어나는 마음의 바탕, 즉 참마음을 알아챈다면 돈오(頓悟)를 하는 것입니다.

참마음에는 짜증이 없음을 알았더라도 지금껏 오랫동안 짜증 내는 습관을 지내왔기에 짜증은 쉽게 사라지지 않습니다. 그러나 본래로 짜증을 낼 일이 없음을 알기에 짜증이 나면 바로 알아차리고 내려놓을 수 있게 됩니다. 이것을 일상생활 속에서 계속해 나가면 결국 짜증 내는 습관이 사라집니다. 이것이 점수(漸修)입니다.

끝으로, 지눌선사가 수행의 핵심이라고 주장한 정혜쌍수(定慧雙修)*에 대해 알아보겠습니다.

지눌은 수심결에서 다른 선사의 말을 인용하여 "여섯 감각기관이 대상을 거두어 마음이 인연을 따르지 않는 것을 선정(禪定)이라 하고, 마음과 대상이 함께 공함을 비추어보아 미혹이 없는 것을 지혜라 한다."라고 말합니다. 여섯 감각기관이란 눈, 귀, 코, 혀, 몸, 뜻의 여섯 감각을 말합니다. 이 여섯 감각이 대상을 향하여 마음을 일으키지 않는 것이 선정이라는 말입니다. 모든 외부의 대상을 향하는 마음을 거두어들이게 되면 근원적인 참마음에 오롯이 집중하게 되니 이것이 '정(定)'입니다. 이러한 참마음은 분별과 번뇌를 떠나서 모든 것을 있는 그대로 비추어보되, 그들이 고정된 실체가 아님을 알아서 거기에 머물러 집착하지 않으니 '혜(慧)'입니다. 지눌선사는 수심결에서 다음과 같이 말합니다.

"선정은 본체이고 지혜는 작용이다. 본체의 작용이기 때문에 지혜는 선정을 떠나지 않고, 작용의 본체이기 때문에 선정은 지혜를 떠나지 않는다. 선정이 곧 지혜이므로 고요하면서 항상 알고, 지혜가 곧 선정이므로 알면서 항상 고요하다."

---

*정혜쌍수(定慧雙修) : 선정과 지혜는 서로 따로 닦을 것이 아니라 병행되어 닦아야 함을 강조한 지눌의 사상으로 선과 교가 결코 대립적인 관계에 있지 않음을 주장했다.

6) 참마음으로 사는 길

『수심결』이 깨달음을 얻는 길을 가르치기 위한 글이라고 보면 깨닫지 못한 사람들의 삶에는 도움이 되지 않을 것으로 생각할 수도 있지만, 사실은 그렇지 않습니다. 수심결이 깨달음을 지향하는 가르침이지만 아직 깨닫지 못한 보통 사람들의 일상적 삶에도 큰 도움이 될 수 있습니다. 이번 장에서는 여기에 초점을 맞추어 공부를 하고 수심결 공부를 마무리할까 합니다.

우리가 마음공부를 하면서 깨달음을 미래에 이루어져야 할 어떤 것으로 생각한다면 현재의 삶은 등한시할 가능성이 있습니다. 깨달음을 추구하면서 현재 삶을 등한시하면 사회생활에서 당연히 뒤처지게 되겠지요. 그러나 깨달음을 추구하는 마음공부가 현재 삶에 도움이 될 수 있고, 현재 삶 속에서 마음공부를 할 수 있다면 이야기는 달라집니다.

앞에서 살펴본 돈오점수(頓悟漸修)에 대해 다시 한번 생각해 봅시다. 돈오, 즉 '갑자기 깨닫는다'라고 함은 표상적-언어적 지식과 정서적 집착으로 물든 마음이 아닌, 그 바탕에 있는 잔잔한 호수와 같이 평정한 마음이 있음을 문득 알아채는 것입니다. 그리고 이러한 평정한 마음으로 세상을 볼 때는 있는 그대로를 볼 수 있게 된다는 것이 팔정도(八正道)의 첫 번째인 정견(正見)*, 즉 '바른 견해'입니다. 표상적-언어적 지식과 정서적 집착, 특히 욕구, 욕망에 물들어 있는 마음으로는 세상을 있는 그대로 보지 못합니다. 이 말이 진실임은 "개 눈에는 ○만 보인다."라는 속담이 웅변적으로 보여 주고 있습니다.

여기에서 잠깐 우리가 살아갈 미래사회에 대해 함께 생각해 봅시다.

---

* 정견(正見) : 팔정도(八正道)의 하나로 현상적으로 존재하는 모든 것들의 참모습을 꿰뚫어 보고 가장 바르게 판단하는 지혜를 말한다.

우리는 현재 이른바 '제4차 산업혁명 시대', '지능정보사회(Intelligence Information Society)'를 맞이하고 있습니다. 이미 인공지능이 곳곳에서 인간의 지적 능력을 따라잡고 있으며, 유전자 가위 등을 비롯한 의료기술, 생화학기술들이 인간 생명의 개념을 바꾸고 있지요. 향후 20년 안에 인공지능을 갖춘 기계들이 인간노동의 영역을 절반 이상 잠식할 것이라는 섬뜩한 예측들이 나온 지 오래이며, 인간의 정신적, 문화적 영역까지 인공지능이 들어와서 함께 섞여들고 휴머노이드(humanoid)[*], 사이보그(cyborg)[*] 등이 출현하여 인간과 기계의 경계가 점점 더 모호해지는 세상도 그리 먼 미래로 여겨지지 않습니다. 현대의 첨단과학기술은 모든 것을 알고리즘(algorism)과 데이터로 환원시키는 방향으로 가고 있으며, 지속적으로 발전하고 있는 첨단 기술들이 융합되어 물질세계뿐만 아니라, 인간의 육체와 사고, 감정, 의지, 욕망 등을 포함한 마음까지도 설계하는 세상이 다가오고 있습니다. 항우울제 등의 약물을 통한 감정의 제어는 그 전조에 불과하지요.

미래학자들의 연구에 따르면, 지능정보사회는 요컨대 지속적으로 발전하는 첨단 기술들에 의하여 물질, 에너지, 정보의 연결과 융합이 전방위적으로 진행되는 사회입니다. 이러한 연결과 융합을 통하여 인간의 욕구, 욕망의 충족이 거의 무제한적으로 추구될 것으로 전망되고 있습니다. 그리고 이를 위하여 인간의 몸과 감각, 감정, 기억, 사고 등에 대한 통제, 조작, 변형, 개조의 시도가 점점 더 광범위하게 이루어질 가능성이 크지요. 또한, 권력과 자

---

[*] 휴머노이드(humanoid)란 '인간'이라는 뜻을 가진 '휴먼'과 '비슷하다'는 뜻을 가진 '오이드'가 합쳐진 말로, 인간의 신체와 유사한 모습을 갖추어 인간의 행동을 가장 잘 모방할 수 있는 로봇을 말한다.

[*] 사이보그(cyborg)란 인공적 유기체(cybernetic organism)의 합성어로 컴퓨터와 인간의 육체를 합성한 합성인간 또는 인조인간을 말한다.

본, 기술을 가진 특정인이나 특정 집단이 자신들의 배타적인 이익을 위해 첨단 기술이나 데이터를 장악, 통제함으로써, 일반인들의 삶은 그들에 의해 조종되고 이용될 위험성이 존재합니다. 요컨대 인류는 고도로 조작된 인위적 삶의 환경에 노출될 것이며, 그 속에서 사람들이 자신이 처한 삶의 상황을 깊이 통찰하지 못하고 단지 순간적이고 개인적인 욕구, 욕망의 충족만을 추구하는 삶을 살아간다면, 이러한 삶의 모습은 2400여 년 전에 플라톤(Platon, B.C.E. 428~347)이 『국가』 7권에서 그려 보여 준 '동굴 속 죄수의 삶*'과 크게 다르지 않을 것입니다.

우리가 다가오는 지능정보사회가 보여 주는 '환상적인 기술의 세계'에 매료되어 그 속에 갇힌 죄수가 되지 않기 위해서는 무엇보다도 모든 것을 있는 그대로 볼 수 있는, 즉 정견(正見)을 할 수 있는 능력을 길러야 합니다. 그런데 정견을 하려면 마음속의 지적 고정관념(표상적-언어적 지식)과 정서적 집착을 내려놓을 수 있어야 합니다. 이렇게 말하면 여러분은 "아니 그러면 사회생활을 어떻게 하라고요!" 하고 항의하시겠지요. 그래서 타협안을 제시해 보겠습니다.

하루 대부분의 시간을 여러분 자신이 원하는 것, 이를테면 사회적-직업적 성공을 위해 열심히 노력하십시오. 그리고 하루에 30분 동안만, 아니면 단 10분 만이라도 순수하고 평정한 마음으로 돌아가는 훈련을 하는 것입니다. 이것을 꾸준히 실천하면 다른 사람들과 무엇인가 달라지는 점이 있습니다. 무엇보다도 집중력이 향상되면서 세상을 깊이 꿰뚫어 보는 통찰력(insight)이 생깁니다. 자신과 세상에 대한 나름의 깨달음이 생기고 이것이

---

*동굴 속 죄수의 삶 : 플라톤이 이데아론을 설명하기 위해서 생각한 비유로, 세상 만물은 동굴 벽에 비친 그림자에 불과하고 동굴 밖에 실체가 존재하며, 인간은 그 실체를 보아야 한다고 주장했다.

쌓이면서 세상을 보는 자신만의 안목이 생기는 거죠. 이러한 안목은 세상을 자기 주도적으로 살아갈 수 있는 자기 기준, 자기 중심축이 됩니다. 지구가 '지축(地軸)'을 중심으로 돌아가듯이 인간은 '자기축(自己軸)'을 필요로 합니다. 특히 미래사회, 지능정보사회에서는 이것이 중요해질 것입니다. 왜냐하면, 지능정보사회는 시스템이 개인의 삶을 보장해 주지 않을 것이기 때문입니다(사실 인류역사상 개인의 삶을 보장해 주는 사회시스템이 존재한 적은 없었습니다). 또한, 정견은 편견을 떠나서 모든 사태를 있는 그대로 깊이 보는 것이므로 오늘날 화두가 되어 있는 '창의성'의 원천이기도 합니다. 그래서 구글, 애플 등에서 명상을 권장하고 있는 것입니다.

다시 돈오점수로 돌아가 봅시다. 우리의 내면에 순수하고 평정한 마음이 있음을 이해하고 이에 접속하고자 노력해 봅시다. 이러한 노력을 통해서 우리는 지적 고정관념과 정서적 집착에서 잠시라도 벗어날 수 있게 됩니다. 세상을 편견 없이 꿰뚫어 볼 수 있게 됩니다. 그리고 이러한 통찰을 통한 앎을 기록하고 이를 일상생활 중에 적용해 봅시다.

이를 위해 일기 쓰기가 매우 도움이 됩니다. 스마트폰이나 PC에 쓸 수도 있습니다. 그러나 아날로그적 글쓰기가 더 추천할 만합니다. 왜냐하면, IT기기는 현대인들의 의식을 분주하고 복잡하게 만드는 경향이 있기 때문입니다. 하루 중 조용한 시간, 즉 이른 아침 시간이나 저녁 시간에 잠시 몸과 마음을 쉬면서 내면을 바라봅시다. 자신의 내면에서 오락가락하는 생각들과 감정들이 무엇인지 차분히 지켜봅시다. 그리고 하나하나 내려놓아 봅시다. 파도와 물결이 잔잔한 바다로 돌아가는 것처럼 말입니다. 그리고 이러한 과정을 일기에 기록하는 것입니다. 기록하면서 자신의 마음을 좀 더 깊이 들여다볼 수 있습니다. 내 마음을 지켜보고 세상을 지켜보며, 여기에서 얻어진 통찰들을 기록하고 이를 일상 중에서 실천을 해 봅시다.

돈오점수를 좀 완화된, 일상적 차원에서 말해보면, 자신과 세상을 지켜보면서 통찰을 얻는 것이 돈오(頓悟)이며, 이러한 통찰을 일상 중에 반복적으로 실천하여 점차로 확고하게 만드는 것이 점수(漸修)라고 할 수 있습니다. 이를 반복적으로, 좀 더 집중적으로 해나가다 보면 본래의 참마음을 문득 깨닫는 진짜 돈오를 할 수도 있지 않을까요?

정혜쌍수의 의미도 좀 더 우리의 일상에 가깝게 해석해 보면, 정(定)은 생각과 감정을 잠시 멈추고 내려놓는 것이고, 혜(慧)는 앞서 말했듯이 정견(正見)을 통해 얻어지는 참다운 앎입니다. 생각과 감정을 내려놓아야 바르게 볼 수 있는 것이니 정은 혜의 필요조건입니다. 역으로, 모든 것을 있는 그대로 볼 수 있으면 복잡한 생각들과 감정들이 저절로 잦아들게 되므로 혜(慧) 또한 정(定)의 필요조건입니다. 그래서 정과 혜를 항상 함께 닦아가야 한다는 것이 정혜쌍수(定慧雙修)의 의미입니다.

몇 년 전에 어떤 분이 『멈추면 비로소 보이는 것들』이라는 책을 써서 베스트셀러가 된 적이 있습니다. 생각과 감정을 내려놓을 수 있으면 많은 것들이 있는 그대로 보인다는 것입니다. 그래서 내려놓기[정(定)]와 지켜보기[혜(慧)]를 함께 닦아가야 한다는 것입니다.

2
『금강경(金剛經)』의 이해

주요 용어

금강경, 수보리, 아상, 인상, 중생상, 수자상, 아뇩다라삼먁삼보리,

무여열반, 공, 단멸론, 상주론, 즉비의 논리, 십이연기법, 반야심경,

오온, 삼법인, 사구게, 불이법, 육바라밀, 대승보살도

『금강경』은 『반야심경』과 함께 한국불교에서 가장 중요하게 여기는 대승 경전 가운데 하나이다.

우리는 일상 중에 수많은 고정관념과 정서적 집착의 지배를 받고 살아간 다. 금강경은 이 모든 고정관념과 정서적 집착을 상(相)이라고 표현하며, 우리가 모든 상(相)이 허구임을 깨달아 이를 벗어날 때 우주적인 대자유 (大自由)의 삶을 살아갈 수 있음을 설파하고 있다. 또한 연기(緣起)와 공 (空)의 이치를 이해하고 깨달을 때 일체의 존재들을 내 몸처럼 아끼고 도 와주며 이끌어주는 삶을 살 수 있음을 강조한다. 이처럼 금강경은 대승보 살도(大乘菩薩道)를 설파하는 경전이다.

1) 금강경(金剛經) 입문

　『금강경』은 대승불교의 핵심경전이
며 한국불교에서 전통적으로 특히 중
시되어 온 경전입니다. 한국 전통불교
의 중심인 선종(禪宗)은 경전을 중심
으로 하는 교종(敎宗)을 비판하면서
바로 마음의 근본을 깨달아 부처를
이룬다[직지인심 견성성불(直指人心 見

국보 206-6호. 금강반야바라밀경

性成佛)]는 입장을 뒷받침해 주는 금강경을 수행의 지침으로 삼아왔습니다.
　그러면 금강경이란 어떤 경인지 알아보겠습니다.
　금강경이란 금강반야바라밀경(金剛般若波羅蜜經)의 줄임말인데, '금강'은
다이아몬드를 말하며, '반야'는 지혜, '바라밀'은 저 언덕으로 건너감, 또는 완
성을 뜻하며, '경'이란 가르침을 뜻합니다. 따라서 금강경이란 '금강 같은 지혜
로 저 언덕으로 건너가게 하는 가르침', 또는 '금강과 같은 지혜를 완성하도
록 이끄는 가르침' 정도의 의미입니다. 다이아몬드는 가장 단단한 물질이어서
모든 다른 물질을 자르고 연마하는 데 사용되듯이, 금강경은 금강과 같은 지
혜를 발현하여 모든 번뇌를 끊고 깨달음의 저 언덕으로 건너게 하는 가르침
이라는 것입니다. 더 나아가서 금강경은 이러한 깨달음을 바탕으로 모든 생
명체들과 더불어 살아가는 보살(菩薩)의 삶을 살도록 가르치는 대승불교 경
전이라는 것을 알 필요가 있습니다. 금강경은 수보리(subhūti, 須菩提)*라는
제자가 묻고 붓다가 대답하는 방식의 32편의 대화로 구성되어 있습니다.

---

*수보리 : 석가모니의 십대제자 가운데 한 사람으로 공(空)에 대한 이해가 깊어 해공제
일(解空第一)로 불리며, 반야경계 경전에 붓다의 대화상대로 자주 등장한다.

2) 보살의 깨달음 : 사상(四相)이 없음

그렇다면 보살의 깨달음의 삶이란 어떤 것일까요? 금강경의 내용으로 들어가서 알아봅시다. 다음은 수보리의 첫 번째 물음입니다.

"세존(世尊)*이시여, 선남자 선여인이 아뇩다라삼먁삼보리심(阿耨多羅三藐三菩提心)을 내었다면 마땅히 어떻게 살아야 하며 어떻게 그 마음을 다스려야 합니까?"　　　　　　　　　　　　　　　　「제2 선현기청분(善現起請分)」

이에 대한 붓다의 답변은 다음과 같습니다.

"수보리여, 모든 보살의 길을 걷고자 하는 사람들은 다음과 같이 그 마음을 다스려야 한다. '난생(卵生)이든, 태생(胎生)이든, 습생(濕生)이든, 화생(化生)이든, 형색이 있는 것이든, 형색이 없는 것이든, 생각이 있는 것이든, 생각이 없는 것이든, 생각이 있는 것도 아니고 없는 것도 아닌 온갖 중생들을 내가 모두 무여열반(無餘涅槃)*에 들게 하리라. 이와 같이 헤아릴 수 없는 중생들을 열반에 들게 하였으나 실제로는 완전한 열반을 얻은 중생이 아무도 없다.' 왜냐하면, 수보리여, 아상(我相), 인상(人相), 중생상(衆生相), 수자상(壽者相)이 있다면 보살이 아니기 때문이다."「제3 대승정종분(大乘正宗分)」

---

*세존(世尊) : 인도에서 스승을 향해 부를 때 쓰는 '바가밧(Bhagavat)'을 번역한 말이다. 초기 경전에서 붓다를 부르는 호칭의 하나로 '세상에서 가장 존귀한 분'이라는 뜻이다.
*무여열반 : 모든 번뇌가 끊기고 육신까지 사라진 후 얻어지는 평온의 경지, 곧 죽은 후에 들어간다는 열반으로 반열반(般涅槃, Parinibbana), 즉 빈틈없는 열반, 완전한 열반이라고도 한다.

이 하나의 물음과 답변 속에 금강경의 핵심이 다 들어있다고 해도 과언이 아니므로 이 구절을 올바로 이해하는 것이 금강경 공부에서 매우 중요합니다. 먼저 수보리의 질문 의미부터 생각해 보겠습니다.

수보리는 아뇩다라삼먁삼보리심(阿耨多羅三藐三菩提心)을 낸 수행자는 어떻게 살아야 하며, 어떻게 그 마음을 다스려야 하느냐고 붓다에게 물었습니다. 아뇩다라삼먁삼보리*는 산스크리트어 'anuttara-samyak-sambodhi'의 음역(音譯)이며, 붓다의 깨달음인 '가장 높고 올바른 깨달음', 즉 '무상정등각(無上正等覺)'을 말합니다. 따라서 아뇩다라삼먁삼보리의 마음을 내었다는 것은 붓다와 같은 깨달음을 얻겠다는 마음을 일으켰을 뿐만 아니라, 이미 붓다의 본질, 즉 '불성(佛性)'을 깨달았다는 것을 의미합니다. 그래서 어떻게 살아야 하며, 어떻게 그 마음을 다스려야 하는가를 묻는 것입니다. 깨달음을 얻은 뒤에 어떻게 수행을 해나가야 하는가를 묻는 것이지요. 이렇게 보면 『수심결(修心訣)』에 나오는 '돈오점수(頓悟漸修)'와 비슷한 의미라고 볼 수도 있겠습니다.

수보리의 첫 번째 물음에 대한 붓다의 답변 요지는 다음과 같습니다. 무상정등각을 구하는 보살은 모든 부류의 중생들을 모두 완전한 깨달음의 경지인 무여열반(無餘涅槃)에 들게 하겠다고 마음을 내고 그러한 목표를 가지고 중생제도를 하되 실제로는 제도한 중생이 하나도 없다는 것을 알아야 합니다. 왜냐하면, 아상, 인상, 중생상, 수자상이 있으면 보살이 아니기 때문이라는 것입니다. 이러한 답변의 의미를 좀 자세히 살펴보겠습니다.

---

*아뇩다라삼먁삼보리 : 'an[부정의 뜻] uttara[위] + samyak[적절한] + sam[동등한] bodhi[깨달음]'으로, '더이상의 위가 없는 적절하고도 동등한 깨달음'을 말한다. 더 이상의 위가 없으니 무상(無上)이요, 적절하고도 동등하니 정·등(正·等)이며, 깨달음이니 각(覺)이기에 '무상정등각(無上正等覺)'이라고 한다.

위에서 인용한 「대승정종분(大乘正宗分)」에서 '난생'부터 '생각이 있는 것도 아니고 없는 것도 아닌 중생'까지는 아직 궁극의 깨달음을 얻지 못한 모든 부류의 중생들을 언급한 것입니다. 이 모든 중생들을 무여열반, 즉 분별과 번뇌가 남아 있지 않은 완전한 깨달음의 차원에 들어서게 하겠다는 큰마음을 낼 수 있어야 보살이라는 것입니다. 모든 생명체들을 하나도 놓치지 않고 다 깨닫게 하겠다는 마음, 이것이 대승(大乘), 즉 큰 수레와 같은 마음입니다.

그런데 그렇게 '모든 부류의 중생들을 열반에 들게 하더라도 실제로 열반에 들어간 중생이 없다. 왜냐하면, 참다운 보살이라면 아상, 인상, 중생상, 수자상이 없기 때문'이라니 이것이 무슨 말일까요? 이 말뜻을 이해하기 위해서 먼저 사상(四相), 즉 아상, 인상, 중생상, 수자상이 무엇인지 먼저 알아보겠습니다.

먼저 '상(相)'이란 고정된 무엇이 있다고 여기며 집착하는 생각, 즉 '고정관념'을 말합니다. 그래서 아상(我相)이란 고정된 '나(ātman)'가 있다는 생각이며, 인상(人相)이란 사람(pudgala)이라는 관념이고, 중생상(衆生相)이란 중생(sattva)이 있다는 생각, 수자상(壽者相)은 수명(jiva)이 있다는 관념, 또는 불멸하는 영혼이 있다는 관념입니다. 그러나 이 모두가 수심결에서 살펴본 것처럼 표상적-언어적 관념들일 뿐, 그에 부합하는 실재가 존재하지 않는 허상, 허구적인 고정 관념들에 불과합니다.

이러한 4상(四相) 중에서도 가장 근본이 되는 것은 아상(我相), 즉 '고정된 내가 있다'라는 생각입니다. 정말 고정된 '나'가 존재할까요? 한 번 생각해 봅시다. 사람들은 보통 무엇을 '나'라고 생각합니까? 몸과 의식이 '나'라고 일단 생각해 보기로 합시다. 그렇다면, 좋은 예는 아니지만, 사고를 당하여 다리 하나가 잘려버린다면 어떻게 됩니까? 그래도 이전과 동일한 '나'라는 생각이 들까요? 치매가 걸려서 자신과 다른 사람에 대한 기억을 잊어버린다면 또 어떻게 됩니까? 그래도 '나'라고 할 수 있을까요?

우리가 사고를 당하지도 않고 치매에 걸리지 않아도 우리의 몸과 의식은 계속해서 변합니다. 실제로, '나'라는 의식(자아의식)도 외부 세계와 상호작용하면서 지속해서 변화합니다. 변화한다면 이전의 '나'가 다른 것으로 바뀌는 것이니 엄밀한 의미에서 보면 '나'가 아닙니다. 그런데도 우리는 변치 않는 '나'가 있다는 느낌을 가지고 살아갑니다. 그러나 변치 않는 '나'란 존재하지 않는 것입니다. 단지 '나'라는 습관화된 관념만이 존재하며, 이 마음의 습관은 기억에 의존합니다. 그래서 기억상실, 치매 등에 의해 기억이 사라지면 '나'라는 관념도 붕괴되어 버리는 것입니다. 결론적으로 말해서, 고정된 '나'라는 생각, 즉 아상(我相)은 허구적, 착각적 관념에 불과합니다.

이상과 같이 생각해 보면 사람이라는 고정관념, 중생이라는 고정관념, 불멸의 영혼이 있다는 관념들이 모두 허구적 관념들임을 알 수 있습니다. 금강경의 핵심적 가르침은 이러한 사상(四相), 즉 아상, 인상, 중생상, 수자상이 허구임을 깨달아서 이러한 고정관념에서 벗어나게 하는 것입니다. 사상(四相)이 허구임을 알아서 마음에 사상(四相)이 없다면 "모든 부류의 중생들을 열반에 들게 하더라도 실제로 열반에 들어간 중생이 없다."라는 말도 이해가 되지요. 고정된 '나'가 있다는 생각이 없으므로 내가 누군가를 열반에 들게 했다는 생각이 없고, 인상, 중생상이 없으므로 중생의 상태에 있는 어떤 사람이 중생의 상태에서 벗어나 열반에 들어갔다는 생각도 하지 않게 되지요. 이러한 생각들이 아예 성립하지 않기 때문입니다.

3) 깨달음의 조건 : 고정관념에서 해방되기

그러면 금강경에서 말하는 보살의 깨달음이란 무엇이며, 깨달음을 얻기 위해서는 어떻게 해야 하는가에 대해 알아보겠습니다.

깨달음이란 간단히 말하면 실상(實相)[*]을 바로 아는 것입니다. 그런데 우리 대부분의 보통 사람들은 진실을 있는 그대로 알 수 있는 능력을 갖추고 있지 못합니다.

왜 그럴까요? 수심결에서 살펴본 것처럼 우리들의 의식이 수많은 착각적 관념과 정서적 집착들로 가득 채워져 있기 때문입니다. 이러한 것들이 마치 안개처럼, 겹겹의 필터처럼 우리의 마음을 가리고 있어서 있는 그대로의 진실을 보지 못하게 만듭니다. 1999년에 나왔던 영화 〈매트릭스〉가 전해주는 메시지도 바로 이것입니다.

따라서 우리가 있는 그대로의 진실을 알기 위해서, 즉 깨달음을 얻기 위해서는 이러한 우리의 의식을 채우고 있는 관념들과 집착들을 내려놓거나 떠나는 노력을 해야 합니다.

예를 들어 설명을 해 보겠습니다. 프랑스 화가 르네 마그리트(René Magritte, 1898~1967)는 사과 그림을 그려놓고 이 그림의 제목을 〈이것은 사

과가 아니다(Ceci n'est pas une pomme)〉라고 붙여 놓았습니다. 설혹 내가 마그리트의 그림이 아니라 실제로 사과를 손에 쥐고 있고, 그것을 바라보면서 그 향기를 맡고 있다고 하더라도 '이것은 사과가 아니다'라고 말할 수 있습니다. 왜 그럴까요? 내 눈에 보이는 사과의 모양이 사과인가요? 아니면 손으로 쥔 감촉이, 또는 코로 맡아지는 향기가, 나아가 한입을 베어 물었을 때 입에 가득 찬 과즙의 맛이 사과일까요? 아니면 그 모든 것이 합쳐진 것이 사과인가요? 그런데 엄밀히 따져보면 사과의 시각적 이미지나 감촉, 냄새, 맛 등은 사람마다 약간씩 차이가 있습니다. 이것은 우리 감각 능력의 불완전성을 보여 줍니다. 우리의 감각은 실재를 있는 그대로 파악

하지 못합니다. 이렇게 말하면 어떤 사람은 짜증을 내면서 "설령 우리 감각이 실재를 있는 그대로 정확하게 파악하지 못한다고 하더라도 감각이 지각하는 사과 자체는 있는 것이고, 그렇다면 눈앞에 있는 사과를 두고 '이것은 사과가 아니다'라고 말하는 것은 억지스러운 궤변에 불과한 것이 아닌가?"라고 반문을 할지도 모릅니다. 그러면 그 사람에게 이렇게 되물을 수 있습니다. "당신의 감각들이 제공하는 감각 자료들(이미지, 냄새, 감촉, 맛 등), 그리고 이를 포괄하는 언어개념이 당신 앞에 놓인 사과 자체와 동일하지 않다는 것을 인정하시나요? 만일 당신이 이것을 인정한다면 '사과의 사과임', '사과 자체'를 참으로 알지 못한다는 것도 인정해야 하지 않을까요?"라고요. 그렇다면 눈앞에 보이는 사과를 보고 '이것은 사과가 아니다'라고 말하는 것에 잘못이 없습니다. 왜냐하면 '이것은…'이라고 말할 때 의미 되는 것은 우리 자신이 대상에 대해 갖는 관념(감각 자료+언어개념)에 불과하기 때문입니다.

요컨대, 우리가 표상화-언어화를 통해 파악한 것은 세계 자체가 아니고 세계에 대한 매우 불완전하고 왜곡된 모사(模寫, copy)에 불과합니다. 더 큰 문제는 한 번 그려진 세계에 대한 모사는 고정되는 경향이 있다는 것입니다. 세계 자체는 계속 변화하고 움직이고 있는데 말이지요. 우리는 우리의 의식 안에 거의 고정된 세계에 대한 지도를 지니고 있습니다. 그리고 이 지도를 가지고 세계를 보고 있는 것입니다. 우리는 단순히 있는 그대로의 세계를 보는 것이 결코 아닙니다.

우리가 의식 속에 지니고 있는 이미지들과 정서적 집착들은 있는 그대로의 실상을 반영하지 못하므로 결국 허상입니다. 이러한 허상의 필터를 통해 세상을 보면 세상은 다만 허상에 반영된 모습으로만 보이게 됩니다. '개의 눈에는 ○만 보인다.'라는 속담이 바로 이것을 말해 주는 위대한 진리입니다. 우리가 보는 세상은 있는 그대로의 세상과 일치하지 않습니다. 이것이 바로 공(空, Śūnyatā)*의 한 의미입니다. 우리가 보고 있는 세상은 진실이 아닙니다. 즉 공(空)한 것입니다. 불교에서는 세상, 즉 인식의 대상이 공함을 법공(法空)이라고 부릅니다. 그리고 인식자 자신, 즉 고정불변의 '나'가 있다는 생각도 착각에 불과하기 때문에 '나'도 또한 공한 것입니다. 이를 아공(我空)이라고 합니다. 아공과 법공을 철저히 깨닫는 것이 보살의 깨달음입니다. 그래서 금강경 「제18 일체동관분(一切同觀分)」에서는 "만약 보살이 아(我)와 법(法)이 없음을 통달한 자라면 여래는 이 사람을 참된 보살마하살이라고 말한다."라고 하고 있지요.

금강경에서는 주체(subject)로서의 '나'와 대상(object)으로서의 '세상'에 대한 어떠한 표상적, 언어적 관념도 허용하지 않고 계속해서 부정하고 깨뜨려 나갑니다. "보살이 무수한 중생을 제도하나 제도한 중생이 있다고 생각하면 보살이 아니다." "아상, 인상, 중생상, 수자상을 지니고 있으면 보살이 아니다."라고 말입니다. 우리가 어떤 생각이나 이미지를 우리의 의식 속에서 고정화하는 순간 우리는 실상으로부터 멀어져 가게 되는 것입니다. 금강경 「제21 비설소설분(非說所說分)」에서는 심지어 "여래는 설한 법이 없다."라고까지 말합니다. 참다운 진리는 언어와 이미지를 떠나 있다는 것입니다.

그러나 우리가 "여래는 법을 설하지 않았구나."라고 단정한다면 이것도 또한 고정된 생각에 머무르는 것이니 또다시 오류에 빠지는 것입니다. 없다고 생각[단멸론(斷滅論)]*하면 허무주의에 빠지게 되므로 없다는 생각도 내

---

*공(空) : 산스크리트어 'Śūnyatā'를 번역한 것으로, 인간을 포함한 일체 만물에 고정불변하는 실체가 없다는 불교의 근본 교리이다.
**단멸론(斷滅論)과 상주론(常住論) : 붓다 당시 인도 사회의 신흥사상가들의 주장이다. 붓다는 고정불변의 아(我)인 아트만(ātman)의 끊임없는 윤회를 인정하는 상주론과 윤회를 부정하고 한 번의 생으로 모든 것이 끝난다는 단멸론을 비판하고 중도(中道)를 주장하였다.

려놓아야 하며, 그렇다고 무엇인가 있다고 생각[상주론(常住論)]*하면 그 순간 표상화, 언어화된 고정관념에 빠지게 되므로 있다는 생각도 바로 내려놓아야 합니다. 그러므로 참다운 실상은 있다고 해도 맞지 않고, 없다고 해도 맞지 않습니다. 이를 사람들은 '즉비(卽非)의 논리*'라고 합니다.

금강경은 '즉비의 논리'를 통해 모든 착각적 고정관념들과 집착에서 벗어나게 합니다. 일체 상에서 벗어나면 그대로 본래로 돌아가서 깨달은 자, 즉 붓다가 되는 것이므로 즉비의 논리는 또한 '깨달음의 논리' '해방의 논리'라고 할 수도 있습니다. 그래서 금강경에서는 다음과 같이 말합니다.

"일체 모든 상(相)을 여읨을 곧 모든 붓다라고 이름한다."

「제14 이상적멸분(離相寂滅分)」

 지　혜　마　당

실상(實相)이란 무엇인가?

초기불교의 삼법인(三法印)과 같이, 대승불교에서 진리를 나타내는 대표적인 용어이다. 불교에서 실상이란 산스크리트어 'tattvasya laksanam'이다. 불교 이전에는 중국에 없었던 말로 불교 경전을 한역할 때 구마라집(344~413)이 만들어낸 용어라고 한다. 실상은 언어나 마음으로 분별할 수 없는 진실 그 자체의 모습으로 허상과 가상이 아닌 '존재하는 모든 것의 있는 그대로 진실한 모습'이란 뜻이다. 법성(法性), 진여(眞如)라고도 하며, 궁극적으로 붓다가 깨달은 내용을 말한다.

초기불교에서 '일체법은 오온이다.'고 하거나 혹은 십이처·십팔계라고 설하고, 그것은 모두 무상(無常)이며, 고(苦)이며, 무아(無我)라고 설한다. 이때 오온·십이처·십팔계는 곧 '제법'이며, 무상·고·무아는 '실상'에 해당한다.

금강경에서는 '모든 상은 다 허망한 것을 알아라. 그리고 무슨 상을 보든지 그것이 참이 아님을 아는 그것이 곧 붓다를 보게 되는 것이다.'〔범소유상 개시허망 약견제상비상 즉견여래(凡所有相 皆是虛妄 若見諸相非相 卽見如來)〕 또한, '우리가 경험하고 있는 이 세계는 생사의 윤회가 끊이지 않는 그런 세계이지만 허상이며, 이슬 같고, 번개 같고, 꿈과 같다.'고 하였다.

그러므로 헛된 아상의 소견에서 벗어나 실상을 안다는 것은 곧 참나를 봤음을 의미하고, 실상의 법을 보면 붓다를 보는 것이나 다름없다. 이것은 아뇩다라삼먁삼보리의 증득을 의미한다.

 지 혜 마 당

즉비(卽非)의 논리

일본의 선사이자 철학자인 스즈끼 다이세츠(鈴木大拙, 1870~1966)가 금강경에서 힌트를 얻어 창안해낸 선(禪)의 논리를 가리키는 말이다.

금강경 구절을 보면, "반야바라밀은 곧〔卽〕 반야바라밀이 아니다〔非〕. 그러므로 반야바라밀이라고 이름한다." "중생이라고 하는 것은 곧〔卽〕 중생이 아니다〔非〕. 그러므로 중생이라고 이름한다."라고 하였다. 여기서 긍정을 뜻하는 '즉(卽)'과 부정을 뜻하는 '비(非)'는 단순한 대립의 차원이 아니라, 대립하기에〔非〕 도리어 대립하는 그대로 동일하다는〔卽〕 말이다. 산은 산이 아님〔非〕으로써만 산일 수 있고〔卽〕, 물은 물이 아님으로써만〔非〕 물일 수 있듯이〔卽〕, 일체 사물의 대긍정의 세계인 선(禪)은 부정과 차별로서의 "비(非), 즉 부정"을 전적으로 포함하는 가운데 이루어진다는 것이다.

한 마디로 대립이 그대로 동일, 차별이 그대로 일치라는 말이다. '즉(卽)'은 문자적인 의미에서 형식 논리적 인과관계를 말하는 것이 아니다. '즉(卽)'에는 '있는 그대로'의 뜻이 들어있다.

4) 관계성 속의 '나'와 세계 : 연기(緣起)

금강경을 이해하는 데 꼭 알아야 할 불교의 사상 가운데 하나가 연기법입니다. 연기법은 「불교윤리와 사상」 편에서도 언급했지만, 왜 우리가 고정관념과 정서적 집착에서 벗어나야 하는지를 설명하기 위해 간단히 알아보도록 하겠습니다.

연기(緣起)란 인연생기(因緣生起)를 줄인 것으로 연(緣)은 '의존하다'라는 뜻이고, 기(起)는 '생겨나다, 발생하다'라는 뜻입니다. 다시 말하면 '말미암아 생겨난다'라는 뜻으로 모든 존재는 원인과 조건, 즉 인(因)과 연(緣)에 따라 생겨나고 사라진다는 의미이기 때문에 인연법(因緣法)이라고도 합니다. 경전에 나타난 연기법에 대한 대표적인 언급은 다음과 같습니다.

"이것이 있으므로 저것이 있고, 이것이 생기므로 저것이 생기며, 이것이 사라지므로 저것이 사라진다."

『잡아함경(雜阿含經)』 권15

연기법의 기본적 의미는 모든 것이 인(因: 근본적 원인. 예: 씨앗)과 연(緣: 보조적 원인. 예: 씨앗의 싹을 틔울 수 있는 토양, 수분, 온도, 양분 등)에 의해서 발생하고 소멸한다는 것입니다. 이러한 연기법은 불교의 핵심적 가르침이며, 금강경을 이해하는 데에도 매우 중요합니다. 그래서 『상적유경(象跡喩經)』에 보면 "연기를 보는 자는 법을 보고, 법을 보는 자는 연기를 본다."라고 말하고 있습니다.

연기법의 핵심은 십이연기법(十二緣起法)* 또는 십이인연법(十二因緣法)인데, 이 가르침은 특히 인간존재가 어떻게 생겨나고 변천해 가는가를 보여

주는 중요한 교설입니다. 십이연기법은 요컨대, 무명(無明)-행(行)-식(識)-명색(名色)-육입(六入)-촉(觸)-수(受)-애(愛)-취(取)-유(有)-생(生)-노사(老死)의 12가지가 서로 의존하여 꼬리에 꼬리를 물고 일어난다는 것입니다.

이러한 십이연기법에서 볼 때, 고통에서 벗어나기 위해서는 요컨대 '밝지 않음' '무지(無知)의 상태'를 뜻하는 '무명'을 소멸시켜야 합니다. 무명이 없어지면 행이 없어지고, 행이 없어지면 식이 없어지고 …… 이렇게 해서 생로병사의 고통이 모두 없어진다는 것입니다. 무명이 소멸하면 12연기의 사이클 전체에서 벗어나게 된다는 것이며, 이를 환멸연기(還滅緣起)라고 부릅니다.

이처럼 십이연기법은 고통이 생겨나는 이치와 고통을 소멸시키는 방법을 아울러 포함하고 있는데, 특히 무명을 없애는 것이 관건임을 알 수 있습니다. 그렇다면 무명을 어떻게 제거할 수 있을까요?

『반야심경(般若心經)』*의 한 구절을 가지고 설명을 해 보겠습니다. 반야심경은 금강경의 핵심내용을 담고 있으면서도 매우 짧아서 한국불교에서 가장 많이 독송되고 있습니다. 반야심경에 보면 "오온(五蘊)*이 공(空)한 것을 비추어보고 온갖 고통에서 건너느니라.[조견오온개공(照見五蘊皆空) 도일체고액(度一切苦厄)]"라고 되어 있습니다.

모든 생명체는 다섯 가지의 쌓임, 즉 오온(五蘊)으로 구성되어 있다고 말

---

*십이연기법 : 모든 존재의 생멸 현상을 12가지 과정으로 설명한 것이다. 붓다가 연기법을 설한 본래의 목적은 인생의 현실을 실제적으로 이해하고 또 그 현실을 극복하는 방법과 길을 분명하게 하기 위함이다.

*반야심경(般若心經) : 불교의 핵심적인 이치인 반야바라밀다를 간결하게 요약한 경전으로, 당나라 삼장법사인 현장이 번역한 것이다. 260자로 되어 있다.

*오온(五蘊) : 산스크리트어 'pañca-skandha'의 번역으로 온(蘊)은 '모임, 다발'이라는 뜻이다. 불교에서 모든 것을 구성하고 있다고 보는 다섯 요소로써 물질현상을 나타내는 색(色)과 정신 현상을 표현하는 수(受), 상(想), 행(行), 식(識)을 가리킨다.

합니다. 우리 자신을 예로 생각해 보면, 색(色)은 형색(形色)이니 주로 몸이라는 육체에 해당되고, 수상행식(受想行識)은 느낌, 생각, 의지와 욕구, 인식이니 정신작용에 해당됩니다.

우리의 현상적인 존재를 오온, 즉 '다섯 가지 쌓임'이라고 부르는 이유는 본래 없던 것이 생겨나서 쌓여 있기 때문입니다. 모든 현상적인 것은 본래 없던 것이니 지속적으로 존재하지 못하고 변하여 사라질 수밖에 없는 운명입니다. 그래서 연기법을 시간적인 측면에서 보았을 때는 제행무상(諸行無常)입니다. 그리고 공간적으로는 제법무아(諸法無我), 즉 모든 현상적 대상들은 고정불변의 주재자를 가지고 있지 않습니다. 이것을 우리가 투철하게 알지 못하고 현상적 대상들에 집착하고 '나'에 집착하니 고통을 받을 수밖에 없습니다. 그래서 우리는 무상, 무아인 오온에서 벗어나야 하며, 이렇게 벗어난 경지가 바로 열반입니다. 그래서 붓다는 열반적정(涅槃寂靜), 즉 열반만이 고요하고 평화롭다고 설파하는 것입니다. 이것이 불교의 가장 기초적이면서도 핵심적인 가르침으로 간주되고 있는 삼법인(三法印)*입니다. 이것을 반야심경은 "오온(五蘊)이 공(空)함을 비추어보고 이를 확실히 알면 오온에서 벗어나게 되니 모든 고통에서도 벗어나게 된다."라고 말하고 있는 것입니다.

그런데 '제행무상'과 '제법무아'는 비교적 사람들에게 쉽게 이해될 수 있습니다. 경험적으로 설명이 가능하기 때문이지요. 그러나 제행무상과 제법무아만 이해하고 이것이 불교의 전부라고 이해하면 이것은 불교를 자칫 삭막한 염세주의라고 오해하도록 만듭니다. 실제로 적지 않은 사람들이 그렇

---

*삼법인(三法印) : 불교의 근본 교의를 표시한 것으로 변화하지 않는 세 가지 진리, 즉 제행무상, 제법무아, 열반적정을 말한다. 여기에 열반적정 대신 일체개고(一切皆苦)를 포함하여 사법인이라고도 한다.

게 생각하고 있는 것으로 보입니다. 그러나 이것은 완전한 오해입니다. 특히 금강경의 가르침과는 전혀 부합하지 않습니다. 금강경은 열반적정으로 곧바로 나아가는 길과 방법을 안내하고 있습니다. 그 길과 방법은 무엇일까요?

금강경은 모든 고정관념과 정서적 집착을 닥치는 대로 깨뜨리며 붓다나 중생, 진리, 깨달음, 열반 등에 대한 고정관념까지도 버리게 합니다.

이것은 다음의 금강경 사구게(四句偈)*에 잘 나타나 있습니다.

무릇 상이 있는 것은   (범소유상 凡所有相)

모두 허망한 것이니   (개시허망 皆是虛妄)

모든 상이 상 아닌 줄 알면   (약견제상비상 若見諸相非相)

바로 여래를 보리라.   (즉견여래 卽見如來)

「제5 여리실견분(如理實見分)」

이처럼 금강경의 가르침은 일체의 상(相)을 끝까지 깨뜨려 나가는 가르침 이므로 '파상대승(破相大乘)'의 가르침이라고 부르는 것입니다.

그러면 다 깨뜨리고 다 벗어나면 어떻게 될까요? 고요하고 평화로운 열반을 얻는다는 것입니다. 열반은 모든 고정관념과 정서적 집착에서 벗어나 무엇에도 물들지 않고, 집착하거나 구속을 받지 않는 청정한 대자유의 마음을 말하며, 이 마음은 변하지도 않고 무너지지도 않는 우리의 영원한 존재 바탕입니다. 마치 바다가 모든 파도의 존재 바탕이듯이 말입니다. 제행무상과 제법무아는 사대(四大)와 오온(五蘊)으로 이루어진 현상세계에 해당하

---

*사구게(四句偈) : 불교 경전은 매우 조직적이어서 산문(散文)으로 나오다가 내용을 압축하여 시로 표현한다. 이것을 게송(偈頌, Gatha)이라고 하는데, 붓다의 공덕이나 교리를 네 구절로 찬탄 요약한 것을 말한다.

는 진리입니다. 그러나 우리가 모든 상을 떠난다면 사대와 오온이라고 규정지을 것도 없으며, '나'와 세계라는 것도 세울 수 없게 됩니다. 이를 부득이 말로 표현하자니 공한 모습, 공한 본성 등으로 표현을 하게 되는 것입니다. 공상(空相), 또는 공성(空性), 이것이 금강경과 대승불교에서 말하는 존재의 실상입니다. 이것은 아무것도 없다고 보는 허무주의에 빠지는 것이 아닙니다. 금강경과 대승불교에서 공성(空性)은 열반, 불성의 동의어입니다. 이렇게 하여 공(空)은 허상을 깨뜨리는 부정적·소극적 의미만 있을 뿐 아니라, 고정된 이미지나 관념, 언어로 표현할 수 없는 본래의 불성을 표현하는 긍정적·적극적 의미를 또한 지닌다는 것을 알 수 있습니다.

그렇다면 금강경과 대승불교에서는 존재의 실상이 공성(空性)이라는 것인데, 이것이 이해하기가 쉽지가 않습니다. 그래서 반야심경의 내용을 가지고 조금만 더 부연설명을 해 보겠습니다.

반야심경에는 "모든 법의 공한 모습은 나지도 멸하지도 않으며, 더럽지도 깨끗하지도 않으며, 늘지도 줄지도 않느니라.[시제법공상 불생불멸 불구부정 부증불감(是諸法空相 不生不滅 不垢不淨 不增不減)]"라고 설합니다. 여기에서 말하는 '모든 법'은 우리의 마음과 마음의 대상들을 모두 포함하는 말입니다. 그런데 마음과 마음의 대상들이 공한 모습이란 무엇일까요? 결국 공성(空性), 즉 불성(佛性)입니다. 그래서 불성은 "나지도 않고 죽지도 않으며, 더럽지도 않고 깨끗하지도 않으며, 늘지도 줄지도 않는다."라는 것입니다. 그러한 바탕에서 모든 현상과 삼라만상이 연기적(緣起的)으로 생겨나고 변천하며 사라집니다. 마치 바다에서 모든 파도와 물결이 생겨났다가 없어지듯이 말입니다.

그렇다면 이것이 우리의 삶에 실제로 어떤 의미가 있는 것일까요? 우리 존재의 바탕인 불성은 불생불멸(不生不滅) 불구부정(不垢不淨) 부증불감(不增不減)입니다. 이러한 바탕에서 모든 현상세계의 변화와 생명 활동의 에너지가 솟아나며 사람들은 사고와 감정, 의지를 일으켜서 모든 가치 있는 일들을 추구합니다. 이것은 거대한 희망의 메시지입니다. 그런데 현상적인 것만 보고 그 근본 바탕을 알지 못하면 모든 것은 일시적인 것으로 끝나고 맙니다. 세상의 근본 이치를 알고 이에 맞추어 모든 행동과 사업을 일으킬 때 모든 것이 참으로 의미 있는 방향으로 진행될 수 있습니다.

여기에서 연기법의 새로운 측면이 드러납니다. 연기법은 현상세계가 돌아가는 근본적인 이치입니다. 연기법은 세상일이 어떻게 생겨서 진행되다가 사라지는지를 알려주는 원리이면서 우리들이 살아가는 근본 이치를 알려주는 원리이기도 합니다. "이것이 있으므로 저것이 있고, 이것이 멸하면 저것도 멸한다."라고 설하는 『잡아함경』의 경구가 말하는 바는 모든 것은 관계적이면서 인과적이라는 것입니다.

금강경은 모든 것이 연기이므로 자체적 실체가 없다는 것, 즉 공하다는 것을 깨달아 청정한 자유를 성취하는 지향점을 제시하는 동시에, 현상세계 속에서 모든 존재들이 서로 관계적, 인과적으로 존재하고 있다는 연기의 이치를 관찰하면서 모든 존재들을 호의와 자비의 마음으로 포용하고 도와주며 베풀어야 마땅하다는 것을 가르치고 있습니다.

5) 보살의 마음 : 머무름 없는 마음

앞 장에서 우리는 우리 존재의 근본인 불성은 공성(空性)이며, 현상적인 연기법을 벗어나 있는 것임을 살펴보았습니다. 우리가 무상하고 무아이며, 따라서 괴로움인 현상계를 벗어나려면 모든 상에서 벗어난 공성을 깨달아야 하며, 이를 통해 열반에 편안히 머물 수 있습니다. 그런데 우리는 일상 중에 나와 세상에 관한 수많은 고정관념과 이에 대한 정서적 집착에 머물고 있습니다. 우리가 이러한 고정된 생각과 정서적 집착에서 벗어나려면 어떻게 해야 할까요? 금강경에서는 다음과 같이 말하고 있습니다.

"모든 보살마하살은 이와 같이 깨끗한 마음을 내어야 한다. 형색에 집착하지 않고 마음을 내어야 하고 소리, 냄새, 맛, 감촉, 마음의 대상에도 집착하지 않고 마음을 내어야 한다. 마땅히 집착 없이 그 마음을 내어야 한다."

「제10 장엄정토분(莊嚴淨土分)」

색, 성, 향, 미, 촉, 법에 머물러 마음을 내지 않고, 머무는 바 없이 마음을 낸다는 말의 의미가 무엇일까요? 이 말은 모든 감각의 대상과 이에 근거한 마음속의 고정관념들, 정서적 집착에 머물지 말라, 즉 모든 상을 떠나라는 것입니다. 마음이 어떠한 상에도 머물지 않으면 모든 선입견에서 벗어나 본래의 순수하고 고요한 마음이 될 것입니다. 이 마음은 분별과 집착이 없는 텅 빈 거울과 같은 마음, 그래서 공성(空性)의 마음이며 이것이 여래의 마음입니다. 그래서 금강경 「제14 이상적멸분(離相寂滅分)」에서는 "일체 모든 상을 여읨을 곧 모든 붓다라고 이름한다."라고 말하고 있습니다.

모든 상에서 벗어난 마음은 아무것도 없는 텅 빈 것 같지만, 밝은 거울에 모든 것이 있는 그대로 비추듯이 모든 것을 있는 그대로 아는 신령스러운 마음임을 지눌선사가 공적영지(空寂靈知)라고 표현하는 것을 우리는 수심결에서 보았습니다. 고정관념의 프레임에서 벗어난 본래의 순수한 마음은 모든 것을 있는 그대로 생생하게 보고 알게 되지만, 이렇게 아는 것을 다시 고정관념(표상적-언어적 인식)의 틀에 담을 수는 없습니다. 다시 말해서 고정관념의 프레임에서 벗어난 사람은 보고 듣고 느끼고 알더라도 이에 머물러 고정된 이미지나 관념을 만들지 않으며, 이러한 것을 마음속에 남기지도 않습니다. 따라서 그의 마음은 무엇에도 구속되지 않는 자유롭고 광대한 마음이 될 것입니다. 마치 거울 앞에 무엇이 나타나면 밝게 비춰 주다가 그것이 사라지면 이내 아무것도 남지 않는 본래의 거울로 돌아오는 것에 비유해 볼 수 있습니다. 이것을 상에 머물지 않는다[무주(無住)], 물들어 집착하지 않는다[무착(無着)]고 말합니다. 그리고 이러한 마음의 경지를 열반(涅槃)이라고 부르는 것입니다. 한국불교계에서 수행자의 죽음을 열반이라고 부르는 관행이 있는데, 이것은 몸을 버리고 모든 것에서 벗어났다는 뜻으로 열반의 의미를 확대한 해석이라고 할 수 있겠습니다.

보살의 길을 걷는 사람은 혼자서 열반에 머물러 안락함을 누리지 않고, 모든 부류의 중생들을 다 고통에서 건져내어 무여열반에 들고자 끊임없이 노력하는 자입니다. 왜 그러는 것일까요? 보살은 아뇩다라삼먁삼보리를 얻고자 발원한 사람입니다. 존재의 실상을 완전히 깨달아 이에 부합하는 삶을 살겠다는 굳은 결심을 한 사람이지요. 우리가 위에서 보았다시피, 모든 존재자들은 연기적으로 존재합니다. 보살은 모든 존재자들이 하나로 연결되어 서로 의지하며 함께 존재하고 있는 것이 존재의 실상임을 알기 때문에 그에게 나와 남, 나와 세계의 이분법(二分法)은 존재하지 않습니다. 그는 모든 생명과 우주 삼라만상을 한 몸처럼 모두 포용합니다. 그래서 중생제도를 위해 지치지 않고 노력하는 것입니다. 모두가 둘이 아니기 때문에 '나'라는 고정관념도 없고, 중생이라는 고정관념도 없습니다. 이를 불이법(不二法)*이라고 부릅니다.

이를 『화엄경』에서는 인드라망의 중중무진(重重無盡)이라고 표현합니다. 제석천궁은 끝없이 펼쳐진 그물망(인드라망)으로 덮여 있습니다. 중중무진이란 그 그물의 마디마디에 빛을 발하는 구슬이 달려 있어서 서로가 서로

---

* 불이법(不二法) : 상대적인 것을 초월해 차별이나 분별, 대립이 없는 진리의 경지를 말한다.

를 비추면서 반사를 하는
데, 그 비춤과 반사가 무한
히 겹쳐서 끝이 없다는 것
입니다. 이것은 우리가 일
상 중에 두 개의 거울이 마
주 보고 있는 상태에서 그
사이에 사람이 서 있으면

사람의 모습을 두 개의 거울이 서로 비추면서 반사하고 또 반사하여 수없
이 많은 모습이 나타나는 것과 비슷하다고 보면 될 것 같습니다.

이번 장의 내용을 정리해 보겠습니다. 마음이 상(相)에 머물지 않으면 나
와 남, 모든 생명체와 우주 전체 사이의 구별과 차별이 없어집니다. 모두가
하나로 연결되어 더불어 살아가는 존재들임을 알게 됩니다. 모든 생명들이
서로 연결되어 둘이 아니며, 온 세상이 나의 살림살이가 되는 거죠. 그러
니 보살은 모든 사람들에게 끊임없이 보시하고 끊임없이 깨달음의 길로 이
끌려는 마음이 저절로 우러나와서 그러한 행을 하는 삶을 살게 되는 것입
니다.

6) 함께 하는 삶 : 보살의 수행과 삶

『금강경』은 금강과 같은 지혜를 발현하여 불성을 깨닫고 이러한 깨달음
을 바탕으로 모든 생명체들과 더불어 살아가는 보살의 삶을 살도록 가르치
는 경전입니다. 이러한 보살의 삶의 모습은 상구보리(上求菩提) 하화중생(下
化衆生), 즉 '위로는 최상의 깨달음을 구하고 아래로는 중생을 제도한다.'라

는 말로 표현됩니다. 그런데 깨달음이 무엇인지 이해하기가 쉽지 않기 때문에, 앞 장에서는 금강경이 말하는 깨달음이 무엇인지에 대해 주로 논의를 했습니다.

금강경을 비롯한 대승경전에서 보살의 삶은 상구보리 하화중생을 동시에 추구해 나가는 모습으로 그려지고 있는데, 이를 위해 보살은 육바라밀(六波羅蜜)을 수행한다고 합니다. 육바라밀의 기본적 의미는 다음과 같습니다.

1) 보시바라밀(布施波羅蜜) : 재물, 법(진리), 두려움이 없는 편안한 마음을 사람들과 생명체들에게 베푸는 것

2) 지계바라밀(持戒波羅蜜) : 계율(戒律: 윤리 규범)을 지키는 것

3) 인욕바라밀(忍辱波羅蜜) : 사람과 환경으로부터 오는 고난을 참고 견디는 것

4) 정진바라밀(精進波羅蜜) : 참다운 가르침을 부지런히 행하는 것

5) 선정바라밀(禪定波羅蜜) : 정신을 통일하고 안정시키는 것

6) 반야바라밀(般若波羅蜜) : 진실한 지혜를 얻는 것

그런데 금강경에서는 보살은 먼저 사상(四相)을 제거함으로써 최상의 지혜를 증득하게 한 후에 일체의 상에 집착하지 말고 보시를 행해야 한다고 가르치는 것을 볼 수 있었습니다.

보시에는 재물을 나누어주는 재보시(財布施), 진리를 가르쳐주는 법보시(法布施), 두려움을 없애 주고 편안함을 느끼게 해주는 무외시(無畏施)가 있습니다. 그리고 보시를 하되 상(相)에 머물지 않고 하는 보시, 즉 무주상보시(無住相布施)가 되어야 참다운 보시, 즉 '보시바라밀'이 된다고 말합니다. 이러한 세 가지 보시를 어떤 고정관념과 정서적 집착에도 머물지 않고 완전하게 행한다는 것을 의미하는 '보시바라밀'은 사실상 '육바라밀'의 완전한

실천을 의미하고 있습니다. 왜냐하면, 일체의 상(相)에 머물지 않고 재보시, 법보시, 무외시를 하려면 나머지 다섯 가지 바라밀이 함께 갖추어져야 하기 때문입니다.

이처럼 보살은 육바라밀의 실천수행을 통하여 자신은 물론 모든 중생을 구원할 수 있음을 「제4 묘행무주분(妙行無住分)」에서 분명히 밝히고 있습니다. 요컨대 보시, 지계, 인욕, 정진, 선정, 지혜를 닦되 사상(四相)을 떠나서 어떤 상에도 머무르지 않고 닦아야 바라밀이 된다고 금강경에서 말하고 있습니다.

또한, 금강경에서 두드러지는 점 중의 하나는 모든 상이 허망함을 알고 벗어날 것을 가르치면서도 이를 깨닫기 위한 개인적 수행을 강조하기보다는 보시와 중생제도, 불국토 장엄 등을 강조한다는 점입니다. 왜냐하면, 보살은 자신과 모든 사람, 모든 생명체와 삼라만상이 서로 둘이 아니라 하나로 연결되어 어우러져 돌아가고 있음을 알기에 모든 중생의 고통을 줄이고 기쁨을 늘리며, 탐진치를 줄이고 지혜와 자비를 늘리기 위해 우주를 경영하는 자이기 때문입니다. 보살은 이처럼 모든 중생들을 태울 수 있는 큰 수레, 즉 대승(大乘)에 올라타서 모든 중생들을 함께 태우고 진리의 나라로 가고자 합니다.

그런데 금강경은 말합니다. 깨달아야 할 고정된 진리가 없으며, 제도해야 할 중생도 없고, 보시를 해도 한 바가 없으며, 불국토를 장엄해도 또한 한 바가 없다고 말합니다. 이것은 또 무슨 말일까요? 보살은 다만 모든 상(相), 모든 고정관념에서 벗어날 뿐, 깨달아야 할 진리가 따로 있는 것이 아닙니다. 모든 고정관념이 없으므로 중생이 따로 있다고 보지 않습니다. 또한 보시를 했다, 불국토를 장엄했다는 생각에 머물면 이 또한 상(相)에 집착하는 것이니 그런 생각을 아예 하지 않습니다. 이러한 마음으로 베풀고 나누며 장엄하는 모든 행동을 해나갈 때 그러한 행동 자체가 그대로 수행이 되는 것입니다. 이것이 금강경이 설하고 있는 대승보살도(大乘菩薩道)입니다.

이렇게 할 수 있는 이유는 보살의 불교인 대승불교가 기본적으로 공(空)의 가르침을 토대로 하고 있기 때문입니다. 공의 가르침은 요컨대 우리의 의식을 점령하고 있는 모든 고정된 이미지들과 관념들, 즉 모든 상이 허구임을 일깨우는 가르침입니다. 따라서 "공(空) 또한 공(空)하다."라는 역설이 성립합니다. 즉 공의 가르침 또한 고정된 원리로 규정될 수 없다는 뜻입니다.

이처럼 금강경에서 말하고 있는 '보살'이 가정이나 공동체, 국가의 지도자가 된다면 어떨까요? 인간 사회는 점점 더 이상적인 세계, 즉 불국토에 가까워지지 않을까요? 금강경에서 말하는 보살은 작은 '나'를 버리고 큰 '나', '나'라는 생각이 없는 '나'로 살면서 모두를 화합으로 이끌어갈 수 있는 이상적인 리더라고 할 수 있을 것입니다.

저자 소개

김영래
고려대학교 독어독문과 학사, 교육대학원 석사, 독일 마인츠대학교 철학박사 학위를 취득(교육철학 전공)하였다. 서울 한성고등학교 독일어교사, 고려대학교 교육문제연구소 연구교수를 역임했고 한마음선원 부설 한마음과학원 회원, 조계종 포교원 인성교육인증개발위원회 위원(현)으로 활동하고 있다. 관심 분야는 독일관념론 철학, 불교철학, 인성교육, 지혜교육 등이며,『칸트의 교육이론』(학지사 2003)『인성교육의 담론』(학지사 2019) 저서 외 다수의 연구 실적이 있다.

신희정
경상대학교 윤리교육과를 졸업하고 한국교원대학교에서 석박사 학위를 취득하였다. 「초기경전에 나타난 '붓다 대화법'의 도덕교육적 함의」(2018)라는 박사 학위 논문을 썼다. '2015개정교육과정(고전과 윤리)'과 '2022개정교육과정(인문학과 윤리)'의 연구자로 참여하였다. 동서양의 윤리 공부를 통해서 전문성과 인성을 겸비한 교사상을 지향하고 있으며 무엇보다도 도덕교육의 현장에서 부딪히는 제 문제를 불교적 해법으로 풀어내고자 노력하고 있다.

이철훈
한국교원대학교 윤리교육과를 졸업하고 같은 대학원에서 석사와 박사(수료)를 했다. 현재 윤리교사로 재직중이다. '2015개정교육과정(고전과 윤리, 통합사회)'과 '2022개정교육과정(통합사회)'의 연구자로 참여하였다. 주요저서로『도덕수업, 어떻게 해야 할까?』(공저), 고등학교『윤리와 사상』교과서 및 교사용 지도서, 고등학교『통합사회』교과서 및 교사용 지도서 등이 있다. 역서로는『도덕철학과 도덕심리학』(공역)『착한 사람은 행복한가』(공역)『불교, 정치를 말하다』(세종학술도서 선정)(공역)가 있다.